Detlef Schönenberg

Es ist Liebe pur ...

Das Zusammenspiel zwischen Mensch und Tier

Kluges Verlag

Bibliografische Information Der Deutschen Nationalbibliothek

Die Deutsche Nationalbibliothek verzeichnet diese Publikation in der Deutschen Nationalbibliografie; detaillierte bibliografische Daten sind im Internet über http://dnb.d-nb.de abrufbar.

ISBN 978-3-9810245-5-5

Satz und Layout: Das Herstellungsbüro, Hamburg,
www.buch-herstellungsbuero.de
Umschlaggestaltung: Martin Zech, Bremen | www.martinzech.de
Umschlagfoto: Dr. Sonja Ulrike Klug (abgebildet sind Julian, Sohn des Autors, und Joy)
Druck und Bindung: Fuldaer Verlagsanstalt, Fulda

Inhalt

Vorwort des Autors

Liebe Leserin, lieber Leser,

Sie halten ein Buch in den Händen, in dem sich ein Mitglied des Königreichs der Tiere durch das Bewusstsein eines Autors mitteilt. Sie werden in diesen Auslegungen Inhalte antreffen, denen Sie zustimmen können oder die Sie verwerfen mögen. Nehmen Sie nichts an, was Ihnen nicht einleuchtet.

Wenn Sie in die Empfindungswelt eines Tieres eintauchen, das sich durch mich mitzuteilen begann und damit seine Heilung manifestierte, indem es uns Beteiligten durch mein Bewusstsein Einblick in das Reich der Tiere, seine Evolution, seine Aufgabe im Hinblick auf Menschen und die Kommunikation mit ihnen vermittelte, dann wünsche ich Ihnen ebenso viel Erstaunen, Spaß und Nachdenken, wie wir es nach den Sitzungen bei der Lektüre der Mitschriften hatten.

Ich wünsche Ihnen, dass Sie ein Gefühl der Wertschätzung für die Welt der Tiere bekommen, die im Dienste für die Menschen nur diese eine Bitte haben: *Lasst uns in euer Herz, und lasst uns mit euch zusammen die weiteren Wege gehen.*

Viel Freude bei der Lektüre!

Ihr Detlef Peter Schönenberg — Bad Honnef, im November 2008

Vorwort von Mia, der Hundehalterin

Joy ist ein Schäferhundmischling. Ich lernte die Hündin vor sechseinhalb Jahren kennen. Sie war ein Fundtier, das aufgegriffen wurde, als sie orientierungslos und hungrig durch ein Feldgebiet irrte. Sie wurde ins Tierheim gebracht und befand sich dort zwei Wochen lang, bevor ich sie kennenlernte.

Als ich das Tierheim betrat, stach mir zunächst ein Hund ins Auge, den ich für meine erste Wahl hielt: ein junger Rüde, der sich lebendig und unternehmungslustig aufführte. Er teilte seinen Zwinger mit einem Schäferhundmischling. Während ich den jungen Rüden in Augenschein nahm und mir die anderen Hunde im Tierheim ansah, nahm die Schäferhündin langsam und unbeirrbar Kontakt zu mir auf. Sie setzte sich neben mich und folgte mir in einer dermaßen stillen und unaufdringlichen Art, dass ich nicht anders konnte, als sie zu bemerken. Ich hatte keinerlei Interesse an Schäferhundmischlingen, kam aber nicht umhin, sie zu beachten. Was dann geschah, kann ich eigentlich bis heute nicht genau benennen. Ich beobachtete die Hündin, die wie selbstverständlich an meiner Seite stand und ging – so, als habe sie nie etwas anderes getan. Ich ging zur Anmeldung und nahm das Tier mit. Von Anfang an hatte ich das Gefühl, dass das Tier mich ausgesucht hatte und nicht umgekehrt.

In der ersten Nacht schliefen wir beide so gut wie gar nicht. Ich war völlig unerfahren im Umgang mit Hunden und wusste nicht genau, wie ich mich verhalten sollte. Die Hündin hechelte nervös, stand immer wieder von ihrem Lager auf und wanderte im Zimmer auf und ab. Schließlich kam sie zu mir und beschnupperte mich. Dann legte sie sich neben mich und schlief ein. In dem Moment wusste ich, dass sie Angst hatte und nicht allein gelassen werden wollte. Am nächsten Morgen gingen wir spazieren. Es war einer der wundervollsten Spaziergänge meines Lebens. Die Sonne ging auf, und wir wanderten an einem Fluss entlang. Joy kannte keine Flüsse, sprang immer wieder scheu vor den Wellen zurück und schaute erwartungsvoll zu mir. Ich rief sie zu mir und lehrte sie, dass sie keine Angst vor dem Wasser zu haben brauchte. Seitdem liebt sie den Fluss.

Ich brachte sie nach Hause, verabschiedete mich von ihr und ging zur Arbeit. Als ich am Nachmittag heimkam, teilten mir die Nachbarn mit, dass

Joy einen furchtbaren Tumult angestellt hatte. Als ich zur Haustür hereinging, wurde ich von einem Nervenbündel begrüßt. Die Hündin war außer sich, und ihr Gesicht drückte furchtbare Angst aus. Die Tür war völlig zerkratzt. In ihrer Not muss sie versucht haben, sich durchzuscharren und zu beißen.

Am nächsten und übernächsten Tag wiederholte sich das gleiche Spiel, und mir wurde klar, dass ich ein Tier besitze, das nicht allein sein kann. Zum Glück hatte ich anschließend drei Wochen Urlaub und glaubte, das Tier in dieser Zeit an mich und die neue Situation gewöhnen und zum Alleinsein erziehen zu können. Wir leben jetzt schon seit über sechs Jahren zusammen, und sie bleibt nach wie vor nicht allein. Somit wurde Joy zu einer der größten Herausforderungen meines Lebens.

Eine Hündin in einer Großstadtwohnung mit einer voll berufstätigen Besitzerin ist ein Paradoxon an sich. Jeder riet mir von diesem schwierigen Tier ab. Aber ich konnte und wollte Joy nicht abgeben. Ich wollte diese traumatisierte Hündin nicht erneut in eine Trennungssituation geben, und außerdem liebte ich sie von der ersten Sekunde an. Also gab ich ihr das Versprechen, sie nicht abzugeben und bei ihr zu bleiben.

In den folgenden ein bis zwei Jahren drehte sich mein Leben nun in vielfältiger Weise um die Hündin. Neben dem täglichen Auslauf, den ein großer Hund braucht, verbrachte ich Stunden damit, in Zeitungen und durch Aushänge Hundesitter zu finden, diese mit dem Tier zusammenzubringen und aneinander zu gewöhnen, was sehr zeitaufwendig war. Gleichzeitig musste ich mein gesamtes Freizeitverhalten ändern. Ein Hund, der sich weigert, allein zu sein, bedeutet, dass man nicht nur für die Arbeitszeit, sondern auch für jedes Vergnügen wie Kino, Theater, Konzerte etc. eine Möglichkeit organisieren muss, in der das Tier betreut wird. Aber Joy entschädigte mich für alle Mühen. Sie ist die beste Gefährtin, die man sich auf dieser Welt vorstellen kann.

Nach zwei Jahren unseres Zusammenseins geriet ich in eine schwere persönliche Krise, die ich ohne Joy nicht hätte bewältigen können. Nur indem ich durch die Hündin gezwungen war, aufzustehen und an die Luft zu gehen, nahm ich meine Umwelt wieder wahr und war genötigt, mit ihr Kontakt aufzunehmen. Dennoch blieb mein Zustand lange Zeit sehr belastet, und ich verdanke es dem Tier, dass ich meine Fähigkeit zu lieben nicht verloren habe. Unermüdlich stand sie mir mit ihrem treuen Wesen zur Seite. Offensichtlich ging diese Krise nicht spurlos an der Hündin vorüber, und wenn man im Buch die Wechselwirkungen zwischen Menschen und Tieren erfährt, ist das auch völlig klar. Die Hündin fraß Gift und wurde buchstäblich in letzter Sekunde von einer genialen Tierärztin gerettet. Stunden kämpften die Ärztin und die Helferin um Joys Leben und konnten sie schließlich stabilisieren. Es sollte jedoch fast zwei Jahre dauern, bis sie sich völlig regeneriert hatte. Das geschah mit der außergewöhnlichen Hilfe des Heilers und Sprechers, die den Anstoß zu diesem Buch gab.

Infolge der schweren Vergiftung war das Immunsystem der Hündin so sehr geschädigt, dass sie sich jede erdenkliche Krankheit zuzog, schwächlich und krank blieb und oftmals hohes Fieber und Schmerzen hatte.

Heute ist Joy gesund und lebendig und arbeitet als sogenannter Therapiehund in einer Einrichtung für verhaltensauffällige Kinder. Die Kinder sind sozial, emotional und psychisch gestört und retardiert, zum Teil auch sehr aggressiv. Vielen ist gemeinsam, dass sie durch schwere Traumata in frühester Kindheit, durch Erfahrungen von Trennung, Isolation und Gewalt, ihre Bindungsfähigkeit verloren haben. Eine weitere gemeinsame Auffälligkeit ist die Tatsache, dass sie auf Anforderungen jeglicher Art mit Verweigerungen reagieren.

Aber all diesen Kindern ist gemeinsam, dass sie das Tier lieben. So wie ich.

Mia

Vorwort von Joy, der Hündin

Wir Tiere sind dafür da, um das menschliche Bewusstsein zu trösten, in ihm die Erinnerung an die ursprüngliche Liebe wieder zu erwecken und um die Menschen einzuhüllen in ein Gefühl der Zusammengehörigkeit mit allem Leben untereinander.

Einführung: Wie alles begann

5.9.2002. Im Herbst des Jahres 2002 besuchte mich Mia, eine Freundin, in meiner Praxis und stellte mir ihre Hündin Joy vor. Der stumpfe Blick, die gedrungene Haltung, der Geruch und das glanzlose Fell ließen das Tier schon beim ersten Anblick bedauernswert erscheinen. Ich erfuhr, dass es bereits lange an einer Erkrankung litt, die sich nicht kurieren ließ. Antibiotika schlugen, wenn überhaupt, nur kurzfristig an, und eine spezielle Medikation nach einem Abstrich ergab keine nennenswerte Besserung ihres Zustandes.

Etwas verwundert erfuhr ich nun, dass mich meine Freundin, die früher einmal meine Klientin war, um Heilung für ihre Hündin bat. Ihr Vertrauen zu mir rührte mich und wurde der Beginn einer fruchtbaren Zusammenarbeit, die sich noch dazu als ungewöhnlich herausstellen sollte. Ich zögerte, fand aber keine Worte, da ich einen inneren Sog spürte, der in meinem Körper ein silbriges Kribbeln hervorrief, obwohl ich kein Mediziner bin, sondern Ausbilder von Therapeuten und Leiter von Selbsterfahrungsgruppen. Ich helfe meinen Klienten bei ihrer Prozessarbeit der Bewusstwerdung. Dabei versteht sich, dass sie selbst diejenigen sind, die sich heilen, während ein Heiler lediglich der Assistent ihrer inneren Kraft ist. Heilung liegt immer im Bewusstsein desjenigen, der sie sucht.

Eine Heilung mit Folgen

An jenem Tag konnte ich noch nicht wissen, was sich entwickeln würde, als ich schweigend den Blick erwiderte, mit dem mich das Tier seit seinem Erscheinen fixierte. Mit schräg gestelltem Kopf saß es inzwischen aufmerksam vor mir, und sein Blick aus dunklen Augen ließ mich nicht mehr los. Die Hündin litt an einer Mandelentzündung. Während mir ihre Besitzerin davon erzählte, näherte sich mir Joy vertrauensvoll und legte mir ihre Schnauze in die Hand. Ich spürte, wie ein Strom durch meinen Körper ging und sich einen Weg durch meine Handteller in ihren Hals bahnte. Nach geraumer Zeit ließ diese Empfindung nach, und das Tier war ruhig.

Der Fluss der Energie bewirkte auch, dass ich sowohl zu dem Tier als auch zu ihrer Besitzerin über das gerade Vorgegangene und seine Bedeutung sprach. Das Merkwürdige war, dass ich die Worte in mir spürte und sie mir daher bekannt vorkamen, während ich sie aussprach. Gleichzeitig war ich jedoch in einer neutralen, klaren Ruhe, und was ich mich sagen hörte, war seinem Inhalt nach neu für mich.

Als ich die Energie wahrnahm, die durch mich floss, zeigten sich vor meinem inneren Auge Bilderfluten, die sich zu einer Geschichte entwickelten und nach einem sprachlichen Ausdruck drängten. Erstaunlicherweise spürte ich zunächst eher unscharf, dann aber ganz genau, welche Wortwahl dem Strom der Energie und den dazugehörenden Bildern entsprach. Dabei war ich ein neutraler Beobachter, der die Worte aussprach, die sich zu Sätzen zusammenfügten und ihnen einen Inhalt verliehen, dem ich selber gleichzeitig zuhörte.

So wurden erklärende Empfehlungen über die Behandlung der nächsten Zeit gegeben, und es wurde darum gebeten, dass diese Heilungsart nach einer gewissen Zeit wiederholt werden möge. Das geschah auch. Der Zustand der Hündin besserte sich zusehends. Bei weiteren Behandlungen wurden die Erklärungen komplexer und bezogen sowohl meine Arbeit wie auch die besondere Situation der Hundehalterin mit ein.

Joys Tätigkeit

Mia leitet als Pädagogin eine Gruppe verhaltensgestörter Kinder, die sich wegen ihrer Auffälligkeiten nicht in normale Schulbetriebe einordnen können. Solche traumatisierten und zurückgezogenen Kinder sind nicht leicht zu erreichen. Im Laufe der Jahre gelang es Mia, diesen Kindern dadurch zu helfen, dass sie Tiere, die sich anfassen und streicheln ließen, mit zur Gruppe brachte. Die Veränderung im Verhalten der Kinder ermutigte sie schließlich dazu, eines Tages ihre Hündin mit der Gruppe in Kontakt zu bringen. Das Ergebnis dieser Bemühungen war bemerkenswert, denn die

Gegenwart der Hündin wirkte auf die Kinder wie ein Herzensöffner. Sie erzählten dem Tier ihre Sorgen, Ängste und Nöte, und ich hörte, dass Joys Fell dabei oft nass von Tränen war. Sie ließ es geschehen und wurde so zur geheimen Vertrauten der Kinder. Aber Joy kränkelte auch gelegentlich und brauchte in ihrer Erschöpfung ebenfalls heilende Zuwendung.

Eine neue Art des Dialogs

Die Erklärungen, die während der Energieübertragung durch mich gesprochen wurden, warfen Fragen auf, die einen Dialog hervorriefen. Es entstand die Idee, diese Gespräche aufzuzeichnen, damit sie hinterher nachvollzogen werden konnten. (Dieses Buch ist das fortlaufende Protokoll ab der dritten Sitzung.) Ich fand mich in einer seltsamen Situation wieder, da ich einer Hündin meine Stimme lieh und die Kommunikation zwischen uns dreien eine Form annahm, an die vorher nicht zu denken war. Wie konnte ich fassen, was da mit mir geschah?

Veränderungen in meiner Wahrnehmung ließen mich für die Impulse des Tieres Worte finden, die sich passend anfühlten. Unpassende Ausdrücke verursachten körperliches Unbehagen, während das richtige Wort für die Benennung eines elementaren Impulses meinen Körper entspannt sein ließ. In solcher Entspannung, die sich nach und nach einstellte, floss die Mitteilung dann förmlich aus mir heraus. Im Laufe der Zeit wurden die Sitzungen umfassender. Ich hatte gelernt, den Empfindungen Worte zu verleihen. Das Tier bestätigte das einmal, indem es auf eine Anfrage von Mia sagte:

Da er – ohne es zu wissen – ein sehr starkes Training mit der Sprache der Elementare* hinter sich hat, ist es möglich, dass er meinen Impulsen Worte

---

* Die Schöpfung als Ganzes setzt sich zusammen aus verschiedenen einander ergänzenden Reichen, die jene Aufgaben erfüllen, die ihnen als ätherische Muster vorgegeben sind, denen sie in freiwilliger Hingabe dienen, damit die spezifischen Evolutionsrahmen erfüllt werden können. Das Reich der Engel zählt ebenso dazu wie das Reich der Natur, der Tiere, der Pflanzen und Mineralien. Zum Reich des

gibt, und du merkst an der Art und Weise, wie er spricht, dass er genau spürt, wann es das richtige Wort ist.

Welche Leistung es für das Tier darstellte, sich in mein Bewusstsein einzugewöhnen, lässt sich besonders dann erahnen, wenn man bedenkt, dass es sich mir durch seine elementaren Impulse verständlich machen musste. Es »sagte« dazu:

Ich muss nämlich meine Kräfte mobilisieren. Indem ich durch den Kontakt hier spreche, habe ich sehr viele Kräfte mobilisiert, die mich mehr und mehr gesunden lassen. Der schwierigste Punkt ist überwunden.

Inhaltlich wurde nach den einleitenden Sitzungen ein größerer Bogen abgesteckt, und es wurde auch Bezug auf unsere privaten Situationen genommen. Solche Unterhaltungen, wie z. B. in Kapitel 4, 5 oder 6, die sich aus dem Verlauf der Mitteilung selbst ergaben und sehr intensiv und heiter waren, habe ich hier gerne genauso wiedergegeben, wie sie sich ereigneten, um den oft hintergründig humorigen Charakter einer entspannten Sitzung erkennbar werden zu lassen.

Überhaupt wurde der innere Kontakt immer direkter, und ich hörte schließlich die Worte im Herzen, während ich sie fast zeitgleich aussprach. Das gab mir das Gefühl, als wisse ich eigentlich alles, was gesagt wurde. Der Verdacht lag nahe, dass ich es selbst war, der hier sprach. Als ich das thematisierte, antwortete Joy:

Ihr werdet beide gelegentlich das Gefühl haben, dass euch das, was gesagt worden ist, bekannt ist. Dadurch, dass es euch bekannt vorkommt, glaubt ihr, dass es nichts Neues sei. Der Kontakt ist original und natürlich. Es ist so, dass ich nur das Bewusstsein beanspruchen kann, das den Wortschatz

---

Elementaren gehören auch die sie belebenden geistigen Kräfte der Erde (Erdgeister, Gnomen), des Wassers (Undinen), der Luft (Sylphen) und des Feuers (Salamander). Ihre Lebensäußerungen können von sensitiven Menschen wahrgenommen und durch verschiedene Formen der Mitteilung (Bilder, Klänge, Worte) dargestellt werden. Dies erfordert die genannte Ausbildung.

und die Empfindungsmöglichkeit bereitstellt, die es mir ermöglichen, in eurer Art zu sprechen, in eurer Art zu »denken«, in eurer Art von Kausalität meine Herzensangelegenheiten darzustellen, die mir wichtig sind, damit ihr sie später anderen mitteilt. Also macht euch keine Sorgen darüber, ob es euer Bewusstsein ist, das diese Sitzung lenkt. Euer Bewusstsein ist der hervorragende Träger, über den sich diese Impulse manifestieren können.

Im Verlaufe der weiteren Sitzungen wurde ich mir der Anwesenheit einer höheren Energie bewusst. Ich nannte sie die Supervisorin. Es war die übergeordnete geistige Kraft, die sich als leitende und schützende Instanz dieser Kommunikation vorstellte. Ich sollte sie später noch näher kennenlernen. Zu dieser Zeit gab sie uns auf meine innere Anfrage eine bemerkenswerte Darstellung des Vorgangs, der sich in den entsprechenden Kapiteln wiederfindet und aus dem ich hier auszugsweise zitiere:

Supervisorin: Macht dieses Tier nicht zu einer Autorität, die als eine Kraft und eine Macht dargestellt wird, welche in sich alle Erkenntnisse trägt. Seid euch darüber klar, dass ihr diejenigen seid, die mit diesem Tier kommunizieren, und dass dieses Tier durch eure Kommunikation dermaßen gehoben wird, dass ihr auch die Verantwortung und die Verpflichtung dafür habt, dieses Tier zu schützen und zu fördern.

Damit war ein Licht auf diesen Vorgang geworfen, der die Interaktion und die Verantwortlichkeit deutlich machte.

Von all dem wusste ich zu Beginn der Treffen noch nichts, auch nicht davon, wie sehr sich diese Arbeit auf unser Leben auswirken würde. Meine Neugier richtete sich ganz vordergründig darauf, ob das Tier nun gesund würde. Es sah nach der ersten Behandlung zunächst so aus. Doch dann erlitt es einen sehr starken Rückfall in die Krankheit. Bei unserem dritten Treffen schließlich im September 2002 – wir hatten von nun an ein Tonband eingeschaltet – eröffnete Mia die Sitzung, indem sie sich direkt an das Tier wandte.

Die Kommunikation beginnt

Mia: Warum hat es nach der ersten Sitzung – in der die Krankheit verschwand – einen solchen Rückschlag gegeben?

Joy: Mir ging es nach der ersten Sitzung viel besser, und ich fühlte mich gesund. Aber mir war nicht klar, dass meine eigene Kraft notwendig ist, um meinen Heilungsprozess weiter zu verfolgen. Ich war in der Energie dieses Heilers* geborgen und bin nicht sehr erfolgreich darin gewesen, dieses heilende Momentum und diesen Zustand selbständig aufrechtzuerhalten.

Ich brauche seine Hilfe und ich brauche ihn (ohne unverschämt werden zu wollen) zweimal in der Woche. Zur weiteren Genesung benötige ich starke Energie. Wir müssen deshalb nicht unbedingt immer hierhin fahren. Der Heiler kann sie auch aus der Ferne zu mir schicken.

Jetzt wandte sich das Tier an seine Besitzerin und gab ihr eine Erklärung, die wie eine Belehrung über die entsprechende Heilung wirkte, aber nicht in Form einer Darstellung oder Bitte für sich selbst, sondern in Form einer Analogie der Vorgehensweise, die auf ihr Leben abgestimmt war.

Du solltest dich an deine höchsten Momente von Klarheit, Glück, Helligkeit und Sinn erinnern und über diese Erinnerungen »Inseln des Wohlgefühls« schaffen. Über dieses Wohlgefühl kannst du dir Sicherheit herstellen und uns eine heilsame Atmosphäre erschaffen. Die Inseln sind aber nicht allein der Boden, auf dem sich dein neues Leben entwickeln wird ...

Es ist die Sehnsucht danach, froh und glücklich zu sein. Das bedeutet, in der Gegenwart all dessen, was Sinn macht, zu leben. Du musst verstehen, dass du als Mensch ein Aspekt des gesamten Göttlichen Lebens bist und durch deine Entwicklung in die Göttliche Einheit drängst. Alles, was nicht eins ist, regt dich auf. Du darfst nicht im Ärger versinken, sondern solltest stattdessen lieber an die erhöhten Zustände (Inseln) denken. Diese bewirken eine stärkere Zuwendung zu deiner geistigen Natur. Das führt zu

* Gemeint ist der Autor dieses Buches

Selbstvertrauen; was du dadurch bekommst, ist fester Boden. Sei zufrieden mit dir! Indem du dich an die Inseln erinnerst, sammelst du Siege. Dann kannst du stolz sein und bist nicht mehr an Resultate gebunden. So schaffst du es, Glück und Zufriedenheit herzustellen.

Ich war in den vergangenen Monaten unglücklich, sehr ärgerlich und uneins. Wie hat sich das auf dich ausgewirkt?

Krankheit ist bei mir wie bei dir die Trauer darüber, dass ich nicht in meiner höchsten Potenz leben kann. Ärger schwächt mich. Die Entzündung der Mandeln ist dabei wie die Funktion einer Schutzpolizei, die so lange ihre Tätigkeit weiter verfolgt, wie sich der Zustand nicht von innen her verändert. Deshalb konnte die medikamentöse Behandlung nicht helfen. Schließlich bist du aus Sorge um mich zu diesem Heiler gekommen.

Wenn du uneins bist, kannst du nicht lieben. Die gesamte Situation bewirkte schließlich einen Zustand von Apathie und Krankheit, dem ich unterlag.

Ich bin ohnehin ein geschundenes Tier. Ich war, bevor ich zu dir kam, Missachtung und sogar dem Sterben ausgesetzt. Ich war halb verhungert, habe gefroren. Ich habe meine Geschwister gesucht und meine Mutter. Ich war untröstlich traurig. Ich habe die Einheit mit meiner Hundemutter nicht erlebt. Daraus folgte die Abneigung, mich ganz als Hund zu fühlen. Dann kamst du und hast mich angenommen. Ich wollte dich lieben und habe versucht zu werden wie du. Ich wollte dich zu meiner Hundemutter machen. Aber das ging nicht, weil du gar kein Hund bist.

Wenn du mit diesem Heiler zusammen bist, spüre ich zum ersten Mal eine Ordnung. Zwischen uns beiden besteht ein starkes Band und eine enge Wechselwirkung. Meine Entwicklung ist daher nicht vorhersehbar. Sie hängt eng mit uns zusammen.

Du wolltest sterben. Willst du nach der Heilung immer noch bei mir bleiben, oder hast du dich jetzt anders entschieden?

Ich habe dir eine Zusage gegeben, und diese Zusage ist ein Gebot. Solch eine Zusage kann nicht einfach geändert werden; wir Tiere sind stark daran gebunden. Außerdem muss ich in der Gruppe mit den Kindern noch etwas abschließen: Ich arbeite mit einigen Kindern, die mit mir in ähnlicher Interaktion sind. Sie haben keinen freien Willen. Ich muss das erst zum Abschluss bringen.

Dein Umgang mit den Kindern ist erheblich besser geworden. Du idealisierst nicht mehr, und deine Haltung den Kindern gegenüber ist besser geworden. Dadurch wird ein realistischer Umgang ermöglicht.

Als ich bei der letzten Sitzung sagte, dass du mein Leben gerettet hast, hast du sehr zögernd und verhalten reagiert. Aber du kannst das ruhig annehmen, denn auch ich habe dir dein Leben gerettet – den Teil nämlich, der deine Empfindungen lenkt. Wir sind uns nichts schuldig. Deine Liebe hat mich gerettet, und auf diesem Strahl sende ich dir die Impulse meiner lebendigen Natur zurück.

Unsere emotionale Bindung wird gestärkt.

1. Aufbruch in die Freiheit

20.12.2002. Dieses Treffen warf ein neues Licht auf die Angelegenheit. Das Tier äußerte sich sehr knapp und kompakt und gab Hinweise zu unserer weiteren Kommunikation. Zu meinem Erstaunen äußerte es sehr nachhaltig die eine Empfehlung:

Du könntest ein Buch mit mir zusammen schreiben.

Als Mia und Joy diesmal zur Heilungssitzung erschienen, sahen sie sehr mitgenommen, ja ratlos aus. Der Genesungsvorgang glich wohl eher einer emotionalen Achterbahn. Ich erfuhr, dass Joy schon einmal vor Jahren Gift gefressen hatte, wovon sie sich nur langsam erholt hatte. Die aufgetretenen Symptome von damals glichen denen von heute sehr stark, und Mia war der Meinung, es könne doch sein, dass Joy sterben wolle. Nach der Behandlung legte sich das Tier erschöpft zu meinen Füßen, während sich in mir wieder der Zustand der absichtslosen Ruhe einstellte.* Schließlich wandte sich Mia an die Hündin.

Deine andauernde Krankheit und dein körperlicher Zustand beunruhigen mich. Darum frage ich dich, warum du nicht gesund wirst. Welche Hilfe, z. B. in Form von Medikamenten, brauchst du?

Bisher kannte ich nur die Unterordnung. Ich konnte nichts anderes entwickeln. Alles war zwanghaft. Ich lebte in der Zwangsstruktur. Die sitzt fest. Ich hatte gelernt, dass mein Leben so ist. Jede Art von Zusammensein wird von mir so wahrgenommen. Du aber übst keinen Zwang aus. Solche Erziehung zur Freiheit ist neu. Sie macht mir Druck und äußert sich in Krankheitssymptomen.

---

* Dieser Zustand stellt sich dann ein, wenn Wahrnehmung, Emotionen, Denken und Assoziationen oder Erinnerungen keine eigenen Impulse aussenden oder gegeneinander arbeiten. Das ermöglicht vorurteilsfreie Wahrnehmung, Inspiration und Empathie sowie frei fließende Kreativität.

Du fragst mich, ob du mir Medizin geben sollst. Medizin ist unterstützend, hilft aber nicht wirklich. Ich muss mich durch verschiedene Krankheiten hindurchentwickeln, um zur Freiheit zu kommen. Mein Körper muss sich da hindurchbewegen. In mir gehen Kapseln auf, und es ergeben sich Krankheiten.

Und du, lieber Heiler, kannst, wenn du willst, diese Krankheiten lösen. Es ist gut, darüber ein Buch zu schreiben, damit dieser Zusammenhang später bekannt wird.

Krankheiten sind nicht nur Abweichungen von Gesundheit, sondern auch Entwicklungsschritte und eine andere Form der Gesundheit, bei der sich der Körper durch die Krankheit kräftigt und sich dabei gleichzeitig gegen einen Rückfall immuninfiziert.*

Je nach Konstitution ist das mal leichter und mal schwieriger; manche sterben dabei, so dass der allgemeine Betrachter glaubt, ein Tier sei an dieser oder jener Krankheit gestorben. In Wirklichkeit ist es nur ein Rückzug nach innen, der es ermöglichen soll, alte, nicht mehr zu gebrauchende Anteile zu lösen. Das Thema ist groß und für die Allgemeinheit noch nicht voll verfügbar, da die Krankheit noch eine andere Seite hat, die in einem ganz anderen Licht in unser Bewusstsein gestellt werden wird.

Ich bin in einer Zerreißprobe, und deine Liebe ist es, liebe Mia, die mich hält. Ich habe zwar mitbekommen, dass du mir die Freiheit gibst, aber diese Entscheidung war nur theoretisch. Sie konnte auch nur theoretisch sein, weil sie nicht im Einklang mit dem Gesamtzusammenhang war. Es tut mir leid, wenn ich dir durch meinen Lebensprozess Mühe bereite. Wir haben uns getroffen in einer Zeit, als wir einander brauchten, und gehen zusammen in eine Zeit, die mehr individuelle Freiheit beansprucht. Ich weiß nicht, ob ich es überlebe oder überleben will, weil ich mich eben auch anstrengen muss, diese neue Freiheit nicht als Zwang zu erleben, und deshalb nicht garantieren kann, auf welche Weise sich meine Freiheit in meinen Körper senkt. Dadurch ergibt sich Folgendes: Entweder wir lösen unsere Abhängigkeitsverflechtung, oder wir gehen unbewusst zusammen in einen neuen

---

* Das heißt, er erwirbt gleichzeitig ein stabileres System der Organfunktion für die Zukunft der weiterhin anstehenden Entwicklung.

Zwang. Letzteres ist lebenserhaltend, so wie wir es bisher kannten. Ersteres ist risikoreicher und kann tragisch enden, hat aber gewaltige Auswirkungen auf das Bewusstsein in dieser Verbindung, die wir haben.

Ich plädiere also für das Erste, denn es macht uns frei. Ich gebe dir die Freiheit, diejenige zu werden, die du bist, und im Verständnis des Erlebens und des Gefühlten kannst du mir dann auch die Freiheit geben, wenn du so weit bist.

Eine Aufforderung

Du könntest ein Buch mit mir zusammen schreiben.

Da dieser Heiler, durch den ich spreche, selbst mit vielen Dingen beschäftigt ist, solltest du die Gespräche aufnehmen und dann schreiben. Denke darüber nach. Solltet ihr euch dazu entschließen, werden wir uns etliche Male treffen und die Gespräche, die dann zu einem Text verarbeitet werden könnten, aufnehmen.

Für meinen Zustand brauche ich Schonung. Der anstehende Urlaub bringt schon viel. Es ist okay, in der Kindergruppe zu sein, aber ich brauche Erholungspausen. Da die Arbeit mit den Kindern sehr anstrengend ist, muss ich alle zwei bis drei Wochen zwei bis drei Tage am Stück Pause einlegen und darf nicht zur Gruppe gehen. Meine Kraft regeneriert sich nicht so schnell.

Die Hilfe dieses Heilers war gut, hervorragend, aber nur eine Krücke. Das Band ist ohnehin geknüpft, und die Hilfe erfolgt über viele Kanäle. Die Vermittlung wird eines Tages abgeschlossen sein. Über die Kommunikation, durch seine Hilfe und durch seine Liebe zu uns kann ein Beispiel von Heilung in die Welt gebracht werden.

2. Das Leben als Entwicklungsprozess

20.1.2003. Mia und Joy hatten die Winterzeit gemeinsam mit Freunden für einen Urlaub in den Bergen genutzt. Bei unserem Wiedersehen zeigte sich, dass Joy sich wohl anders als üblich verhalten hatte: ungewohnt unbeholfen und verletzlich, aber auch wild und naiv verspielt. Das sich verändernde Verhalten schien zwischen den beiden Spannung erzeugt zu haben. Das folgende Gesprächsprotokoll zeigt denn auch eine stärker werdende Auseinandersetzung zwischen ihnen auf, die mir wie der Beginn einer erweiterten Kommunikation erschien, in der neben der Krankheit die damit verbundenen übergeordneten Themen zu Bewusstsein gebracht wurden.

Nach dem Urlaub läuft es nicht störungsfrei zwischen uns. Es ist eher unharmonisch. Du hast dich auch ständig verletzt. Ein Ohr ist aufgeschlitzt, und du hast Krallen verloren. Du bist krank und brauchst – wie immer – meine ganze Aufmerksamkeit. Das ist es, was ich als »unschön« empfinde.

Es ist ja gut, so wie es ist, weil der Prozess ja läuft. Was ich als schön bezeichne, ist für dich und mich unterschiedlich. Du weißt, was schön ist, weil du eine Vorstellung davon hast, und die möchtest du verwirklichen.

Ich weiß nicht, was schön ist, weil ich das nicht kenne. Ich fühle mich nur wohl, wenn du da bist. Ich habe keinen Anlass, mich zu ändern, außer den, dass wir es wollen. Ich weiß also nicht, wohin mich Veränderung führt, aber ich bewirke Veränderungen, weil ich es gesagt habe und weil du es so wünschst. Dadurch komme ich in den Zwiespalt, aus Liebe zu dir etwas zu tun, was gegen meine Instinktnatur ist, nämlich etwas anderes zu wollen als das, was meine Eingeweide empfehlen. Du siehst also, meine liebe Lady, dass das Liebesband zwischen uns sehr, sehr, sehr, sehr stark ist. Denn warum sollte ich dies zu tun versuchen, wenn nicht aus Liebe zu dir? Ich will ja, dass es dir gut geht. Ich will das Beste für dich, und darum verändere ich mich. Der Nachteil ist der, dass die körperliche Veränderung enorm strapaziöse Folgeerscheinungen haben kann. Und siehe da, sie haben es ja auch.

Nun zu dir: Was du mich lehrst, ist, dass deine Liebe zu mir es mir ermöglicht, ein anderes Bewusstseinsniveau kennenzulernen: den Willen! Deine Liebe zu mir macht es notwendig, dass du auch deine Liebe zu dir entdeckst, und das geschieht zurzeit. Sieh mal, du liebst mich, und du liebst dich. Gerade darüber, dass du mich geliebt hast, bist du allmählich fähig geworden, dich selbst zu lieben. Und jetzt werde ich dich loslassen, da du dich lieben kannst. Natürlich weiß ich nicht, was dann geschieht. Weißt du es?

Siehst du, das ist meine beständige Situation. Stell dir vor, dass ich in diesem Nichtwissen nur den Bezug zu dir hatte, um mein elementares Leben zu erfüllen. Also, mich selbst und die Brücke zu dir, das war mein Leben.

Durch deine Liebe zu mir ist deine Selbstliebe entstanden, die es nun notwendig macht – beachte die Konsequenzen –, dass ich mich ebenfalls lieben lerne. Und nun bedenke einmal: Ein Wesen, das instinktiv Liebe ist, verlässt zu einem guten Teil seine Instinktnatur, um den Willen kennenzulernen und dadurch sich selbst voll bewusst lieben zu lernen. Das bringt es mit sich, dass ich dir Freiheit gewähren werde, denn das ist die Liebe, die dem anderen gibt.

Wenn du es später nachliest, wirst du die unglaubliche Dynamik zwischen Menschen und Tieren verstehen. Solltet ihr ein Buch schreiben wollen, nimm das mit auf, denn es ist im Allgemeinen nicht bekannt. Intuitiv wissen es viele Menschen. Eine solche Interaktion jedoch zu erleben und sie zu durchleben, ist eine andere Sache. Wir sind in einem Prozess, und du und der Heiler, ihr wisst, wie es ist, wenn einem der Boden unter den Füßen genommen wird. Das minimale Selbstverständnis und Eigengefühl, das bei euch durch Glauben, Hoffnung und Zuversicht aufrechterhalten werden kann, hat bei mir nur die Orientierung auf die instinktive elementare Natur. Du verstehst, dass das wie ein Rückfall aussieht, ein Rückfall in meine hündische Natur, die gepeinigt war.

Je höher ich gehe und willentlich mit dir Kontakt habe, desto elementarer, tiefer die Rückwirkung. Dieser Konflikt wird im Körper an der elementar schwächsten Stelle ausgetragen und ermöglicht durch die qualifizierende Anpassung des genesenden Körpers ein Heim für das neue Bewusstsein. Dies ist ein Experiment für mich, in dem ich auch gleichzeitig das Leiden anderer Tiere durch meinen Weg miterlöse.

Einheit in der Verbindung

Ihr Menschen wollt hinausreichen ins Universum, ohne zu wissen, dass das Universum in euch ist. Und ihr wollt den Dienst der Liebe und der Freundschaft der Tiere gern annehmen, ohne dass ihr nur die kleinste Ahnung vom tierischen Leben habt. Ich sage das nicht als Anklage, sondern als Hinweis darauf, dass ihr Menschen ebenfalls in einem Tier, nämlich in eurem Körper, wohnt. Könntet ihr also das elementare Leben verstehen, wüsstet ihr euer Leben zu würdigen. Ihr hättet in der Verbindung eurer geistigen und physischen Natur die alchimistische Hochzeit – die bewusste Verbindung von Geist und Materie – hergestellt, die es euch ermöglicht, aus Verständnis und aus Liebe die physische Welt zu lenken und zu leiten und sie nicht nur zu vergeistigen. Ihr könntet in diesem Leben wieder ein physisches Paradies herstellen, und zwar diesmal auf einer viel höheren Ebene des Bewusstseins, nämlich in der Verbindung mit allem elementaren und geistigen Leben rings um euch herum. Sobald diese Idee in euch heraufdämmert, können neue schöpferische Kräfte durch das Leben fließen, und von da an werden Krankheiten unnötig sein, weil das Bewusstsein das Verständnis und die Liebe jegliche Lebenskraft und damit den individuellen Lebensausdruck lenkt.

Wir Tiere sind dafür da und gekommen, um euch diese Idee durch unsere Existenz immer wieder vor Augen zu halten, damit ihr es eines Tages begreift.

Mias Fragen

Kann ich etwas tun?

Du musst *dein* Leben leben, auch mit unangenehmen Gefühlen mir gegenüber. Zwischen uns ist die Natürlichkeit der Gefühle angesagt, und es ist viel natürlicher geworden. Wir sind beide im Prozess.

Sind die Verletzungen, die du dir im Urlaub zugezogen hast, eine Folge des Prozesses und der angekündigten Krankheiten?

Die Verletzungen, die ich mir im Urlaub zugezogen habe, waren nicht vorhersehbar. Die Art der Krankheit ist insgesamt nicht vorhersehbar. Je höher du mich ziehst, je höher meine Liebe mich zieht, desto elementarer muss ich zurück. Dieses Spannungsfeld erzeugt Reibung. Die Reibung könnt ihr Menschen mental bearbeiten. Ich erlebe sie als einen fortgesetzten Spannungszustand von polaren Kräften. In gewissem Sinne ist er vergleichbar mit der Wirkung einer Mikrowelle, bei der die Impulse von negativ und positiv so schnell aufeinander folgen, dass die einzelne Zelle ihre Orientierung verliert und durch die Schnelligkeit des Vorgangs bei völliger Orientierungslosigkeit erhitzt wird. Die Reibung – euer Wort dafür ist Krise – besteht also in den Zellen und wirkt auch sehr stark in den geschwächten Körperstellen.

Wenn das Spannungsfeld nicht in Balance kommt, entsteht ein Hitzestau, der im schlimmsten Fall eine Wucherung der Zellen bewirkt. Im günstigsten Falle werden körpereigene Stoffe produziert, die durch vermehrte Ausschüttung wieder die Balance herstellen. Dieser Prozess wird im Allgemeinen als Krankheit bezeichnet. So ist also vorherzusehen, dass – wenn ich mich auf ein anderes Energieniveau begebe – Reibung und demzufolge »Krankheit« entsteht. Ein Körper, der so im Prozess ist, ist seiner selbst nicht ganz mächtig, wodurch auch Unfälle herbeigeführt werden können. Ich habe nun beides. So ist das Leben.

Ich brauche keine Schonung, nur normales Leben, so wie es ist, von Tag zu Tag.

Gibt es Selbstmord bei Tieren? Hast du vor zwei Jahren, als du Gift gefressen hast, versucht, dich umzubringen?

Nein, Selbstmord gibt es nicht. Wenn ein Tier beschließt zu sterben, zieht es sich vom Körper zurück oder führt einen sogenannten »Unfall« herbei. Ein Tier ist im Allgemeinen nicht in der Lage, sich selbst etwas zuzufügen, um zu sterben. Das entspräche nicht seiner tierischen Natur. Als ich damals Gift fraß, handelte es sich um eine Bewusstseinstrübung, nicht um einen Unfall.

Es gab eine gewisse Verzweiflung über die Art unseres Zusammenseins. Das Bewusstsein des Tieres ist die Liebe, und mein Bewusstsein war verdeckt. Dadurch werden Sinne und Instinkte eingeschränkt. In solchen Situationen kommt es zu Fehleinschätzungen. Die Instinktnatur sucht einen körperlichen Ausgleich, und »Gift« provoziert den Körper zu Aktionen und Reaktionen. Durch diese Auswirkung erwacht oder erlischt die Liebe. Jedes Tier sucht seine Nahrung auch unter dem Aspekt der höchsten Bewusstseinsfreiheit – jedenfalls Tiere, die noch von der Natur geleitet werden. Da werden auch oft Substanzen gewählt, die eine chemische Reaktion im Körper auslösen und in der Folge größere Gesundheit und sich ausdehnende Liebe herstellen sollen. Wiederanschluss an die natürliche elementare Liebe heißt, das Bewusstsein des Tieres wiederherzustellen.

Über künstliches Leben und künstlichen Tod

*Was sagst du zu dem Thema Euthanasie?**

Das hängt von der jeweiligen Situation des Tieres ab. Wenn die Liebe zu sehr eingedämmt ist, wenn der Lebensfluss nicht vibrierend durch den Körper gehen kann, weil keine liebende Akzeptanz eines anderen Tieres oder anderen Menschen da ist, versiegt dieser Strom. Je mehr er versiegt, desto mehr versiegt die Natur des Tieres. Gibt es keine Hoffnung auf Wiederherstellung des natürlichen Lebensflusses, ist Euthanasie schon ein Mittel der Gnade.

In vielen Fällen kommt jedoch nach der ersten »Erlösung« bei den betreffenden Herrchen und Frauchen eine tiefe Trauer oder ein Erschrecken. Wenn die Trauer oder der Schrecken durchlebt wird, erwächst ein größeres Moment an Verständnis und Liebe.

* Euthanasie bedeutet das leichte, schöne Sterben ohne Leiden, oft eingeleitet durch chemische Hilfsmittel.

Das bringt mich auf das Thema Zucht. Oft ist es so, dass verantwortungslose Züchter Kreaturen herstellen, die sich aufgrund des elementaren Gehorsams erzeugen lassen müssen. Sie entsprechen nicht einer natürlichen Ordnung – wie man im Zoo sehen kann.

Viele dieser Tiere, die aus der Wildbahn kommen, sind bereits menschliche Schöpfungen – degenerierte Naturen, die ihrerseits Ableger von Eingriffen in eine natürliche Ordnung aus dem Altertum sind. So wie eure Vögel sich entwickelt haben aus den Flugsauriern, haben sich andere Lebensformen aus den Bodensauriern entwickelt. Ohne den Eingriff der Menschen könnte diese Evolution perfekt neben euch bestehen, und niemand müsste sich vor uns fürchten. Nun hat es diese Eingriffe gegeben, und es wird sie weiter geben; demzufolge ist die Menschheit auch dafür verantwortlich. Das Entscheidende ist jedoch nicht der faktische Eingriff, die Kreuzung. Das Entscheidende ist die Motivation dahinter. Zusammenarbeit zwischen Mensch und Tier ermöglicht tatsächlich, dem Tierreich durch Züchtung hochspezialisierte Geschöpfe hinzuzufügen. Negative Absichten, die dazu dienen, Angst und Schrecken zu verbreiten, müssen ebenfalls vom Elementarleben ausgetragen werden und kreieren daher Tiere, die einander töten, ohne dass die Notwendigkeit der Ernährung besteht. Diese Geschöpfe unterliegen dem machtvollen Muster der Angst, des Neides, der Eifersucht, des Hasses und der Angst vor dem eigenen Unbewussten. Der Krieg, den die Menschen in sich austragen, ist auch über die Tiere ausgedehnt worden und wird von den Menschen wieder befriedet, geheilt, werden müssen.

Etliche Tiere, gerade in unserem Bereich, werden gezüchtet, um einem Schönheitsideal zu entsprechen. Und ganz genau wie bei euren Bikini-Schönheiten auf dem Laufsteg werden auch unsere Schönheiten gemessen und bewertet. Hier ist der Profit die Hauptquelle der Unverträglichkeit mit der elementaren Entwicklung der Natur.

Du bist mehr Jägerin als Sammlerin. Aber du weißt, dass beim Einkaufen ursprüngliche Verhaltensmuster wirken und schöne Exemplare gesammelt werden. Auch Männer kaufen ein – z. B. Autos, Stereoanlagen –, während Frauen sogar shoppen gehen, ohne zu kaufen, weil sie auch auf diese Weise sammeln können.

Ein Aspekt in deiner Natur aber ist die Jägerin in dir, die es liebt zu wissen. Dein Wissen macht nicht nur frei, sondern ist auch ein Schutz für das natürliche Leben. Du wirst, wenn du so weitermachst, am Ende deiner Jagd ein natürliches Leben führen können, weil du weißt. Und es wird dich mit Freude erfüllen.

Und es ist ebenfalls Freude in mir, weil es mir möglich war, dir diesen Aspekt mitteilen zu können.

3. Die Brücke für Kommunikation ist die Liebe

30.1.2003. Gleich zu Beginn der folgenden Sitzung wurde ich in eine erweiterte Form der Wahrnehmung gehoben. Mir wurde innerlich mitgeteilt, dass es dem Tier viel besser gehe und heute ein größerer Bogen der Kommunikation hergestellt werde. Die Sitzung selber würde länger dauern als bisher üblich.

Das Auffälligste allerdings war die Tatsache, dass ich im Verlaufe der Übermittlung selbst die Kontrolle über Wortwahl und Verständnismöglichkeit aufgegeben hatte und mich in den Strom des Austausches stellte. Die Folge war, dass ich wie hinter einen Schleier schaute, der mir die Bilder und Motivationen aufzeigte, die den einzelnen Mitteilungen wohl zugrunde gelegen haben müssen. Ich lebte während der Durchgabe tatsächlich in einer anderen Welt. Die Komplexität des Wahrgenommenen in Worte zu fassen, erschien mir wie ein Übersetzungsmanöver in eine andere Empfindungseinheit abstrakter Lautsymbole.

Im Verlauf dieser Sitzung erlebte ich die Inhalte dessen, was hier gesagt wurde, als eine körperlich gefühlte Realität, die mir den Einblick in die feinstoffliche Welt ermöglichte. Ganz zweifelsfrei erfuhr ich innerlich, dass es so etwas wie einen Tod nicht gibt, sondern lediglich verschiedene Daseinsformen, die sich nur durch Schwingung und Bewusstsein voneinander unterscheiden. Wir ändern also nicht unser Leben und unsere Entwicklung, wenn wir sterben, sondern nur unsere kosmische Adresse. Das Leben geht weiter.

Joy nimmt hierauf Bezug, wenn sie davon spricht, dass Tiere in einem feinstofflichen Bereich existieren, den sie während ihrer physischen Existenz wohl auch nicht ganz verlassen und der ihre geistige Heimat ist. Dorthin kehren sie nach dem Tode wieder zurück, um ihre gesammelten Erfahrungen mit der inneren Matrix abzugleichen, ihre Resultate zu integrieren und von da aus weiter voranzuschreiten oder wieder hierhin zurückzukehren, um Weiteres zu bewirken. Aus diesem feinstofflichen Bereich heraus wirken auch die Engel. Das Leben geht also weiter und wählt sich seine Erscheinungsform je nach Bedürfnis oder Notwendigkeit. So wurde mir während des inneren Kontaktes vor Augen geführt, dass wir Menschen tatsächlich mit den Wesen der Natur wie auch mit den Engelwesen in Kommunikation sein können, wenn wir die elementare Verbindung, von der Joy häufig spricht, in uns selber herstellen. Es scheint, dass das Reich der Natur, der Tiere, der Elementarwesen und der Engel immer nur die Brücke darstellt für die Verbindung zu unserem wahren Zuhause und uns darauf aufmerksam macht, dass es jederzeit zugänglich ist. Je weiter die Kommunikation während der Sitzung voranschritt, desto deutlicher sah ich die Ordnung der Schöpfung im Zusammenwirken alles Lebendigen als unterstützende Hilfe aller Lebensformen füreinander auf der Spirale der universalen Evolution, die sich in vielen Lebensformen in immer neue Vollkommenheiten hinein gebiert.

Das Zusammenleben zwischen Mensch und Tier

Ich möchte zuerst wissen, ob es dir besser geht. Während der letzten Tage hatte ich den Eindruck, aber ich bin mir nicht sicher.

Oh ja, es geht mir besser, und es sind etliche Hürden übersprungen und aus dem Weg geräumt worden.

Aber du bist immer noch krank?

Nicht wirklich. Die Ausfallerscheinungen, die mit meinem begrenzten Reaktionsvermögen und mit meinem Bewegungsradius zu tun hatten, sind noch vorhanden. Es ist aber nicht tragisch. Ich bin begrenzt, aber manchmal ist es auch ganz schön, sich nicht grenzenlos zu fühlen, sondern zu wissen, wo die Grenzen sind.

Ich wüsste gern etwas über das Zusammenleben zwischen Menschen und Tieren. Ich habe den Eindruck, dass wir Menschen da eine Vorstellung haben, die überhaupt nicht der Realität entspricht.

Das ist wohl wahr.

Wir Menschen glauben ja, dass ihr untergeordnet seid und nicht viel versteht. Da gibt es die medizinischen Eingriffe, die vorgenommen werden, zum Wohl der Tiere. In der letzten Sitzung wurden solche Kupier- und Verschönerungseingriffe aus Profitgründen angesprochen, und ich wüsste gerne, was du zu dem Thema Kastration zu sagen hast. Wir behaupten ja, es sei zu eurem Schutz.

Was wäre denn der Fall, wenn wir nicht kastriert wären? Wir würden euch eine schöne nette Brut ins Wohnzimmer legen, und ihr hättet eine Menge mehr Arbeit. Das ist der einzige Grund, warum ihr glaubt, dass ein Eingriff in die normale Entwicklung des tierischen Lebens sinnvoll ist. Es hat genau damit zu tun, dass ihr glaubt, wir wären ohne Bewusstsein, und wir würden nur unseren Instinkten folgen. Instinkte sind in ihrer reinsten Form ein genaues Abbild der höchsten Bewusstseinsform der ganzen Gattung Tiere mit der Untergattung der jeweiligen Rasse. Eine tierische Gemeinschaft würde niemals jenseits der Möglichkeiten des Lebens Nachkommen zeugen und würde niemals jenseits der Möglichkeiten der Nahrungsmittelfindung mehr Nachkommen in die Welt setzen, als möglich wäre. Das ist ein Mechanismus, der inwendig reguliert und in genauem Kontakt mit der Umwelt ist.

Wir Tiere gehören zu dem planetarischen Leben, das insbesondere geschaffen worden ist, um euch Menschen die Möglichkeit zu geben, euer Leben kennenzulernen, euer Leben zu lenken, zu leiten und zu führen. Wenn ihr klug wäret, würdet ihr euch umdrehen und unser Leben wie auch das euch umgebende Leben der Natur anschauen. Ich will jetzt nicht allzu weit ausholen, weil das einer späteren Sitzung vorbehalten ist. Wir wollen aber doch festhalten, dass die Art und Weise, in der ihr Menschen mit uns umgeht, ganz und gar eurem eigenen Denken entspricht.

Ihr habt die Neigung, euer Alleinsein, die selbstgewählte Isolation, in der ihr euch aufhaltet, verstecken zu wollen. Ihr leugnet sie, indem ihr sie mit dem Mantel der Mildtätigkeit und der Fürsorge zudeckt. Wir Tiere erleben das oft. Sehr häufig werden wir mit dem Mantel der karitativen

Nächstenliebe in euer Leben geholt. »Dieser arme Hund, die arme Katze! Komm, wir müssen uns darum kümmern!«, heißt es – und dann ist es unsere Aufgabe, uns dem Leben desjenigen anzupassen, der uns in dieser »milden, liebevollen« Art aufgenommen hat. Wir tun es auch in den meisten Fällen. Wir tun es, weil wir wissen, dass es ein großer Dienst ist, den wir euch Menschen erweisen können. Die Menschen brauchen uns Tiere. Wir halten etwas aufrecht für euch, das ihr selbst nicht in der Lage seid aufrechtzuerhalten.

Euer vegetatives Nervensystem wird ganz und gar geleitet von der Interaktion der gesamten Natur auf dem Planeten. Ihr seid euch dessen nur nicht bewusst. Das Nervensystem selbst ist eine Widerspiegelung der höchsten Ordnung aller geistigen Bezugspunkte. Und es wurde, bevor ihr Menschen auf diesem Planeten erschienen seid, in Jahrtausenden durch die Tierwelt vorbereitet. Sie hat ein sehr schönes, feines und komplexes Gewebe und Geflecht von Verbindungen auf diesen Planeten gelegt. Ein Gewebe von so feiner Art, dass eines mit dem anderen in Kontakt und eines mit dem anderen in Verbindung ist, wodurch das eine auch mit dem anderen über diese Leitung des Geflechtes korrespondieren kann. Jedes Tier weiß in jedem Augenblick vom anderen. Jeder Teil der Schöpfung weiß in jedem Augenblick um den anderen. Das ist die Ordnung, die wir hergestellt haben, in die wir uns hineinentwickelt haben, weil es der Plan war, weil es das Reich ist, das wir auszufüllen haben und auch weiterhin auszufüllen gedenken, wenn es nicht gestoppt werden wird.

Aus diesem Grund ist alles das, was unser instinktives Leben angeht, alles das, was von unserem Leben in Sippen, Rassen, in Zuordnungen, in natürlichen Vorgängen handelt, immer in Verbindung mit dem Ganzen. Und da es immer in Verbindung mit dem Ganzen agiert, würden wir niemals andere Tiere in die Welt setzen, die keine Überlebenschancen haben. Es wäre also demnach nicht notwendig, einen solchen Eingriff in die Zeugungsorgane von uns Tieren vorzunehmen. Der Eingriff der Menschen wirkt insgesamt so stark und ist oft von individuell grausamem Unverständnis, dass es äußerst schwerfällt, dieses Geflecht, das ursprünglich in Vollkommenheit aufgebaut war, jetzt überhaupt auch nur erhalten zu können.

Die Korrespondenz zu eurem Nervensystem zeigt, dass der Kontakt mit uns Tieren alles andere als freundlich oder liebevoll ist. Wir sind da, um euch euer schlechtes Gewissen zu vertreiben; wir sind da, um euch zur Nahrung zu dienen; wir sind da, um überschüssige Liebesbedürfnisse, die ihr habt, auf uns zu laden, weil ihr euch nicht getraut, euch selbst und einander zu lieben.

Es ist nicht pessimistisch gesagt, sondern es ist ein Teil unserer Aufgabe, die wir übernommen haben, denn natürlich gehört es auch zu unserer Aufgabe, dass wir die Fähigkeiten, die wir haben, in euren Dienst stellen und freiwillig stellen wollen. Sehr viel an Leid, sehr viel an Krankheit, sehr viel an Missstimmung wird durch uns abgepuffert und aufgenommen und kann durch unser tierisches Leben verwandelt werden. Bis zu einer gewissen Schwelle ist dies immer so, dass auch die Menschen von uns etwas aufnehmen. Wenn wir jedoch zu viel von den Menschen aufnehmen, werden wir auch mit einer Reihe von Störungen konfrontiert.

Diese Störungen können dazu führen, dass unser Lebens- und Empfindungssystem aus dem Ruder gerät. Wenn die Lebensbalance über Gebühr gestört wird, greift Unordnung um sich. Zunächst an einigen, später an mehreren Stellen, und schließlich wird das gesamte Geflecht in Haltlosigkeit geraten. Damit entsteht die Notwendigkeit, dass ein regulativer Eingriff vorgenommen werden kann oder muss. Insbesondere dann, wenn diese Tiere zu Haustieren herangezüchtet oder herangebildet werden und deshalb ihrem normalen Leben nicht folgen können.

Die Tatsache, dass ihr euch entscheidet, Tiere zu kastrieren, hat damit zu tun, dass es eurem Nutzen zweckdienlich ist, und wir sind zu einem großen Teil damit einverstanden, weil wir euch dienen wollen. Würdet ihr darauf verzichten, würden wir anfangen, ein neues Leben aufzubauen, das von einer neuen Ordnung ist. Wir würden natürlich die Ordnung herstellen, die unserer Natur entspricht: Das würde einige Turbulenzen in eurem Leben auslösen, denn auch ihr seid mit uns durch eure Körper in Kontakt, aber ihr seid körperdumm geworden, und dadurch erkennt ihr die einfachen und natürlichen Regeln nicht mehr. Die Harmonie der natürlichen Ordnung ist sehr stark gestört, obwohl heutzutage Katastrophen immer noch durch uns abgewendet werden können, weil wir unseren Dienst für euch aufrechthalten. Es wird aber Zeit für euren Dienst an uns, indem ihr das Leben, das euch erhält, beschützt. Beschützen bedeutet insbesondere, dass ihr anfangt, die Natur alles Lebendigen zu verstehen, den Geist alles Lebendigen überhaupt auch nur annehmen zu wollen, um dann später in einem weiteren Schritt der Erkenntnis anzufangen, die natürlichen Lebensvorgänge alles euch umgebenden Lebens verstehen zu können.

Wir Tiere lieben das Leben. Wir sind von Natur aus in der höchsten Essenz allen Lebens, wir sind die Freude des Lebens, und wir erkennen diese Freude auch in euch. Unser tiefstes Bestreben ist, es durch unser Beispiel und durch unser Leben mit euch – gleich unter welchen Bedingungen – zu ermöglichen, dass ihr anfangen könnt, euch selber zu erfüllen. Ihr wisst doch, wie es ist, wenn wir euch entgegenspringen und unsere Freude über euch zum Ausdruck bringen. Glaubt ihr nicht, dass ihr euch selbst entgegenspringen könntet und eure Freude über euch zum Ausdruck bringen könntet?

Das ist eine echte Frage. Ich glaube das auf jeden Fall.

Joys Fragen an Mia

Der weitere Verlauf der Sitzung machte noch deutlicher, wie sich die Welt der Natur nachhaltig mitteilen könnte, wenn das menschliche Bewusstsein nur bereit wäre, diese Möglichkeit anzuerkennen und dadurch für die Äußerungen des Lebens rund um uns herum empfänglich würde. Der folgende Dialog zwischen dem Tier und seiner Besitzerin verdeutlicht dies. Denn nun übernahm Joy die Führung des Gesprächs, indem sie fragte:

Wie stellst du es dir vor, wenn die Menschen anfangen könnten zu entdecken, dass sie selbst auch in einem Gewebe des Lebens eingebunden sind, dem sie dann entsprechen, wenn sie sich einander und dem Leben in Freude zuwenden?

Wie das bei den Menschen aussieht, weiß ich nicht! Ich glaube, dass die Menschen durch die Tiere lernen. Dass die Menschen, die Tiere haben, dabei sind zu lernen, pure Freude zum Ausdruck zu bringen. Also ich habe es durch dich wieder gelernt.

Das ist wahr. Und deshalb bist du auch bereit gewesen, meine Entwicklung, die dir ja einen sehr großen Teil deiner Freizeit raubt, in Kauf zu nehmen. Allein die Zuwendung würde eine größere Einsicht bedeuten.

Ja, die Zuwendung der Menschen untereinander und eine richtige Zuwendung der Menschen zu den Tieren. Und nicht nur Zuwendung aus Mitleid, Barmherzigkeit und so weiter.

Die Tiere lieben einander, auch wenn sie aufeinander losgehen. Sie wissen, das ist ein Teil der Natur. Die Menschen glauben, sich schützen zu müssen, und sie lieben einander nicht, weil sie nicht eingewoben sind in dieses feine Gewebe, von dem ich eben sprach. Wie groß könnte die Freude unter den Menschen sein, wenn sie sich einander zuwendeten. Wir freuen uns deshalb, weil wir wissen, dass wir im gleichen System die höchstmögliche Potenz entwickeln, und wir wissen, dass wir eingebettet und eingeordnet sind in eine natürliche Aufwärtsbewegung, die es uns ermöglicht, uns und euren Körpern so zu dienen, dass ihr frei werden könntet von Kummer, Sorge und Not.

Wir haben die Einsicht, dass wir um den Platz eines Lebens und die Bedeutung eines Lebens im Gesamtgewebe wissen. Wird jemand gewaltsam aus dem Leben genommen oder auf brutale und grausame Art zerstört, so ist es ein Widerhall in uns allen, der durch uns geht. Wir sind eins. Bei den Menschen ist es so, dass ihr erkennen müsstet, dass euer Gegenüber ebenfalls ein Punkt in eurem Lebensgewebe darstellt, ohne den ihr nichts tun könntet, ohne den ihr nichts unternehmen könntet. Und dass dieser individuelle Fokus eine wichtige Bedeutung für euch und euer Leben hat. Was wäre es für ein Leben, wenn ihr das Bewusstsein hättet, dass der jeweils andere seinen Platz im Gesamtleben einnimmt und er dort gewollt ist! Wie würde sich euer Bewusstsein über das Leben verändern? Kannst du dir das vorstellen?

Hm.

Und nun stell dir vor, du wärst bereit, deinen inneren Blick dafür zu öffnen. Könntest du dir vorstellen, dass du dich darüber freuen könntest, jemandem zu begegnen, der sich dir zuwendet, und dass auch du mit deiner Freude auf jemanden zugehen könntest?

Ich kann es mir vorstellen, aber ich denke mir, dass wir Menschen so etwas erst lernen müssen.

Das ist wahr. Willst du damit beginnen?

(ETWAS ZÖGERND:) *Ja.*

Das ist gut, denn du hast es so oft mit mir gemacht, ohne dass du wusstest, dass du es kannst und tust. Ich sage dir etwas: In Wahrheit hast du es schon gelernt. Dein Einverständnis ist aber notwendig, damit der Schleier darüber gelüftet werden kann, so dass du den Einblick bekommst. Dann kannst du es auf eine ganz natürliche Art und Weise tun, die schön und anmutig ist, die dich nicht ausliefert und niemanden verletzt und die erhebend ist für alle, die in dein Umfeld geführt werden.

Okay. Ich verstehe, was du sagst. Mir wird so langsam klar, wie groß das Ausmaß an Unrecht ist, das wir den Tieren antun, und wie primitiv das Wissen ist. Wie können wir überhaupt anfangen, das zu ändern? Was können wir tun, damit die Menschen sich auch anders gegenüber Tieren verhalten?

Ihr seid dabei, etwas in die Wege zu leiten. Wenn ihr wollt, kann ich euch weiterhelfen bei der Herstellung dieses Buches. Das hängt ganz von euch ab. Und so wie dich bewegt, was wir vorhin besprochen haben, mag es vielleicht auch den einen oder anderen Leser bewegen. Dadurch setzt es sich fort.

Ja.

Es ist eine große Wellenbewegung in Gang, die aus dem Untergrund der menschlichen Natur allmählich an die Oberfläche kommt und die das Leben verändern wird. Es entsteht ein geistiges Erwachen. Das ganze Leben wird einen Frühling auf neue Art erleben, und dadurch wird sich vieles verändern.

Wir sind jetzt hier in dieser kleinen Gruppe ebenfalls ein individueller Fokus von Bewusstsein, der durch diese Zusammenarbeit einen bestimmten Inhalt des Lebensgewebes zum Ausdruck bringt. Zur gleichen Zeit tun es viele andere überall auf der Welt. Das meiste ist noch nicht bekannt. Ihr seht nur an der Oberfläche die heraufziehenden Katastrophen, und da fragt ihr euch, ob die Welt untergehen wird oder ob es einen dritten Weltkrieg geben wird. Es wird eine andere Entwicklung einsetzen, die sich in einer nie gekannten Art deutlich machen wird. Und zwar so, dass im Laufe der Zeit die inneren Impulse derjenigen, die ihre Hoffnung in das aufstrebende Bewusstsein setzen, eine natürliche Kraft in diese Welt bringen, die Veränderungen herbeiführen wird.

Nun sind Veränderungen immerdar; und das ist an sich nichts Neues. In der Vergangenheit sind jedoch Veränderungen durch die wenigen Mächtigen herbeigeführt worden, die nach mehr Besitz strebten und deshalb entweder Völker entmachteten, Kriege führten oder neue Systeme einführen. Dieses Mal ist es so, dass die Gesamtentwicklung der Menschen aus ihrem Innersten kommt und dass dadurch eines das andere fördern wird. Je mehr solcher Brennpunkte entstehen wie der, den wir gerade bilden, desto mehr kann dieses Lebensgeflecht in einer neuen Form, in einem neuen Licht, wieder entstehen. Und wir Tiere können nicht nur mit euch sprechen, sondern auch mit den Engeln – wie ihr auch –, und ihr werdet endlich anfangen zu verstehen, weshalb ihr hier seid, und euch nicht genug wundern können über die Dunkelheit der zu Ende gehenden Entwicklungsperiode.

Das hört sich ja gut an.

Das Leben der Tiere als Dienst

Am Anfang des Gesprächs sagtest du etwas über die Verbindung der Tiere untereinander. Dazu habe ich eine Frage. Sind Hunde mit allen Hunden verbunden? Ist jeder Hund mit jedem anderen Hund auf dem Planeten verbunden und auch mit jedem anderen Tier? Oder ist jede Tierrasse für sich untereinander verbunden?

Das gesamte Tierleben bildet einen Schutz für euch. Zurzeit bedeutet es eine lebensnotwendige Erscheinungsform für euch. Wir werden vielleicht eines Tages überflüssig sein und uns wieder zurückziehen können auf die innere Ebene des Lebens. Aber wir sind hierhergekommen, um mit euch an der weiteren Entwicklung eures Lebensplanes zu arbeiten. Dafür braucht ihr uns jetzt, weil ihr es selbst nicht tun könnt.

Als ein breites Band, über das sich die Entwicklung vollziehen kann, sind wir natürlich in ständigem Kontakt miteinander, weil wir zueinander gehören. Darüber hinaus sind wir auch in Kontakt mit den Tieren, die zurzeit nicht physisch sind. Wir sind ein Teil der Lebensmatrix, und natürlich sind wir nicht nur mit anderen Hunden in Kontakt, sondern mit dem gesamten Elementarleben. Solange wir in physischer Erscheinung sind, dienen wir einem bestimmten Zweck, und unsere Wahrnehmung ist ebenfalls begrenzt bzw. ausgerichtet auf den Zweck. Das heißt aber nicht, dass wir innerlich nicht in Lebensverbindung zu aller geschaffenen Kreatur sind. Also: auch über die Rassen hinweg, auch über die verschiedenen Lebenseinheiten und Lebensabschnitte hinweg sind wir Tiere miteinander verbunden.

(PAUSE)

Habe ich dich erschreckt?

Nein. Aber ich habe gerade daran gedacht, was den Tieren hier auf dem Planeten angetan wird. Wie furchtbar!

Es gibt bereits etliche Tiere, die dabei sind, sich zu verabschieden. Nur die mutigsten unter ihnen halten ihre Präsenz noch aufrecht. Sie werden missbraucht als Sammlerobjekte oder damit aus ihren Häuten Geld gemacht wird. Es ist nichts dagegen einzuwenden, nur die Motivation des Missbrauchs und des Profits ist es, die ich hier ansprechen möchte. Wir würden euch liebend gern dienen, und wenn wir in Liebe und Freundschaft angesprochen würden, wären wir bereit, euch unser letztes Fell zu geben, damit ihr in eurem Leben weitergehen könntet. Das wäre eine große Freude für uns. Wenn ihr aber dieses Fell gar nicht braucht und gar nicht haben wollt, wenn ihr Schindluder damit treibt, dann ist das in gewisser Weise schmerzhaft. Je mehr es passiert, desto eher werden diese Tiere natürlich nicht mehr für das wirkliche Leben gebraucht, sondern nur noch für teuren überflüssigen Luxus, und das ist nicht der Sinn unseres Lebens.

Also ziehen sich einige zurück, um sich vom physischen Leben zu erholen – wie ihr es zwischen euren Leben auch tut –, und einige andere besondere Naturen der Spezies bleiben hier, um, soweit es geht, noch das Muster aufrechtzuerhalten für den Fall, dass wir wiederkommen möchten. Aber es gibt auch sehr, sehr viele Tiere, die sich zurückziehen und nicht mehr wiederkommen werden, weil sie nur mit Unfreundlichkeit empfangen worden sind und nicht den Ausgleich haben wie wir Haustiere. Im Vergleich zu ihnen werden wir ja noch mit Liebe überschüttet, auch wenn es manchmal eine selbstsüchtige Liebe ist. Aber wir werden wahrgenommen, und unseren Bedürfnissen wird entsprochen.

Viele Tiere sind in ihrer Unschuld damit beschäftigt, das Leben aufrechtzuerhalten. Sie werden grausam getötet oder gefoltert, und sie können das, wofür sie da sind, nicht mehr aufrechterhalten. Glaube mir, das Letztere ist der größte Schmerz.

Ja. Das verstehe ich.

Von der Frage zur Interaktion

Wenn ihr wollt, werden wir uns heute in einer anderen Art weiter unterhalten, nämlich in einer gelösteren Form der Zwiesprache. Das ist möglich, weil ich dadurch diesen Kanal der heilenden Mitteilung* gut einstimmen kann auf das, was ich ausdrücken möchte. Es ähnelt mehr einem Gespräch als einer monologartigen Darstellung, die durch Fragen, durch einen Köder, einen Appetithappen angeregt wird. Es ist so, dass sich dieser Kanal während der ersten Hälfte des Gespräches mit mehreren Seinsebenen verbunden hat. Das kann gefördert werden. Ich möchte es gern fördern, so dass durch ihn heute einiges getan werden kann und er in einer besonderen Art des Trainings und der Schulung ist, die es ihm ermöglicht, weiter loszulassen und seine Sprache fließender rollen zu lassen.

Hm, komisch, da schaltet sich sein Verständnis wieder ein. Wie kann eine Sprache fließend rollen? Er hakt an diesen kleinen Kritikpunkten und reibt sich damit innerlich auf, weil er sehr gern möchte, dass die Inhalte, die er erfährt, in einer Art und Weise dargestellt werden – oder »rüberkommen«, wie ihr sagen würdet –, dass sie mit Interesse aufgenommen und mit Begeisterung gelesen werden können. Das ist seine Absicht. Er möchte gern etwas vermitteln aus der Welt, wie ihr sie kennt, wie ihr sie erlebt, und aus der Welt des geistigen Hintergrundes, wie wir sie kennen und erleben. Diese Verbindung, diese Vermittlung, diese Brücke zu bauen, das ist sein eigentlicher Job, seine eigentliche Berufung. Er tut es auf vielerlei Arten, in vielerlei Tätigkeiten. Heute möchte ich ihn gern in eine neue Dimension dieser Tätigkeit führen. Dazu ist es notwendig, dass er sich noch weiter entspannt und noch mehr loslässt, und du kannst ihm dabei helfen, indem du, auch wenn der Text gerade »rollt«, um seinem Verstand mal wieder einen Haken zu liefern, deine Fragen stellst oder in die Darstellung hineinsprichst, so dass allmählich eine Interaktion möglich wird und ein tatsächliches Zwiegespräch zustande kommt. Das könnte effektiver werden als überlegte Fragen, obwohl ich nichts gegen deine Vorbereitung sagen möchte, denn die Vorbereitung ist es, die den ganzen Ablauf bestimmt und

* Gemeint ist der Autor des Buches.

auch weiterhin bestimmen wird. Nur die Art und Weise, in der es dann geschehen kann, in der die eigentliche Sitzung über die Bühne geht, die kann und darf und wird sich auch verändern. Willst du mir dazu etwas sagen oder mich etwas fragen?

Ich finde das gut und glaube auch, dass es dadurch spontaner und lebendiger wird. Und ich denke auch, dass du sehr genau weißt, was du ausdrücken und vermitteln willst.

Ich weiß zwar, was ich ausdrücken und vermitteln will, aber es ist abhängig von beider Bereitschaft, es aufzunehmen, damit umzugehen. Die Art und Weise, in der jeder von euch damit umgeht, ist ebenfalls eine Vorbereitung für die jeweils darauffolgende Sitzung, in der ich dann, wenn ihr etwas verarbeitet habt, mehr geben oder aber auf der vergangenen Vermittlung weiter aufbauen kann. Es erweitert euer Bewusstsein, es erweitert euren Horizont, und dann kann ich aufgrund dieses erweiterten Horizontes weitere Informationen geben, die vorher nicht möglich gewesen wären.

Es hat natürlich auch damit zu tun, dass ihr allmählich in die Entspannung kommt, und ganz nebenbei, liebes Frauchen, wirst du auch trainiert. Durch die Ansprache der Energie deiner feinen Körper werden auch in dir Systeme korrigiert, und es wird etwas hergestellt, so dass du in einer indirekten Ausbildung bist, wenn du dabei bist.

Wie wollen wir nun fortfahren? Was interessiert dich am meisten?

Erziehung ist Liebe

Mich persönlich interessiert das Thema Erziehung von Tieren. Du hast jetzt mehrmals angedeutet, dass das in einer anderen Art und Weise stattfinden sollte als zum Beispiel über die Erziehung, die das Tier in seinem Willen bricht, oder die strenge Erziehung, wie sie in der Hundeschule stattfindet. Und mich interessiert, wie eine vernünftige Interaktion zwischen Menschen und Tieren aussehen kann und wie wir euch richtig erziehen können.

Mein Eindruck ist, dass wir beide in einer sehr subtilen Art und Weise kommunizieren, die wirklich fast telepathisch ist, weil du oft Dinge, die ich denke, schon ausführst und ich mit dir auch nicht streng oder autoritär umgehen muss. Das macht es sehr leicht zwischen uns, diese Verbindung und diese Kommunikation aufrechtzuerhalten, und ich achte auch sehr gut auf dich. Aber ich weiß auch, dass es andere Hunde gibt, mit denen man nicht so leicht kommunizieren kann und bei denen man dann schon sehr auf klassische Erziehung und klassische Befehle angewiesen ist, wie man das in der Hundeschule lernt. Darüber würde ich gern mehr wissen.

Ja, es ist leider der Fall, dass es Tiere gibt, denen zurzeit nur dadurch geholfen werden kann, dass man ihnen eine Form gibt, in der sie sich bewegen können. Diese Form ist das, was du als die klassische Hundeerziehung, Hundeschule bezeichnest. Du hast mich nicht kennengelernt als kleines Tier, als Jungtier. Eine Erziehung beginnt sofort bei der Annahme eines Tieres. Genau genommen ist es so, dass das Tier sich mögliche Eltern aussucht – mögliche Menscheneltern meine ich jetzt in diesem Fall. Ihr habt es beide erfahren, sowohl du als auch der Sprecher. Die Tiere, mit denen ihr zusammen wart, sind von sich aus zu euch gekommen. Auch ich bin zu dir gekommen, weil ich die Chance sah, von dir angenommen zu werden, aber ich war schon gestört. Ich war bereits innerlich gebrochen, und ich sah die Chance, mit dir zusammen ein Stück des Weges zu gehen und weiter zu wachsen. Das, was ich dir geben wollte, war etwas, was mich zu dir hinzog, denn du hast es gebraucht. Tiere suchen also ihre Erzieher und Erzieherinnen in Wirklichkeit danach aus, was sie denen, die kommen, um sie zu sehen, geben können. Das ist doch schön, oder?

Das ist sehr schön, und ich habe es mir auch schon so gedacht.

Dadurch wird ermöglicht, dass in sehr kurzer Zeit eine Beziehung hergestellt werden kann, in der das vorherrschende Defizit durch den jeweils anderen geheilt und erlöst werden kann.

Das heißt, es findet ein gegenseitiges Heilen statt?

Sieh mal, was ich versuche, in dir zu heilen, ist das, worauf du ansprichst, aber ich repräsentiere auch etwas, was dich an dich selbst erinnert und was du mir geben möchtest. Als du mich gesehen hast, wolltest du mir etwas geben. Du hattest ein Gefühl für mich. Dieses Gefühl war die Brücke, sowohl von deiner als auch von meiner Seite. Nun haben wir in den vergangenen Gesprächen festgestellt, dass es so gut wie nicht möglich ist, dass ich es dir einfach gebe oder dass du es mir einfach gibst. Es ist ein Prozess in Gang gekommen, der uns beide ganz schön mitgenommen und gebeutelt hat, aber durch die Intervention dieses Mediums* hat auch eine Heilung stattgefunden. Diese Heilung hat dahin geführt, dass wir in ganz anderer Art miteinander kommunizieren. Wer weiß, wie es sich noch auswirken und wohin es sich noch entwickeln wird? Also ist die eigentliche Brücke zwischen Mensch und Tier in Wirklichkeit das – du wirst es nicht glauben –, was du schon weißt, nämlich: die Liebe.

Wie sich die Liebe auswirkt

Da die Menschen nicht gerade Experten in der Liebe sind, sondern sehr viel falsches Denken und damit gequältes Fühlen einhergeht, ist es so, dass sie auf das sogenannte »dumme Tier« ihre instinktive Liebe projizieren. Das Tier freut sich und liebt bedingungslos. Und das ist es, was die Menschen brauchen: ein Beispiel der bedingungslosen Liebe. Stell dir einmal vor, auch wir Tiere würden unsererseits bedingungslos von den Menschen, die uns zu sich nehmen, geliebt werden. Dann würden wir durch diesen Sog der Liebe in ihr Leben hineinwachsen, und wir würden nichts, aber auch gar nichts tun, was irgendwie für das Leben der Menschen störend wäre, sondern wir würden das unterstützen, was sie leben. Wir würden mit ihnen zusammen leben und ihnen das geben, was sie brauchen, und wir wären wie ein Ableger von ihnen, nur eben in tierischer Form.

Die Menschen in Liebe einzuhüllen, wirkt auf uns Tiere genauso stark zurück. Wenn wir durch die Menschen mit Liebe umhüllt werden, ernährt

* Gemeint ist der Autor.

uns das und hebt uns empor. Wir bemerken aber auch, dass die Gefühls- und Gedankenformen, die gestört sind, ebenfalls über uns gelegt werden. Dadurch, dass diese missgebildeten Gefühls- und Gedankenformen, die sowohl individuell wie auch kollektiv bestehen, manchmal stärker sind als der Sog der Liebe, den so ein menschlicher Elternteil haben kann, ist es für uns Tiere sehr schwierig, die innere Verbindung zu Menschen, die in solchen Gedanken- oder Gefühlsformen leben, herzustellen und halten zu können. So entsteht Distanz. Je gestörter, schwächer oder dunkler diese Übertragung von Liebe ist, desto schwieriger ist es, mit einer natürlichen Liebesempfindung zu leben. Die Liebeswelle ist nicht mehr tragfähig, und das Verhältnis zwischen Mensch und Tier wird konfus. Wenn diese Konfusion da ist, verlöscht der Sog zueinander. Das Tier fühlt sich nicht mehr angezogen durch die Liebe, es fühlt sich nicht mehr begleitet oder eingehüllt durch die Liebe, sondern es fühlt sich irritiert.

Um wieder Boden unter den Füßen zu bekommen, greift es auf seine Urinstinkte zurück, die dann aber anders wirken können als das, was Herrchen oder Frauchen jeweils erwartet. Durch solch verändertes Verhalten wird Herrchen oder Frauchen irritiert, und er oder sie greift zu der Form der Erziehung, die dann passend erscheint, nämlich: bestrafen, starre Formen anerziehen, geregeltes Leben herstellen usw. Die Natürlichkeit und die Anmut der Beziehung zwischen Mensch und Tier wird dann gebrochen oder ist bereits gebrochen worden.

Kommunikation durch Gedankenübertragung

Die Interaktion zwischen uns hat sehr viel damit zu tun, was du eingangs sagtest: Du sendest ein klares Gedankenbild zu mir. Je eindeutiger das Gedankenbild ist, desto deutlicher kommt es bei mir an. Ich halte es für eine klare Botschaft der Liebe, der ich nur allzu gern nachkomme, wenn ich sie ungefiltert annehmen kann. Und ebenso sende ich meine instinktiven Gemütsbilder zu dir und habe den Eindruck, dass du darauf reagierst: Du lächelst, du bist innerlich berührt, und du gestattest mir den Weg, den ich gehen möchte. Empfinde ich das richtig von meiner Seite?

Ja, das stimmt. Ich achte wirklich sehr darauf, dass du dein Leben in diesem begrenzten zeitlichen Rahmen, den ich dir zur Verfügung stelle, z. B. während eines Spaziergangs, nach deiner Möglichkeit leben kannst und deine Freiheiten hast, weil du umgekehrt den ganzen Rest des Tages machen musst, was ich vorgebe.

Siehst du, und das ist es, wofür ich dich so sehr schätze und was ich an dir so würdige, nämlich dass du mich mit deiner Liebe umhüllst und mir diese Freiheit gibst. Es ist eine große Freiheit, die du mir da gewährst, denn in diesem Moment ist es für mich nicht nur himmlisch, es ist paradiesisch. Ich weiß, dass ich diese Freiheit habe, und ich weiß, dass du den Rahmen für diese Freiheit bildest und dass ich jederzeit zu dir zurückkommen kann, wenn ich an eine Grenze kommen sollte, die mich irritiert. Es ist so wunderbar, eine Freiheit zu haben, in der die Umarmung die ganze Zeit spürbar ist. Kannst du dir das vorstellen?

Ja, das kann ich mir gut vorstellen.

Und das habe ich mit dir.

Das freut mich sehr. Das ist auch tatsächlich das, was ich für dich herzustellen versuche.

Ja. Und von daher ist jeder Gedanke, in Liebe geäußert, nicht nur ein Befehl, sondern es ist ein Wunsch, eine Bitte und eine Aufforderung, diesem Gedanken eine Form zu geben, und warum sollte ich diesem Gedanken nicht nachkommen?

Das heißt aber doch, dass es tatsächlich der Gedanke ist, den du auffängst, und dass man es nicht aussprechen muss.

So ist es. Du hast es Telepathie genannt. Es ist die innere Verbindung, die zwischen uns da ist, und die Brücke dafür ist die Liebe.

Das heißt, je klarer ich bin und je freier der Gedanke ist – frei im Sinne von: ohne Störung und störende Muster –, desto klarer kannst du ihn empfangen.

So ist es.

Das bedeutet, wenn wir sehr entspannt zusammen spazieren gehen, ist eigentlich genau dieser Gedankenaustausch möglich.

Ja. Wenn wir entspannt sind und nebeneinander spazieren gehen, dann ist es bereits das Paradies. Der Gedankenaustausch ist schon vorher erfolgt, und du hast durch diesen Gedankenaustausch bereits die Brücke und ein Erlebensfeld hergestellt, in das wir uns beide hineinbegeben. Der Gedanke kommt dir: Jetzt wäre es Zeit, jetzt wäre es richtig, dass wir beide hinuntergehen. Du tust es für mich, häufig aber auch für dich, um deine eigenen Gedanken zu sammeln und dann, wenn wir nebeneinander in gelöster, entspannter Atmosphäre durch die Gegend trollen, ist es das Paradies. Du bist in Balance, und du gewährst dir dadurch die größtmögliche Freiheit. Du bist im Einklang mit dir. Selbst wenn du jetzt deinen Gedanken nachgehst und anfängst, Verschiedenes in deinem Gehirn zu sortieren und in die unterschiedlichen Fächer abzulegen, so ist es doch eine entspanntere Tätigkeit, als wenn du konzentriert oder suchend auf ein Ziel hinarbeitest. Und dieses Gefühl der Balance und der Freiheit ist genau das Feld, in dem ich mich dann aufhalte. Mit dir spazieren zu gehen ist also für mich die Bestätigung der größtmöglichen Freiheit. Es hat nichts mit dem Spaziergang zu tun, sondern es hat mit der Art und Weise zu tun, in der du mir diese Möglichkeit bereitstellst. Du bist da, und du bist als diejenige da, die du bist. Das ist deine Freiheit. Du gibst dir diese Freiheit, diesen Spaziergang zu machen, und diese Atmosphäre von Freiheit ist das, was zu mir strahlt. Und das erlöst mich von jeglichen Zwängen des Tages, wie immer sie auch gewesen sein mögen.

Das ist sehr schön.

Leben in Natur und Stadt

Du hast eben über die Natürlichkeit gesprochen: Wenn Menschen und Tiere natürlich miteinander leben, fließt auch der Fluss zwischen ihnen, aber gerade diese Natürlichkeit ist ja kaum möglich, so wie wir leben, beispielsweise in der Stadt. Das würde bedeuten, dass vieles nicht mehr normal und natürlich zwischen Menschen und Tieren sein kann.

Es ist nicht gesagt, dass ein Tier nur in einer Naturumgebung wirklich gesund aufwachsen kann. Nein, wir Tiere sind sehr flexibel, und wir assimilieren uns an viele Bedingungen. Wir können sehr wohl in steinernen Meeren mit den Menschen zusammenleben und uns gleichzeitig daran erfreuen, wenn wir einen Spaziergang durch unbebaute Natur machen. Das steinerne Meer, in dem ihr euch so gern aufhaltet, ist ja auch eure Schöpfung, und wir sind dafür da, um euch zu dienen und mit euch zu sein. Insofern akzeptieren und honorieren wir eure Schöpfung. Es ist das Klima, die Atmosphäre, die ihr euch ausgewählt habt. Und von daher fangen wir an, uns daran zu gewöhnen, ebenfalls in dieser Atmosphäre und in diesem Klima zu leben, in dem ihr es vorzieht euch aufzuhalten, denn wir lieben euch und wollen bei euch sein.

Das verstehe ich, und trotzdem ist meine Frage auf das konkrete Zusammenleben bezogen, denn die Natürlichkeit ist durch ganz viele äußere Umstände völlig begrenzt. Im Verkehr beispielsweise muss man einen Hund sehr reglementieren, ihm viele Befehle geben, damit kein Unfall passiert. Dadurch greifen wir natürlich auch massiv in euer Leben ein.

Die Hundeschulsituation baut ja eigentlich darauf auf, dass ein Band zwischen dem menschlichen Elternteil und dem Tier besteht. Wenn dieses von vornherein in der Art und Weise, wie ich es vorhin beschrieben habe, gewachsen wäre, nämlich mit dem Sog von Liebe, dann würde das Tier »bei Fuß« gehen, und es würde genau darauf achten, welche Regung bei Herrchen oder Frauchen da ist. Es weiß nämlich, dass der Elternteil es vorzieht, aus welchen Gründen auch immer, stehen zu bleiben oder zu gehen. Das

Tier würde sich genau darauf einstimmen und mitmachen, weil es weiß, dass die Verbindung besteht und dass es der Elternteil gut mit ihm meint.

Nur aufgrund der Irritation, von der ich vorhin sprach, müssen Leben und Verhalten reglementiert werden, damit dem Tier und anderen nichts geschieht. Das hast du richtig erkannt, es ist nicht mehr natürlich. Die Verbindung zwischen Mensch und Tier mittels des inneren Gewahrseins wäre das Natürliche. Eines würde das andere lenken, und wir Tiere könnten euch aufgrund unserer natürlichen Empfindung von Gefahr in besserer Art und Weise helfen und z. B. vor Gefahren warnen. Damit meine ich nicht nur die physische Gefahr, sondern ich meine auch die emotionale oder mentale Gefahr. Denn wir sehen Gedankenbilder von Menschen, und wir spüren auch emotionale Hässlichkeiten, die in einer bestimmten Art und Weise von Menschen ausgehen.

Es gibt gerade in Städten Ballungsgebiete, in denen sich solche Gedanken- und Gefühlsbilder durch ihre Häufigkeit verdichten, sich gegenseitig anziehen und sich miteinander verbinden, bis sie anfangen, wie eigenständige Wesen zu leben – so als hätten sie eigenes Leben, als hätten sie selber Kraft. Und viele Menschen gehen sorglos in solche Atmosphären hinein und halten sich darin auf, ohne zu wissen, was sie sich dadurch antun. Sie werden von dieser Atmosphäre umhüllt, und ihr Denken und Fühlen wird dann entsprechend beeinflusst.

Durch unsere Aufmerksamkeit könnten wir euch schon vor Antritt einer solchen Begegnung warnen, damit ihr euch von diesen Gefühls- und Gemütsbildern fernhaltet, die nicht förderlich sind, sondern euch beeinträchtigen. Das könnten wir tun, und wir würden sogar knurren und unser Nackenhaar würde sich sträuben, wenn wir nicht gelernt hätten, dass ihr Menschen darauf nicht achtet. Nun sind wir in der Situation, euch das tun lassen zu müssen, wovon wir wissen, dass es nicht gut für euch ist. Gleichzeitig aber sind wir an unsere Gehorsamspflicht gebunden. Also folgen wir euch, wenn ihr uns dorthin mitnehmt, da ihr es für richtig und gut haltet. So fangen wir an, einen Raum, ein Klima für uns selbst herzustellen, das es uns ermöglicht, in einer solchen verunreinigten Atmosphäre zu sein; gleichzeitig versuchen wir, den Kontakt zu euch zu halten, damit ihr durch eine derart verdunkelte Atmosphäre nicht hinuntergezogen werdet.

Wie sich Gedankenbilder auswirken

Ich achte nun wirklich immer sehr auf dich und versuche, die Zeichen, die du aussendest, und deine Körpersprache zu verstehen. Auch wenn ich nicht immer Rücksicht darauf nehmen kann, so nehme ich sie doch wahr bzw. versuche es. Sind die beschriebenen Gedankenbilder der Grund, warum du nicht in die Innenstadt willst?

Nein, es sind in diesem Fall nicht die negativen Gedankengebilde, es ist das wilde Zickzack, das wilde Hin und Her von so vielen menschlichen Emotionen, die wie Ausdünstungen eine Veränderung der Atmosphäre erzeugen. Könntest du sie sehen und wahrnehmen – oder wie ich als Hündin riechen – und die Vielzahl der unterschiedlichen Motivationen, Absichten und Ziele beobachten, wie sie alle wild durcheinander schwirren, sähest du, dass die Atmosphäre des Friedens und der Verbindung erst gar nicht aufkommen kann.

Zurzeit ist es so, dass eine große innere Unruhe die Menschen ergriffen hat, und sie bemerken sie noch nicht einmal, aber diese innere Unruhe ist rund um sie herum, und sie schießt, wenn ich ein Bild gebrauchen darf, wie spitze Pfeile in verschiedene Richtungen, die ihr Ziel nicht finden, sondern wahl- und ziellos durch die Atmosphäre schwirren. Es kann jeden treffen, und jeder ist irgendwie betroffen. Die Menschen lieben es anscheinend, sich in dieser Art und Weise zu begegnen oder sich darin aufzuhalten. Uns Tieren gefällt das nicht so, denn wir vermissen darin die klare Leitlinie, die klare Führung, sowohl die von euch als auch die von uns. Wir müssen sehr sortieren, um darin das, was du vorhin Telepathie genannt hast, entdecken zu können. Es ist also die Verwirrung, die zurzeit in den Gemütern und Köpfen der Menschen herrscht, die gerade in der Innenstadt ein großes Chaos im feinstofflichen Bereich, in dem wir Tiere größtenteils leben, hinterlässt.

Welche Orte sind es sonst?

Es sind sehr häufig Orte, in denen Menschen zusammenkommen, die kein gemeinschaftliches Ziel haben. Dazu gehören z. B. Begegnungsstätten jeglicher Art, seien es Kneipen oder Biergärten. Auch öffentliche Plätze werden sehr häufig von Menschen aufgesucht, die innerlich vereinsamt sind und die entweder einen Anker oder einen Austausch suchen. So ist diese Atmosphäre größtenteils beherrscht von Gier; der Ausdruck des Habenwollens zusammen mit der Verzweiflung bestimmt die Atmosphäre dort. Es ist nicht immer einfach, mit diesen Menschen zu sein, denn sie lassen nichts von ihrem inneren Licht nach außen strahlen. Sie suchen nur, wenn auch in netter Form, andere Reize, die sie ablenken von dem, was sie eigentlich beschäftigt. Das, was sie wirklich bewegt, kann aber dadurch gar nicht klärend ins Bewusstsein kommen, sondern es verhält sich dann so, wie ich es im Bild der ziellos umherschwirrenden Pfeile beschrieben habe.

Das verstehe ich sehr gut. Jetzt wird mir auch klar, warum du dich an diesen Orten so verhältst und ganz anders bist, wenn wir uns im privaten Rahmen mit Menschen treffen.

Wenn ihr euch im privaten Rahmen begegnet, habt ihr einen Konsens, ihr habt ein gemeinsames Ziel, ein gemeinsames Gedankengebäude. In sehr vielen Fällen habt ihr sogar eine wunderbare Motivation, euch zu treffen, denn ihr wollt etwas bewirken. Das ist für uns Tiere eine sehr feierliche, aufbauende, geradlinige Stimmung, selbst wenn es euch Menschen anders erscheinen mag. Es ist also die gemeinsame Absicht und das gemeinsame Ziel, das eure Energien, eure Kräfte, eure Gedanken und eure Gefühle auf ein Ziel hin verbindet. Dadurch bekommen die wahllos umherschwirrenden Emotionen eine Richtung. Da diese Richtung, die ihr dann häufig wählt, eine gute ist, werden natürlich die guten Gefühle und die guten Gedanken in euch hervorgebracht. Was gibt es Schöneres?

Ja. Das ist heute sehr aufschlussreich für mich.

Joy als Therapeutin

Noch einmal zu den negativen Dingen. Was mir auffällt, ist, dass du immer sehr bemüht bist, auf Menschen zuzugehen, die zum Teil sehr negativ oder sehr ungeklärt sind. Hier versuchst du immer guten Kontakt herzustellen. Du gehst dann sehr gezielt auf sie zu. Manchmal habe ich schon Bedenken, das überhaupt zuzulassen, weil ich Angst habe, dich in eine schlechte Atmosphäre zu geben. Aber gerade in diesen Situationen und bei diesen Menschen bist du ja besonders freundlich.

So ist es. Rate, von wem ich das gelernt habe.

Ach so. Und das ist für dich auch okay? Oder absorbierst du da zu viel Negativität?

Warst du in deinem Zugehen auf Menschen erfolgreich?

Ja.

Hast du ihnen helfen können?

Ja.

Hast du etwas lindern können?

Ja.

Hast du ihnen Hoffnung und Licht geben können?

Ja.

Hast du, ohne es zu wissen, bewirkt, dass ein innerer Schmerz allmählich dem Trost und der Zuversicht gewichen ist und sich verwandelt hat?

Ja.

Gibst du mir die Möglichkeit, dass ich so wie du auch diese Erfahrung machen kann?

Absolut.

Ich habe es an dir gesehen. Das hat mir gefallen. Ich möchte es auch lernen. Ich tue es so, wie du es mich gelehrt hast. Ohne zu wissen, dass du es mich lehrst, hast du es getan, und ich war Zeuge.

Das finde ich sehr beeindruckend. Es ist aber auch so, dass du die ganze Woche schon sehr viel für Menschen tust.

Es hat sich übrigens sehr gewandelt, denn ich habe durch die sich weiter fortsetzende Heilung und Genesung mehr Kraft bekommen, und es macht mir wieder Freude. Ich bin nicht mehr so beeinfluss- und beeindruckbar von missgebildeten Gedankenformen.

Das ist schön.

Darf ich noch etwas ergänzen?

Ja.

Es macht mir Freude mit dir.

Mit mir?

Ja. Es mit dir zusammen zu tun.

Wie schön. Danke. Auch wenn es dir jetzt wieder mehr Freude macht, möchte ich dich dennoch nicht überstrapazieren.

Das brauchst du zurzeit nicht zu befürchten, weil die Freude ein großer Energiespender ist, und es ist sogar so, dass ich dir von der Freude etwas abgeben kann für dein Energie- und Nervensystem. Ich meine, du hättest schon gespürt, dass in dir eine neue vorsichtige Welle von Frieden und Heiterkeit ist.

Das stimmt. Aber ich wusste nicht, woher es kommt.

Es kommt auch aus unserem Zusammensein. So wie du mich durch dein Verhalten gelehrt hast, auf Menschen zuzugehen oder Menschen zu trösten und in ihnen das Beste wachzurufen, so tue ich es auch, und es fließt ebenfalls zu mir zurück. Ich habe Freude daran, es zu lernen, es zu tun, und diese Freude wiederum teilt sich dir mit, dadurch wächst du wieder. Siehst du?

Ja. Das ist alles sehr ausgeklügelt.

Es ist sehr einfach.

Sehr einfach und sehr perfekt.

So ist es. Du kannst nicht mit glücklichen Menschen oder mit einer natürlichen Kreatur zusammen sein, ohne nach einer gewissen Zeit selbst die glücklichen Momente in deinem Leben wieder an die erste Stelle zu setzen. Umgekehrt: Wenn du glücklich bist und mit unglücklichen und zerrissenen Menschen zusammenkommst, die du nicht anheben kannst, wirst du dich nach einiger Zeit auf ihrer Schwingungsebene wiederfinden. Und die Aspekte deines Unglücklichseins können mögliche Reste deiner Zerrissenheit plötzlich wieder so groß vor dir aufbauen, dass du gar nicht mehr daran denkst, dass es vorher noch etwas anderes gegeben hat.

Das stimmt.

Und so ist es mit uns beiden auch. Wir stützen uns, und wir fördern uns.

Hm.

Wie Tiere zu Menschen sprechen

Am Anfang hatten wir das Thema Erziehung angesprochen. Ich möchte es im Buch für den Leser richtig verständlich machen, damit sich im Zusammenleben zwischen Menschen und Tieren etwas verändern und verbessern kann. Du hast eben gesagt, dass schon das innere Band geknüpft wird, wenn ein Tier geboren wird und als kleines Tier bei einem Menschen ist. Wir haben uns beide kennengelernt, als du schon ausgewachsen warst, aber das Band war trotzdem von Anfang an da und zudem sogleich so stark, dass darüber sofort die Gedankenformen liefen. Das ist mir sehr schnell aufgefallen. Es gibt aber auch Menschen und Tiere, bei denen das nie so läuft.

Meine Frage ist, ob das immer ein Ausdruck gestörter Kommunikation ist. Ich kann mir aber auch denken, dass unterschiedliche Hunde eine sehr unterschiedliche Behandlung brauchen.

Es ist ganz gleich, welche Art von Behandlung ein Tier für sich bevorzugt und welche Art von Behandlung euch beigebracht wurde in der Annahme, dass das Tier sie bräuchte. Es ändert nichts an der grundsätzlichen Verbindung zwischen dem jeweiligen Tier und dem Menschen. Und diese Verbindung sollte die Liebe sein.

Jetzt will ich aber deine Frage auf eine etwas andere Art beantworten. Wenn ihr Menschen anfangen könntet, das Leben um euch herum ernst zu nehmen, dann wärt ihr in Einklang mit dem Leben, im Einklang mit der Natur. Stell dir einmal vor, ein Mensch kommt in die Situation, eine Kommunikation zu beginnen, die nur in dieser Kombination möglich wäre, weil er das Bedürfnis hat, einem Tier, in diesem Fall einem Hund, die Möglichkeit zu geben, mit den Menschen zusammenzuleben.

Wollen wir diesen Gedanken mal fortspinnen?

Ja.

Jedes Tier sucht sich seinen Besitzer so aus, dass die gemeinsamen Bedürfnisse und guten Eigenschaften zueinander passen. Das Tier möchte schon allein von seiner Natur her dem Menschen dienlich sein. Wenn das der Fall ist, dann könnte sich doch, um im Bilde zu bleiben, dieser betreffende Mensch einfach in Ruhe hinsetzen und sein Tier, anstatt ihm zu befehlen, etwas fragen. Bliebe er ruhig, würde dieser Mensch feststellen, dass die Antwort anfängt, deutlich zu werden, und zwar im Innersten des Menschen selber. Jetzt müsste sich dieser Mensch nur noch trauen, zu seiner Wahrnehmung zu stehen, und er hätte in der Kommunikation zwischen Tier und Mensch die perfekte Balance hergestellt.

Dazu müsste der Mensch dies wahrnehmen können, und das ist das Problem. Viele können sich ja selbst nicht mehr wahrnehmen.

Darum haben viele Menschen Tiere, damit sie über diesen Umweg überhaupt noch an Gefühle wie Verbindung und Zusammengehörigkeit, Zusammensein und Freude und im weiteren Verlauf möglicherweise auch später an ihre Liebe erinnert werden, die dadurch aufkeimen kann.

Aber du könntest ja anfangen, einmal darauf aufmerksam zu machen, dass die Tiere an sich gut sind, dass sie zu den Menschen sprechen. Dass dieses Sprechen in Form von inneren Eindrücken und Bildern wahrgenommen werden kann, und wenn diese inneren Eindrücke und Bilder erst einmal in die Aufmerksamkeit rücken, dann können sie sich auch zu Worten oder Wortgebilden formen, die innerlich gehört werden können. Auf diese Art und Weise kann das Tier mitteilen, was es zu geben bereit ist, denn es ist von seiner Natur her darauf ausgerichtet. Es kann mitteilen, was es dem Menschen jeweils mitzuteilen hat. Der Mensch kann durch diese Fragen das Tier genau in diesen Sog der Liebe hineinbringen, so dass es dadurch wächst.

Unabhängig davon wird es ein enormes Potenzial des Menschen freisetzen, das er bereits hat, an das er sich nur nicht erinnert. Er ist ja in der Lage, seine innere Sicht und sein inneres Gewahrsein zu öffnen. Das alles hat er im Laufe seiner Entwicklung längst gelernt, und es steht zur Verfügung. Wir Tiere könnten helfen, würden wir ernst genommen. Genau so wie die Pflanzen helfen könnten, würden sie ernst genommen und nicht nur ihres schönen Äußeren oder ihrer ökologischen Notwendigkeit wegen betrachtet werden. Die ganze Natur, alles Leben rings um euch herum spricht zu euch. Da ihr deren Sprache nicht kennt, glaubt ihr, es nicht zu verstehen, aber ich habe dir eben den Schlüssel gegeben. Stellt Fragen!

Joys Kurs in Telepathie

Ich stelle sehr viele Fragen. Tatsache ist, ich höre nicht auf die Antwort.

Du tust dir Unrecht, und das schmerzt. Es ist sehr wohl so, dass du dir Mühe gibst, mir Fragen zu stellen, und dass du dir Mühe gibst, auch darauf zu hören, was ich antworte. Und nun sage ich dir etwas, das ein kleines Geheimnis in sich birgt: Es ist genau diese Mühe, die du dir gibst, welche die Kommunikation manchmal unmöglich macht. Ich antworte immer, und in vielen Fällen, in denen du mit einer so guten und positiven Absicht deine Aufmerksamkeit auf mich richtest, merke ich, dass gerade diese gute und positive Absicht bereits eine Richtung vorgibt. Habe ich nun eine Antwort, die nicht mit dieser Richtung übereinstimmt, so geht diese Antwort zwar ebenso zu dir, aber je näher sie zu dir kommt, desto eher löst sie sich in ihrer Aussage auf, da sie nicht wahrgenommen werden kann, weil deine innere Ausrichtung und deine Erwartungshaltung eine andere ist.

Hm.

Das ist nicht weiter schlimm. Da du soeben die Bemerkung gemacht hast, habe ich schnell die Möglichkeit ergriffen, dich auf etwas aufmerksam zu machen. Wie bei den meisten Menschen ist es auch in deinem Leben bei vielen Dingen so, dass du noch nicht ganz die Bereitschaft hast, das, was auf dich zukommt, ohne Vorbedingung annehmen zu wollen. Du fürchtest dich vor Konsequenzen, und du hast Angst davor, dass es dir entgleiten würde, dass eine Macht, die größer ist als du, plötzlich in dein Leben tritt und etwas zerstört. Diese Angst wird von der Tatsache gestützt, dass es auch schon passiert ist. Hier wird in absehbarer Zeit notwendigerweise eine Klärung geschehen. Du wirst dich dann von einer sehr großen Bürde und Last befreien können.

Wenn du, statt eine vorgegebene Richtung zu haben, ebenfalls ruhig wirst und annimmst, und zwar bedingungslos, dann kann ich mich dir auf vielfältige Art und Weise mitteilen, und zwar über deine eigenen Körperwahrnehmungen, über deine Gefühle, über so etwas Ähnliches wie Gedankenbilder in Verbindung mit Gefühlsbildern. Das Abenteuer, das du dann hättest, wäre ein viel größeres als der Versuch zu kontrollieren, ob du nun auch wirklich eine Antwort bekommst.

Ja.

Du verstehst?

Ich verstehe!

Der Trick besteht darin, eine Antwort zu erbitten und keine zu erwarten, aber offen zu sein für das, was passiert.

Das ist ein guter Hinweis. Muss ich für die Klärung, von der du gerade gesprochen hast, etwas tun? Muss ich die Klärung bewusst angehen?

Jetzt gebe ich dir einen innerlichen Hinweis. Ich beantworte deine Frage, und du bist jetzt diejenige, die sie übersetzt.

Fang an zu sprechen, wir helfen dabei, der Heiler und ich. Denke nicht darüber nach, in welche Richtung deine Antwort gehen muss.

Die Antwort ist Nein. Ich muss nichts dafür tun, es wird schon selbst passieren.

Richtig. Wie hast du nun diese Antwort wahrgenommen?

Als ein Gefühl.

Und wo in deinem Körper hast du dieses Gefühl gespürt?

Im Herzen!

Da schau an! Du solltest dieses Zwischenspiel, das wir jetzt gemacht haben, in das Buch mit aufnehmen. Denn es bezeugt praktisch das, was ich vorhin erklärt habe. Dabei waren wir drei in einer umgekehrten Situation. Du warst die Empfängerin, du warst der Kanal, wir waren Sender und Beobachter – und es hat uns gefreut. Bist du glücklich?

Ja.

Siehst du. Das ist es, was wir für die Menschen bereithalten. Das ist das wirklich existierende Leben.

4. In Aufbruchstimmung

11.2.2003. Als Mia und Joy diesmal in meine Praxis kamen, schienen mir beide verändert. Das Tier erschien mir tierischer, wilder als noch bei unserem letzten Treffen. Obwohl es sich nur um Nuancen handeln mochte, so sprach doch ein anderer Ausdruck aus Joys Augen, als sie mich ansah und ich die vibrierende Kraft ihrer Natur spürte.

Mia hingegen zeigte sich erschrocken und besorgt wegen des Verhaltens ihrer Hündin, die während eines Spaziergangs zusammen mit einer anderen Hündin ungebändigt losgerannt war, um ein anderes Tier zu jagen. Gleich zu Beginn fragte sie daher:

Joy, du hast zusammen mit einer anderen Hündin im Wald einen Frischling gerissen. Ich würde gern wissen, warum du so aufgedreht bist. Was ist jetzt los?

Es ist alles in Ordnung. Aufbruchstimmung belebt mich. Jeder Aufbruch, das sagte ich schon, beinhaltet etwas Neues und ist der Samen für etwas Neues. Jeder Aufbruch unterstützt und behütet die neue Saat, damit das, was entstehen kann, sich in der richtigen Art und Weise heranbildet. Diese ist abhängig von der Leitung von euch Menschen, von eurer Führung, euren Gedanken, euren Bestrebungen, euren Wünschen und von dem Schritt aus der Hoffnungslosigkeit in den Beginn einer neuen Zeit.

Das hört sich ja sehr schön an!

Jeder Tag ist schön, und jeder Tag ist ein Neubeginn. Ihr könnt an jedem Tag, wenn ihr wach werdet, beschließen, dass das alte Leben vorbei ist und dass heute der erste Tag vom Rest des Lebens ist. Dann hättet ihr jeden Tag diese Art von Freude – nur dass sie dann allmählich zu einem Fundament für euer tatsächliches Leben wird. So könntet ihr von Tag zu Tag wachsen und jeden Tag erfüllen.

Genau, das ist es, was Tiere machen, insbesondere Hunde. Sie beginnen jeden Tag ganz neu und mit Freude. Gibt es zu der Aufbruchstimmung noch mehr zu sagen?

Nein.

Okay. Dann komme ich zu den eigentlichen Fragen, die ich hatte.

Mia raschelte geräuschvoll und nervös mit den Blättern bei dem Versuch, an die brav notierten Fragen heranzukommen ...

Siehst du, das ist auch ein Zeichen von Aufbruchstimmung. Du bist jetzt gezwungen, dich an deine alten Fragen zu erinnern, und merkst, dass du innerlich eigentlich schon ganz woanders bist. Die vorbereiteten Fragen mögen ja ganz interessant sein, aber warum bleibst du um den gedachten Ablauf so bemüht? Wegen der erwarteten Auskunft oder wegen des ordentlichen Ablaufs dieser Sitzung? Wäre es nicht auch eine Möglichkeit, den Zettel wegzulegen und in das, was jetzt ist, einzutauchen?

Stimmt.

Siehst du, die Tatsache, dass du es bemerkst, heißt, dass du ein inneres Sensorium* hast, das dir über die Befindlichkeit anderer Menschen Auskunft vermittelt. Du kannst in diesem Augenblick noch nicht bezeichnen, was es konkret ist, aber du merkst, dass etwas ist.

---

* Wenn der archaische Sinnensitz in der Großhirnrinde, der das Empfindungsvermögen steuert, sich mit der feinstofflichen Wahrnehmung, die durch die Herzensaktivität hervorgerufen wird, zusammenschließt und als bewusste Empfindung in Erscheinung tritt, beginnt sich die vereinte Kraft des Unterscheidungsvermögens, das Sensorium, bemerkbar zu machen.

Verständnis ist die Quelle der Freude

Diese Fähigkeit hast du schon immer gehabt. Du hast gemerkt, ob jemand mit sich im Einklang war oder nicht. Und das hast du bemerkt aufgrund der Tatsache, dass du weißt, wie es ist, wenn du mit dir nicht eins bist. Es gibt zwischen einem Gegenüber und dir so etwas wie eine intuitive Verständigung, eine stille humorige Vereinbarung, die ich »euer Augenzwinkern« nennen möchte. Dieses Augenzwinkern setzt dann ein, wenn ein Mensch dem anderen sagt: »Hör mal, vergaloppier dich nicht!« Üblicherweise braucht ihr euch nur mal kurz anzugucken und zuzuzwinkern, und dann lacht der eine oder andere, und ihr seid wieder auf dem richtigen Pfad. Dieser Pfad ist das individuelle Leben selbst. Dadurch weicht Kompliziertheit, und ihr werdet einfacher. Das ist gut.

Ja, das verstehe ich.

Wenn du das verstehst, dann kann ich dir sagen, dass ich das als Tier natürlich beobachtet habe: dein Verständnis für andere. Und dieses Verständnis füreinander ist eine Quelle der Freude. Die Freude teilt sich mir natürlich mit. Aus diesem Grund wächst meine Freude immer mehr und ist stärker als früher. Damit habe ich deine Frage beantwortet, warum Tiere oft die Symptome ihrer Besitzer aufweisen.

Bedeutet es, dass die Tiere auch immer das jeweilige Gefühl der Besitzer nehmen und nach außen tragen?

So ist es. Es ist ein guter Vorgang, der einem Besitzer dabei hilft, seine emotionale Balance zu behalten.

Die Rolle der Gefühle

Denn gerade die Gefühle, die nicht ausgesprochen und ausgetragen werden, können im physischen Leben eine Katastrophe herbeiführen, da sie, insbesondere wenn sie sehr gehalt- und ausdruckvoll sind, sich zu irgendeinem Zeitpunkt somatisieren, sich also körperlich bemerkbar machen. Die Somatisierung bringt es mit sich, dass Krankheiten erzeugt werden. Nun leben wir Tiere nicht in der Kompliziertheit der Menschen, sondern lediglich in unserer eigenen Sphäre. Wenn jetzt ein Tier ein Symptom übernimmt, kann es das innerlich verarbeiten und austragen, ohne dass es ihm und dem Menschen grundsätzlich Schaden zufügt.

Das tut es aus Liebe zu den Menschen. Das tut es aus Liebe zu seinem Meister. Die Menschen sollten Meister der Tierwelt sein. Sie sollten diejenigen sein, die das Tier lenken und leiten. Das sollte geschehen aufgrund dieses Verständnisses, ihrer inneren Anteilnahme und aufgrund der Kenntnis des Tieres. Dann kann der Mensch die Kraft des Tieres, die Erziehung des Tieres, die Ausrichtung des Tieres so lenken und leiten, dass es zu seinem Wohl erzogen wird. Das ist es, was wir Tiere uns in Wirklichkeit wünschen, was aber in den seltensten Fällen geschieht.

Ihr habt eure Hundeschulen, aber die sind nicht auf die inneren Werte ausgelegt, sondern auf eine gewisse Art von Dressur. Das ist schon ganz schön, weil wir dadurch eine Form bekommen. Die Inhalte müssen wir selbst herstellen. Da die Inhalte oft nicht von euch gewusst und geteilt werden, leben wir in eurer Welt, nämlich in der Gefühlswelt. Dadurch sind wir in Verbindung mit dem, was euch bewegt. Wenn ihr aber nicht wisst, was euch bewegt, dann gibt es einen unerwünschten Strudel, der durch euer Energiesystem kreiselt und der Krankheiten mit sich bringen kann, was in den meisten Fällen auch geschieht. Unser Dienst für und an euch ist aufzuzeigen, dass diese Krankheiten nicht notwendig sein müssen, indem wir euch die ganze Zeit demonstrieren, dass ein natürliches Leben ein sinnerfülltes Leben ist – eines, das in den meisten Fällen tatsächlich von morgens bis abends mit Freude erfüllt ist.

Ihr Menschen seid nun an einem Punkt eurer Entwicklung angelangt, wo ihr einen großen Sprung machen dürft, könnt und sogar machen müsst. Denn die Freiheit der Wahl, die sich nun vor euch auftun wird, hat überdimensionale Ausmaße. Viele von euch erkennen das schon und wissen, worum es dabei geht. Die freie Wahl beinhaltet, dass ihr euch selbst erschafft, dass ihr eure Kräfte und Möglichkeiten zu begreifen beginnt und ahnungsvoll die Idee in euch reifen lassen könntet, dass ihr Schöpfergeister seid. Indem das geschieht, werdet ihr natürlich Meister über euer Leben, und zwar meine ich jetzt zunächst euer physisches Leben.

Euer physisches Leben wird bestimmt durch die Fähigkeit eures Körpers, mit allem in Verbindung zu sein. Da euer physischer Körper mit allem in Verbindung ist und eure geistige Natur in diesen Körper hineingehen kann – ihr nennt das Inkarnation –, kann euer geistiger Körper durch euren physischen Körper, der mit allem in Verbindung ist, wirken.

Stell dir vor, welche gewaltigen Ausmaße es haben wird, wenn ihr Meister über euer Leben seid. Es wird die Erfüllung bedeuten, die Erfüllung des physischen Lebens mit der geistigen Kraft, die ihr seid. Und da im Geiste nichts unmöglich ist, liegt also eine Welt vor euch, die unerschöpflich ist – unerschöpflich in ihrer Ausdehnung, Vielfalt, Kreativität und im Reichtum dessen, was ihr erzeugen könnt. Du wirst dich fragen, was wir Tiere damit zu tun haben.

Hmmmm.

Die Entwicklung der Menschen

Ihr seid einmal diejenigen gewesen, die das alles schon konnten und wussten, die fast perfekte Götter waren, die ihre Gedankenkraft benutzen konnten, um Straßen der Kommunikation als Transportwege zu bauen, um Bauwerke zu erschaffen – geistige und z. T. auch physische – und die ihre Gedankenkraft dazu benutzen konnten, um das Leben zu segnen.

Dadurch bekam die Gedankenkraft selbst einen so hohen Stellenwert, dass euch die Verirrung und das »Herumspielen« mit dieser Kraft zum Verhängnis wurde. Es war ein Schiffbruch, den ihr insgesamt erlitten habt. Und nun musstet ihr ein neues Boot bauen, das euch über die Wasser des Lebens trägt. Es ist sinnvoll, dass ihr die Erinnerungen daran nicht habt und davon verschont seid, aber ihr habt diese Fähigkeit im Innern gespeichert. In dem Maße, indem ihr lernt, ein physisch befriedigendes Leben zu führen, werden diese Kräfte sukzessive freigesetzt.

Sie werden auch freigesetzt, wenn ein genügend großes Potenzial an gemeinsamer Kraft in dieser Welt vorherrscht, das allmählich die Evolution emporziehen wird. Das Beispiel vom 100. Affen wäre hier angebracht.* Dann würden sich bei allen anderen Menschen, die auch auf diesem Wege sind, ebenfalls Kraft, Fähigkeit und innere Potenz Bahn brechen. Dazu braucht es dann natürlich Leitung, Führung und Unterstützung.

Ihr könntet helfen, geistige, psychische und physische Fähigkeiten zu integrieren und sie anderen Menschen begreiflich zu machen. Da ihr als geistige Wesen auf der nächsten Stufe der Evolution zu trainieren gezwungen seid, um die Neuorientierung für euer Leben herzustellen, braucht ihr natürlich Fähigkeiten, mit denen ihr so umgehen könnt, dass sie eure geistigen Absichten perfekt umsetzen. Zu diesem Zeitpunkt treten die geistige Kraft und die Evolution der Tierwelt auf den Plan. Die Tierwelt hat ihre eigene Evolution entwickelt, sogar so weit, dass sie perfekte Körper herstellen kann, die euch als Körper für eine Inkarnation und damit als Werkzeug dienen.

Ihr stammt nicht vom Affen ab! Ihr seid nicht tierisch, aber euer menschlicher Körper hat sich evolutionär aus dem Tierreich entwickelt. Wir haben euch diese Körper bereitgestellt und bis zur Perfektion entwickelt, damit ihr ein gutes Werkzeug habt, um eure geistige Aufgabe wirksam ausführen zu können. Das geschieht aus Liebe. Es ist unser Dienst. Es ist nicht so, dass wir euch die Körper einfach gegeben haben, sondern wir haben sie selbst entwickelt – so wie ihr ebenfalls euer geistiges und physisches Leben auf diesem Planeten weiterentwickelt und dadurch eines Tages die Früchte und Ernte dieser Entwicklung wiederum anderen zu Verfügung stellen könnt, die dadurch etwas Neues erschaffen können. Was immer es auch sein wird. Und nun kommt die große Frage: Seid ihr Tiere oder Menschen?

---

* Dieses Beispiel steht für das Erreichen der kritischen Masse und den Punkt, an dem ein Einzelner, der hinzukommt, den entscheidenden Unterschied ausmachen kann, indem er bewirkt, dass das vorher begrenzte Bewusstseinsfeld und seine Inhalte für alle erweitert werden. Das bedeutet, dass dieses neue Bewusstsein von Geist zu Geist kommuniziert werden kann, wenn eine kritische Anzahl ein bestimmtes Bewusstseinsniveau erreicht (siehe auch www.synergetik-therapie.de/100affen.html).

Ihr seid die Verbindung von allem! Ihr seid die Verbindung der kreatürlichen Schöpfung mit der unendlich hohen feinen geistigen Schönheit. Ihr seid beides zusammen, und ihr bringt in alles die Kraft hinein, die ihr seid, und entwickelt euch dadurch höher und höher. Ich merke, dass du mich dazu etwas fragen willst.

Es ist schwierig, das alles zu verstehen, und ich muss es erst einmal überdenken.

Zur Erziehung habe ich eine Frage: Wie sollen wir Hunde erziehen und wie kommunizieren wir am besten mit ihnen?

Was dieser Vermittler hier sagen würde, springt mich förmlich an: sich einzufühlen in das Wesen dessen, womit ihr zu tun habt. Das kann durch einen einfachen meditativen Akt geschehen. Du, Mia, bist in vielen, vielen Situationen deines Lebens intuitiv genau in dieser Schwingung, es auf- und anzunehmen. Warum solltest du dich sonst mit mir beschäftigen, mit mir, deinem Hund, wenn du nicht den Wunsch hättest, etwas zu fördern, so dass wir beide, jeder in seiner Natur, gleichwertig miteinander leben können? Du hast ja bemerkt, dass ich damals, als wir uns kennenlernten, nicht in meiner Natur war. Das hat mir in gewisser Weise Schmerzen verursacht. Sie haben dich schließlich auch hierhin geführt, und du hast mich gescholten, dass ich nicht in meiner Natur bin.

Nun ist es so, dass du auch nicht in deiner Natur bist. Du bist zu weit mehr angelegt als zu dem, womit du dich zurzeit begrenzt. Du merkst das an diesem Gefühl des inneren Aufbrechens, an dem inneren Druck, der deine Brust weitet, und an deinen Gedanken über den Beginn eines neuen Lebens. Du merkst auch, dass Veränderungen da sind. Du merkst es nicht nur anhand der Unlust, dein Leben so weiterzuführen wie bisher, sondern vor allen Dingen anhand eines unbestimmt drängenden Gefühls. Daher kommt die Sehnsucht nach einem Licht, das dir aufzeigt, wohin es geht, damit du Freude haben kannst, damit du die Freude ausdrücken kannst und damit du eine Orientierung auf das Licht hast.

Wir Tiere sind die Freunde und die Freude solcher Lichtsucher, aber nur wenn wir in unserer Art gesehen und verstanden werden. Ihr Menschen habt es unternommen, uns zu zähmen. Ihr habt es unternommen, uns zu erziehen. Vieles davon war sehr erfolgreich. Heute jedoch ist die Erziehung getrübt. Denn viele Tiere leben unter den Massengedankenformen von Angst, Schrecken und Panik. Und die haben natürlich einen sehr starken Einfluss auf uns. Das ist eine kolossale Bedrückung der Tierwelt, die wie unter einem schwarzen Kokon leben muss und die ganze Zeit durchzubrechen versucht. Wir tun es tatsächlich, weil wir es gar nicht anders können, denn es ist unsere Aufgabe. Es ist unser Wesen.

Wenn wir das also tun, dann sind wir zwar einerseits im Wesen geschwächt und bedrückt, andererseits aber erfüllen wir unser Wesen durch den Dienst am Menschen und den Dienst am Leben. Wir sind dafür da, um euch das Leben zu zeigen. Wir sind dafür da, um euch zu helfen, durch das Leben zu gehen, Leiden und Schwierigkeiten abzumildern und abzupuffern, um euch darauf aufmerksam zu machen, dass die Freude des Lebens tierisch gut sein kann und dass die Kraft, die ihr seid, es ermöglichen kann, dass wir alle wieder in Eintracht und Harmonie leben. Das heißt nicht, dass wir nebeneinanderher leben, sondern uns in unserem Leben ergänzen. Dann kann ich auch wieder in meine Tiernatur zurückkehren.

Die Hundenatur kehrt wieder zurück

Überrascht warst du, dass der alte Jagdinstinkt durchgebrochen ist und ich ein Tier erlegt habe.

Allerdings.

Das liegt in der Natur der Sache. Ich bin zwar gezähmt als ein Hund, und dennoch weißt du, dass ich zu einer Tierseele gehöre, die aus einem großen Rudel gekommen ist, und dass diese Rudelenergie natürlich auch in mir lebt und weiterlebt. Die Wildheit ist da, ich konnte sie aber bisher nicht leben, weil ich krank war. In dem Maße, in dem ich mehr und mehr durch Freude aufgebaut werde, in dem sich Kommunikation ereignet und eine solche innere Übereinstimmung hergestellt wird, wie das in diesem Augenblick der Fall ist, werden natürlich auch alle ursprünglichen Instinkte in mir wieder freigesetzt. Ich bin nun durch viele Entwicklungen gegangen und muss nicht alle ausführen, aber ich fange gerade deswegen wieder an, mit animalischem Sinn erfüllt zu werden. Warst du es nicht, die gesagt hat: »Sei ein Hund«?

Aber es war trotzdem ein Frischling. Sollen wir jetzt wieder alle Hunde an die Leine nehmen, um so etwas zu verhindern?

Nein, aber es gibt eine Übereinkunft zwischen dem Frischling und uns Jägern, dass wir einander brauchen. Der Frischling weiß, dass seine letzte Minute gekommen ist, und er will nicht aus diesem Schema ausbrechen. Ich bin mir meines herrlichen Lebens bewusst gewesen, in dem für alles gesorgt ist. In der Weise, in der die Jagd ihr Ende gefunden hat, war auch der Frischling ohne Schmerz. Er gibt seinen Geist auf und überlässt sich.

Ich frage mich gerade, ob der Frischling das genauso sieht.

Er tut es.

Oder die Mutter des Frischlings. Ich verstehe es einfach nicht, weil es nicht nötig ist.

Die Idee darüber, was nötig ist, leitet sich von deinen Überzeugungen und deinem Wissen ab. Sie entspringt deiner Sicht und deinen Gedanken. Wenn aber eine regenerierende Tiernatur wieder in ihr ursprüngliches Recht hineingleitet und die Entwicklung ihres Lebens noch einmal wie eine Integration durchläuft, dann dürfte es dir auch verständlich sein, dass die Frage des Überlebens, die Frage der Jagd und die Frage der Kraft eine enorm wichtige Rolle spielten.

Denk einmal, wie lange es brauchte, bis sich die Tierwelt entwickeln konnte. Nicht alle waren Pflanzenfresser. In dem Maße, in dem Pflanzen von der Erde verschwunden waren, mussten die Tiere auf tierisches Eiweiß zurückgreifen. Das hat sich auf die Zunahme des Gehirnvolumens ausgewirkt. Die ganze Nahrungskette, die aus der innersten, tiefsten Tiefe des Meeres kam, fing an, sich aufeinander aufzubauen. Einer hat vom anderen gelebt. Aber es konnte nur einer vom anderen leben, indem derjenige, der aufgenommen, d.h. gefressen wurde, sich dieser Aufnahme hingab und indem der Jäger die Anstrengung unternahm, das zu finden, was er brauchte. Das ist ein ganz natürlicher Vorgang, wodurch eines das andere ernährt und dadurch im Größeren aufgeht.

So gesehen verstehe ich das. Aber wenn andererseits so viele alte Instinkte durchbrechen, ist es zu gefährlich, dich in die Kindergruppe mitzunehmen.

Ich habe mit den Kindern etwas vor, das ich dir noch nicht gesagt habe und das du auch noch nicht mitbekommen hast. Die Kinder sind zurzeit von einer großen inneren Energiewelle überschwemmt, die nur zum Teil mit Gewalt zu tun hat. In ihrer Entwicklung kommen sie nun an einen Punkt, der ihre negativen Aspekte zutage fördert, damit sie geheilt werden können. Ihr Verhalten wird sich in absehbarer Zeit ändern, und diese Impulse werden ausbrechen. Das bedarf dann einer Kontrolle. Jetzt bin ich meinem Jagdinstinkt nachgegangen und habe diesen Mechanismus kennengelernt. Auf diese Weise kann ich die boshafte Energie der Kinder, wenn sie auf mich gesetzt werden sollte, gut ertragen und aushalten, so dass ich mich nicht dagegen wende und zum Feind eines Kindes werde.

Gut. Und was hast du mit den Kindern vor?

Ihnen zu helfen, dass sie diese Negativität überwinden, indem sie erkennen, dass es eine Einheit gibt. Ich lebe es ihnen ja vor.

Das stimmt völlig.

Du hast es nicht bemerkt, aber ich habe alle deine vorher notierten und nicht gestellten Fragen beantwortet.

Ja, das stimmt.

Sollen wir es damit bewenden lassen?

Ich überlege gerade.

Die Einfachheit und die Einheit

Bleibe einfach. Es ist so deutlich zu sehen, was du möchtest. Es ist so einfach, dass du nicht darauf kommst. Trau dich mal.

Einfachheit ist nicht meine große Stärke.

Oh doch, das ist sie. Du wirst dich einem Punkt deines Denkens nähern, in dem du die Klarheit deines Denkens schätzen lernen wirst. Und dann wirst du bemerken, wie dein Denken arbeitet. Von dem Moment an wirst du feststellen, dass es einfach ist, denn du kannst es denken, fühlen, wahrnehmen, und du kannst es sein, und zwar alles zur gleichen Zeit. Du bist auf dem Weg des Denkens, und du bist dabei, der gegenwärtigen Evolution von euch Menschen einen wertvollen Dienst mit deinem Denken zu erweisen, denn du hilfst mit, diese Fähigkeit zur Reife zu bringen.

Dadurch sind deine physische und deine emotionale Wahrnehmung zu gewissen Zeiten natürlich etwas unterbetont worden. Das solltest du dir nicht zum Vorwurf machen, sondern es war für dich die beste Möglichkeit, das zu entwickeln, was du wolltest. Die Klarheit der Gedanken zeugt auch von der Klarheit des Lebens, von der Klarheit der Gesetze, von der Klarheit der Schöpfung, und sie zeugt von der Klarheit der universalen Ordnung. Gerade diese Ordnung ist es, die dich interessiert. Denn du wirst ein Teil von ihr sein und diese Ordnung in deinen Handlungen manifestieren. Übrigens wirst du es aufgrund der Freude und der Einsicht in dein Denken tun. Wenn ich also aus meiner Welt rede – ich rede über Freude und insbesondere über die Verbindung zwischen allem, was existiert –, dann kannst du dir vorstellen, dass du alles verstehen wirst, wenn du die Entspannung durch Freude spürst, in der du das Denken durchschaust, da du es vollendet hast und schließlich auf eine bisher nie gedachte Weise mit allem in

Verbindung sein kannst. Du wirst durch dein Denken dorthin gekommen sein. Das ist doch einfach, oder? Deshalb bist du einfach.

Okay. Und was ist es, das ich mich trauen soll? Was ist es, das ich nicht weiß?

Siehst du, jetzt im Moment ist die Freude über den Kontakt da. Du malst dir innerlich aus, wie es wäre, wenn du zu den Empfindungen der Naturwelt Zugang hättest. Du malst dir aus, wie es wäre, wenn du zu den großen geistigen Ideen Zugang hättest. Du malst dir aus, wie es wäre, wenn diese Verbindung so perfekt wäre, dass alles in eine Einheit mündet und der goldene Fluss des Verstehens sich über alles Leben ergießt. Wie es wäre, wenn diese Einfachheit existiert.

Das stimmt.

Darum fragst du dich, ob du das auch tun könntest – diese Einheit herzustellen.

Genau. Das glaube ich aber eben nicht, weil ich Einheit nie fühle.

Richtig. Das sollte dich nicht verwundern. Das, was man ist, fühlt man nicht.

...?

Wir Tiere leben in der Liebe. Die Liebe ist eine Qualität, die sowohl in euch ist wie auch rund um den Erdball. Sie ist die Grundsubstanz alles Lebendigen. Es ist die Universale Energie, die von euch als Liebe erfahren wird, wenn sie in eure Welt eintritt. Und wir lieben das. Wir wissen aber nicht, dass wir darin leben, weil wir es sind. Indem wir mit euch Menschen zusammenleben und unsere Entwicklung so gestalten, dass wir uns auf euch ausrichten und uns, um dieses Leben bunt und geschmackvoll zu machen, in unsere größte Perfektion hineinentwickeln, erfüllen wir uns.

Dadurch wird es möglich, dass wir euch alles das zurückspiegeln. Müssen wir da wissen, dass wir lieben?

Nein!

Wenn du also damit beschäftigt bist, deine Einheit mit der Liebe herzustellen und dich auf sie zubewegst, und wenn du jetzt damit beschäftigt bist, deine Gedanken so weit zu klären und zu durchschauen, dass du nicht nur den Denkvorgang selbst verstehst, du nicht nur die analytischen Modelle durchschaust, sondern dass du den Grund des Denkens verstehen wirst, und wenn du dann diesen Grund des Denkens – deinen Grund des Denkens – erfasst und ihn erkannt haben wirst und dir ein großes Licht aufgehen wird, wodurch du in eine nie gekannte Entspannung kommst, musst du dann wissen, dass du in der Einheit bist?

Es wäre schön, aber ich muss es nicht wissen.

Ich sage es dir anders herum: Du kommst in diese Einheit, indem du durch die Trennung gehst. Indem du diesen Kontrast durch fehlende Einheit kennenlernst, hast du das intuitive Bedürfnis, Einheit entwickeln zu wollen.

Das stimmt.

Du arbeitest die ganze Zeit für die Einheit, und du möchtest die Einheit in jedem und in allem hervorrufen.

Das stimmt völlig, aber ich habe das Gefühl, nicht weiterzukommen.

Du irrst.

Außerdem glaube ich, dass ich immer die gleichen Fehler mache.

Du irrst insofern, als du tatsächlich in der Einheit *bist*. Wärest du dir vollständig bewusst, dass du in der Einheit bist, hättest du gar keinen Kontrast.

Es gäbe gar keine Notwendigkeit, für die Einheit zu arbeiten. Es wäre ja dein normales Lebensgefühl. Da du diese Einheit, die in dir ist, dem Leben als Geschenk machen willst, ist es sinnvoll, durch die Uneinheit zu gehen, durch die Diskrepanz, durch den Zwist, durch Streit, durch sich widerstreitende Gefühle. Dadurch gibst du selber Beispiel und Zeugnis, wie es ist, in die Einheit zu kommen. Dann darfst du sie haben, da du sie erfahren hast. Schließlich bist du es nicht nur, sondern du wirst dadurch bereichert, da du alles um dich herum bereichert hast.

Also ist es so, dass ich die ganzen Erfahrungen von Uneinheit und Isolation mache, damit ich Einheit überhaupt erfahren kann?

Damit du dann, wenn es dir klar wird, endlich bemerkst, dass du die ganze Zeit in der Einheit warst. Indem du dafür gearbeitet hast und durch die Uneinheit gegangen bist, hast du es erfahren.

Aber ich gehe schon mein ganzes Leben durch die Uneinheit.

Ja. Weil du schon dein ganzes Leben für diesen großen Plan in dir arbeitest, die Einheit herzustellen.

Ich kann das sehr gut nachvollziehen, weil ich schon oft darüber nachgedacht und auch das Gefühl habe, dass es bei mir darum geht. Trotzdem habe ich keine Idee, wie es weitergehen könnte.

Oh, ich habe dir vorhin alles gesagt, was dazu zu sagen ist. Du wirst es merken, wenn du es anhörst, schreibst oder liest.

Findest du es nicht interessant, dass ein Tier einem Menschen einen Ausblick auf die Natur seines Denkens und die Natur seines inneren Strebens gibt?

Mittlerweile denke ich: Alles ist möglich.

Das ist richtig. Behalte diesen Gedanken. Es stimmt.

Das ist ja auch die Erfahrung, die ich mache.

Und jetzt kannst du auf dem gleichen Weg, den ich gerade beschrieben habe, sehen, wie sich die inneren Stimmungen der Meister, also der Menschen, auf uns Tiere auswirken. Je reiner sie sind, desto mehr werden wir erhoben. Je dunkler es ist, desto mehr werden wir gedrückt.

Ja, guter Hinweis, ich werde mich darum kümmern.

Ich erlaube es mir, dich darauf aufmerksam zu machen, weil wir von Symptomen* reden.

Das heißt, du trägst von diesen Symptomen etwas mit?

So ist es.

Und was?

Das jeweilige Symptom selbst!

(VERWUNDERT) *Warum ist mein Hund schlauer als ich?*

Es hat nichts mit Schlauheit zu tun, es hat damit zu tun, dass ich von anderer Instinktnatur bin und jetzt noch gleichzeitig Stimmbänder und ein ausgebildetes menschliches Bewusstsein zur Verfügung habe. Ich bin dir gegenüber im Vorteil. Wir sind zu zweit, um dir zu helfen. Ich könnte nicht in dieser Form zu dir sprechen, gäbe es nicht diesen Vermittler hier. Du bist nicht unterlegen. Du bist meine Meisterin. Und als Meisterin bildest du dich aus.

Ich glaube, dass ich das richtig verstanden habe. Eine meiner Fragen war

---

* Gemeint sind körperliche Symptome, die sich in Krankheiten ausdrücken, siehe Seite 96f., 192f.

ja, ob die tierische Evolution unterhalb der Evolution der Menschen ist. Im Laufe der letzten Jahre bin ich ja dahin gekommen, dass ich denke, es ist nicht so. Und eben habe ich deine Ausführungen auch so verstanden, dass wir schon alle nebeneinander gleichberechtigt sind. Im Hinblick auf die Meisterschaft habe ich den Eindruck, dass wir in vielen Dingen von den Tieren lernen können.

Ihr könnt immer von allem euch umgebenden Leben lernen. Ich wiederhole es noch einmal: Das Elementarleben, das Leben rings um euch – seien es die Pflanzen oder die Tiere – ist zur Betrachtung da, um davon zu lernen. Es ist gar nicht notwendig, in den Weltraum zu fliegen. Es ist nur notwendig, euch umzudrehen, euch anzuschauen, umherzuschauen und zu gucken, was uns ernährt und am Leben erhält. Wenn ihr auch nur einen Teil eurer Intelligenz auf diese Frage richten würdet, kämt ihr sehr viel schneller zu einer großen Erkenntnis, die das Leben radikal verändern könnte. Bei einigen tut es das schon. Sie wissen aber noch nicht, dass sie es vom Leben selbst gelernt haben.

Das ist sehr interessant. Vielen Dank. Ich möchte mich überhaupt für alles bedanken, was ich von dir gelernt habe.

Der Dank ist ganz auf meiner Seite. Es gäbe nicht die Möglichkeit, dass ich in eine Situation gesetzt würde, mich auf ein solches Niveau zu begeben, wenn es nicht die liebevolle Akzeptanz von dir gäbe, die unumschränkte Aufnahmebereitschaft des Vermittlers hier und die Lust und der Spaß an dieser Art von Kommunikation. Es hilft uns allen sehr. Ich mag es, wenn wir uns unterhalten, ich liebe es auch, durch diesen Vermittler zu sprechen. Du hast ja gemerkt, dass seine Liebe für mich auch sehr stark ist. In Wirklichkeit ist seine Liebe unbegrenzt. Manchmal blitzt dieses Wissen in ihm auf, nur traut er sich noch nicht, diese Unbegrenztheit zu manifestieren. Aber es wird.

Vielen Dank für den Kontakt und bis bald, meine lieben Freunde.

5. Freiheit, Ordnung und Heilung

26.3.2003. Bei diesem Zusammentreffen herrschte von Anfang an eine freudvolle, humorige Stimmung. Mia und ich unterhielten uns zu Beginn über die Ereignisse seit dem letzten Treffen. Ich sprach von einer anderen Art der Hilfe für eine erblindende Frau, die weit entfernt von mir wohnte und um Heilung gebeten hatte. Sie hatte ein Augenleiden, war bereits zweimal operiert worden und befürchtete nun eine Netzhautablösung. Ich beriet sie einerseits telefonisch, hatte jedoch auf ihren Wunsch hin auch begonnen, ihr täglich eine Fernheilung zu übermitteln.

Ich erwähnte, wie sehr sich mein Körper immer gegen neue Möglichkeiten des Lebens oder der Arbeit wehrte, insbesondere dann, wenn sich die Einsicht über eine innere Entwicklung zur Gewissheit verdichtete. Das Thema Fernheilung beschäftigte mich sehr, weil ich durch die telefonischen Berichte über die psychischen Vorgänge im Leben meiner Klientin Aufschluss über die energetischen Auswirkungen dieser Tätigkeit erfuhr. Das Gewahrwerden der Konsequenzen solcher Arbeit verursacht dann nicht selten starke körperliche Beschwerden, Aufruhr und manchmal einen heftigen Durchfall, der immer wie eine Reinigung von Altem wirkte. Wenn man sich mit geistigen Inhalten oder Heilung beschäftigt, ist eine Weiterentwicklung unvermeidlich. Und eine Weiterentwicklung, Wachstum, hat sehr oft mit Veränderung zu tun. Veränderungen können sanft geschehen oder radikal. Das hängt von der Natur des Einzelnen ab. Es ist natürlich nicht sehr ratsam, Radikales zu erwarten oder Radikales zu fördern, aber bei manchen Menschen ist es notwendig, dass eine grundsätzliche Wurzelbehandlung passiert oder eingeleitet wird, damit die gewünschten Veränderungen auch geschehen können. Bei mir ist es nämlich manchmal so. Andererseits liebe ich die freudige Erregung, wenn sich eine größere Welt in mir auftut, denn die Freude über neue Einsichten belebt und stärkt mich immer.

Dem Tier, hörte ich, ging es gut. Anscheinend so gut, dass es sich mit einer anderen Hündin so sehr angelegt hatte, dass sich die beiden während eines langen Kampfes heftig ineinander verbissen und zunächst nicht getrennt werden konnten. Beide Hündinnen blieben unbesiegt. Ihre zahlreichen Verletzungen wurden schließlich eingehend ärztlich behandelt. Dieser Kampf hatte einen tiefen Eindruck bei Mia hinterlassen, die entgegen ihrer sonstigen Gewohnheit ohne notierte Fragen zur Sitzung kam. Ich schlug vor, dass wir es bei dieser Entwicklung dem Tier anbieten könnten, über das zu reden, was es wollte. Doch es baute sich sehr schnell ein gewisses Maß an Energie auf und Joy ergriff gut gelaunt, wie mir schien, von sich aus das Wort, indem sie Bezug nahm auf meine letzte Bemerkung.

Freiheit heißt sich entscheiden

Hallo und willkommen! Durch die Ohren und durch das Gemüt dieses Kanals habe ich mitbekommen, dass ihr es mir überlassen wollt, heute das Thema auszuwählen. Das ist eine große Freiheit, die ihr einem Hund gewährt.

(MIA SCHWEIGT.)

Na ja, auch ich habe meinen Humor und ich versuche, ihn in eure Sprache zu übersetzen. Tut mir leid, wenn ihr nicht direkt darüber lachen könnt.

Hm.

Was interessiert euch denn am Thema Freiheit?

Ja, gute Frage. Eigentlich interessiert uns das Thema deiner Heilung. Zum Thema Freiheit hast du den Zusammenhang hergestellt, dass du aus deinem bisherigen zwanghaften Leben heraus- und in die Freiheit hineinkommen willst.

Gelingt dir das inzwischen besser?

Oh ja, viel besser.

Und mich interessiert, ob du in diesem Prozess um Leben und Tod auch einen Schritt weiter bist ...

Oh ja, viele Schritte weiter.

Und ob du dich entschieden hast weiterzuleben.

Ja! Es ist wie ein Neubeginn in meinem Leben. Ein Neubeginn, in dem ich mehr und mehr meine tierische Natur integriere. Es ist sozusagen wie eine Neuentwicklung, wie ein neues Wachstum innerhalb des gleichen Lebens. Ihr Menschen würdet vielleicht sagen: Es ist ein neuer Lebensabschnitt, der sich verfeinert und sich in Verfeinerung neu aufbaut, wobei die alten Grundmuster meines Verhaltens durchlöchert waren und abgestorben sind und jetzt wie alte Spinnweben, auf die nicht mehr geachtet wird, verfallen. Das tierische Element, das nun zum Vorschein kommt, bildet sich neu. Es entwickelt sich neu. Obwohl ich natürlich noch mit der Natur der Missbildung konfrontiert bin, die früher entstanden war, wächst von innen her doch eine andere Kraft. Die verdanke ich euch! Ihr habt sie mir bereitgestellt, indem ihr mir erlaubt habt, dorthin zurückzukehren und mich von euch zu lösen. Ab jetzt unternehmen wir eine neue gemeinsame Reise, auf der ich als Hund in meine Hundenatur hineinwachse, wobei noch nicht abzusehen ist, wie viel von den alten Verhaltensweisen bleiben werden oder aufgelöst sind.

Als ich sagte, ich sei viele Schritte weitergekommen, meinte ich: viele Schritte in der Evolution meiner Natur. Durch die Erfahrung, in Abhängigkeiten und Zwang zu leben, weiß ich auch, wie es ist, einer Krankheit, einem Verhaltensmuster, einem Empfindungs- oder Denkgebäude unterworfen zu sein, das sich nicht mit der inneren Natur – weder eines Menschen, eines Tieres noch eines Elementarwesens oder eines Planes für die Evolution dieses gesamten Planeten – in Übereinstimmung bringen lässt.

Heilung ist das Erfüllen der inneren Ordnung

Ihr seid zurzeit mit der Frage beschäftigt, ob es nun Krieg geben wird oder nicht, und diese unfassbare Möglichkeit, die in einigen Tagen auf euch zukommen wird, paralysiert euch.* Die Entscheidung zum Krieg ist ja längst gefallen. Seitdem werden so viele Menschen wie möglich emotional und mental dahingehend beeinflusst, dass ihnen dieser Krieg notwendig erscheint. Er ist natürlich überhaupt nicht notwendig, und es ist wie immer ein Zeichen der schwachen menschlichen Natur und mangelnder Kommunikation, dass sie diesen Krieg nicht verhindern will.

In Konflikten wie diesen greift ein solches Zwangsmuster ebenfalls. Es ist ein Zwangsmuster, das vielleicht in seinem Ursprung ganz normal aussah, so als wäre es zur Hilfe für die Menschen gedacht, indem als gegenseitige Unterstützung ein soziales Gleichgewicht hergestellt werden könnte, zu dessen Erhaltung ein Krieg notwendig erscheinen mag. Und du siehst jetzt, dass ein solches Geflecht schwer zu durchbrechen ist – fast nur, indem eine Opposition gegen die Ordnung der Vergangenheit vertreten wird. Diejenigen, die das tun, werden offiziell mit Verachtung gestraft. Auch euer Land gehört dazu. Aber es ist ein gutes Zeichen, dass immerhin mehrere Länder gegen den Krieg sind, die es auch laut und deutlich sagen. Ihr könnt sicher sein, dass sehr viel mehr Menschen gegen diesen Krieg sind. Es geht nämlich nicht nur um die Entwaffnung des Iraks, und es geht nicht nur um das Abdanken des Regenten, sondern um Prinzipien, um die Veränderung alter, überholter Stammesstrukturen.

Heilung heißt demzufolge auch das Sich-Ablösen von Glaubensmustern und überkommenen sozial bedingten Systemen. Heilung kann sogar heißen, gegen eine soziale oder politische Gesamtstruktur, die ehemals in guter Absicht und mit gutem Willen aufgebaut worden ist, aufzustehen, sie möglicherweise zu durchbrechen und, sollte es notwendig sein, eine neue Ordnung herzustellen, wenn sich die Lebensmodalitäten nur noch als druckvoller Zwang der Führer im Beharren am Alten erweist.

---

* Gemeint ist der Krieg zwischen USA und Irak, der zu diesem Zeitpunkt noch nicht ausgebrochen war, dessen möglicher Beginn aber die Medien beherrschte. Tatsächlich war der offizielle Kriegsbeginn drei Wochen nach dieser Sitzung.

Die Notwendigkeit zur Heilung

Sollte dieser Krieg stattfinden, so wird dadurch eine neue Ordnung hergestellt, und zwar eine andere, als diejenigen es sich vorstellen, die den Krieg intendiert haben. Die Kriege der Gegenwart sind nicht mehr zu vergleichen mit den Kriegen der Vergangenheit. Die Drahtzieher sind zwar immer noch diejenigen, die dadurch nach wie vor ihre finanziellen Interessen und ihren Machtanspruch befriedigen, aber die Auswirkung wird anders sein, und sie werden sich am Ende des Krieges dieser Macht beraubt sehen.

Die Notwendigkeit zur Heilung besteht immer dann, wenn eine grundsätzliche Ordnung versehrt ist. Ist diese Ordnung gebrochen, muss eine neue Leitlinie hergestellt werden. Sie erwächst aus dem Denken derjenigen, die sie neu formulieren. Wenn nun das Denken noch nicht genügend erleuchtet ist, um die Ordnung der Schöpfung klar aufnehmen zu können, entspringen solche neu zu schaffenden Orientierungen fast immer den Vorlieben, Interessen oder Abneigungen derjenigen, die neue Richtungen ankündigen.

Das Erfüllen der inneren Ordnung hingegen bestünde darin, sich in die Evolution einzuschwingen, sich wieder auf die Aufwärtsspirale zu begeben und gemeinsam durch mögliche Krisen so hindurchzugehen, dass der nächste Schritt in eine Zukunft getan werden kann, und zwar indem man alten Ballast loslässt und sich auf einer neuen Ebene wiederfindet. Das ist eine Schwierigkeit für Menschen, die wir nicht oder nur sehr schwach im Tierreich haben, weil wir eine andere Art von Entwicklung durchleben.

Ihr Menschen liebt den Ballast, mit dem ihr euch herumschlagt, so sehr, weil ihr ihn vor noch nicht allzu langer Zeit für das brauchtet, was ihr euch aufbauen wolltet. Indem ihr euch weiterentwickelt, wollt ihr natürlich das, was ihr euch aufgebaut habt, nicht schon wieder loslassen. Selbst wenn es euch stört und selbst wenn es zu euren Ungunsten ist, so gehört es euch doch, und ihr wollt es nicht ohne Weiteres verlieren. Dieser Übergang und der Verlust von ehemals Gültigem ist immer sehr schwer für euch Menschen. Aus einem Sicherheitsbedürfnis und weil ihr glaubt, ihr verliert Grundsätzliches, wenn ihr das, was ihr für richtig haltet, nicht auf die nächste Ebene der Entwicklung oder des Bewusstseins mitträgt, klammert ihr daran fest.

Innere Ordnung entspricht einer freien Entwicklung. Jede Krise ermöglicht es, diese freie Entwicklung voranzutreiben, sei dies nun eine körperliche Krankheit, ein Gemütszustand oder im Großen ein bewaffneter Konflikt. Das alles sind Krankheiten, und diese Krankheiten zu überwinden heißt nicht – so klug seid ihr inzwischen alle Male –, die Symptome zu verändern, sondern es heißt, das grundlegende Glaubensmuster, die zugrunde liegende Denkstruktur zu ändern, die dahintersteht und die euch immer noch in die Situation treibt, dass ihr einander wie Feinde seht, die sich bekämpfen.

Also ist Heilung auch die Möglichkeit der Umstellung auf die innere Ordnung. So wie die innere Ordnung wiederhergestellt wird, ist der äußere Druck auch in Form von Krankheiten nicht mehr notwendig. Eine innere Ordnung hat die Kraft in sich und fängt an, sich langsam aber sicher durchzusetzen. Niemand kann es aufhalten. Es beginnt zunächst im Denken, dann im Fühlen, dann im privaten Leben, dann im Leben der euch Umgebenden. Schließlich werdet ihr Gleichgesinnte finden, die ebenfalls einen solchen oder ähnlichen Prozess durchlaufen haben und mit denen ihr euch verbinden könnt, um weiterzugehen.

Hast du das Gefühl, liebe Herrin, dass ich mich zum Thema Freiheit in diesem Zusammenhang genügend geäußert habe?

Was ich bezogen auf Krankheit und Heilung verstanden habe, ist, dass jede Krankheit und jeder Konflikt, ob auf kleiner oder großer Ebene, immer eine Umstellung auf eine innere Ordnung ist, die wiederhergestellt werden will.

Ja. Lass es mich vertiefen. So, wie der Abstand des äußeren Lebens zur inneren Ordnung größer wird, greift die menschliche Natur – eure Seele, euer Gemüt, euer Körper, euer guter Wille, alles zusammen – ein, um eine Situation herzustellen, die entweder zum Nachdenken anregt oder zur Umkehr zwingt, damit der Wiederanschluss an die innere Ordnung, die ja zu dem Zeitpunkt gar nicht bekannt ist, wiederhergestellt werden kann. Die Menschen durchschreiten also eine hinfällige Situation und finden sich nach einer gewissen Zeit in einem neuen Lebensgefühl wieder. Aufgrund dieses neuen Lebensgefühls werden sie dann auch etwas Neues erschaffen.

Schwierig wird es dann, wenn die Abweichung von der inneren Ordnung so manifestiert wird, dass in dieser Situation nun eine neue künstliche Ordnung entworfen wird, der sich dann alle unterwerfen müssen. Oft erscheint so eine neue Ordnung sozial, moralisch oder human verbrämt und daher »politisch korrekt«. Häufig habt ihr als Ergebnis eine Zwangsherrschaft, die aus euren eigenen Gedanken kommt, nicht genügend durchdacht worden ist oder im Gegenteil sehr wohl durchdacht worden ist, und zwar genau mit der Absicht, euch von eurer inneren Ordnung zu trennen. Dann lebt ihr ein Leben getrennt von der inneren Ordnung. Solches Leben kann keine geistige Ernährung erfahren und kein geistiges Feedback liefern.

Es ist eine Tatsache, dass die geistige Kraft euch erhält und nährt. Euer Bewusstsein wird aus der geistigen Welt erfüllt. Glaubt bloß nicht, dass das, was ihr tut, keinen Einfluss auf die geistige Welt hätte! Es besteht eine Wechselwirkung. Das, was ihr tut, eure Entscheidungen und die bewussten Wahlen, die ihr trefft, erzeugen ebenfalls auf unserer Seite des Lebens einen Eindruck. Es ist, als ob zwischen euch und uns ein Tuch hinge und euer Verhalten sowie eure Taten einen Eindruck auf diesem Tuch hinterlassen. Könnt ihr euch vorstellen, dass das, was von eurer Seite her wie eine Wölbung nach außen aussieht, von unserer Seite wie eine Wölbung nach innen wahrgenommen wird? Auch wir verursachen solche Eindrücke in eure Welt hinein. Auf diese Art und Weise beeinflusst sich das Bewusstsein gegenseitig. Ich sage nicht, dass wir auf den inneren Ebenen* mit Tüchern herumlaufen, sondern ich habe lediglich ein Bild gewählt. Dieses Bild gilt für das Zusammenleben zwischen Mensch und Tier ebenso wie für das Zusammenleben zwischen Pflanzen und Tieren.

Nehmen wir die Ordnung der Ernährungskette, die ebenfalls darauf basiert, dass der Bedürftige sein Begehren aussendet, was wie eine Wölbung im Bewusstsein der anderen wirkt. Um diese Wölbung auszugleichen, ist

* Innere Ebenen bezeichnen die nichtphysischen Existenzen zwischen den Inkarnationen bzw. die geistigen Ebenen jenseits der Welt der Erscheinungen.

es so eingerichtet, dass die darunterstehende nächste Stufe der Tiere, die in der Nahrungskette dienen, sich als Nahrung zur Verfügung stellt, um das schöpferische Leben aufrechtzuerhalten.

Du siehst, eigentlich ist alles in Ordnung. Es gerät dann außer Balance, wenn die Menschen in diese Abläufe der Natur eingreifen. Das tun sie über Gebühr. Unser Leben wird enorm strapaziert, weil wir gar nicht die Möglichkeit haben, uns so zu entwickeln, wie wir uns gemäß unserer Natur entwickeln wollen. Man darf nicht vergessen, dass wir den Menschen durch Gehorsam verpflichtet sind. Es ist nicht nur der Gehorsam, der uns in Hundeschulen oder durch pure Machtausübung und Willensbrechung aufgezwungen wird, sondern es ist ein innerer Gehorsam unserer Natur gegenüber, da wir ja zum Dienen gekommen sind. Dieser Dienst soll es euch ermöglichen, euren Weg der weiteren Entwicklung zu gehen. Wird der menschliche Einfluss auf die Ordnung unseres Lebens so stark, dass wir zum Teil ausgerottet werden, können wir die Nahrungskette nicht mehr aufrechthalten. Mit ihr verbunden ist aber auch die sich aufwärts entwickelnde Bewusstseinsstruktur des Elementarreiches. Sie sorgt dafür, dass dieser Planet in elementarer Gesundheit gehalten werden kann. Mit immer größeren Unterbrechungen dieser Kette ergibt sich eine drohende Gefahr, und diese Gefahr ist nun da.

Das Netzwerk der Kommunikation

Drohende Gefahr äußert sich dadurch, dass die Netzwerke der Versorgung und der Information brüchig geworden sind und Lücken aufweisen. Diese Lücken werden immer größer und können nicht so schnell geschlossen werden, wie es möglich wäre, da Tiere in ihrem ätherischen Bereich ebenfalls einen freien Willen haben, physisch zu inkarnieren oder nicht. Nach aller Möglichkeit tun wir es, um euch weiterhin zu helfen, denn euer Erwachen steht kurz bevor. In einigen Fällen wird es ein Schock werden, in anderen Fällen wird es sanft und gleitend vor sich gehen. Wenn die Menschheit in der nächsten Zeit sanft erwachen und erkennen wird, wie sie der Natur geschadet hat, dann wird ihr klar werden, wie sehr sie sich selbst geschadet hat. Denn dadurch, dass wir nicht mehr in der Lage sind, ein Informationssystem komplett aufrechtzuhalten, wird das Netzwerk rund um den Planeten unterbrochen und löchrig. Ich habe euch in einer der ersten Gespräche, die wir hatten, dafür Bilder geliefert. Es funktionieren also Verbindungen – auch telepathische – nicht mehr. Dieses kommunikative Netzwerk ist vergleichbar mit eurem Nervensystem. Wenn es durch Ausrottung und Verstümmelung seiner Verästelungen unterbrochen wird, dann werden bestimmte notwendige Impulsübertragungen und Bewegungsabläufe bald nicht mehr möglich sein.

Die Möglichkeit, die wir sehen, ist die, uns für eine Weile zurückzuziehen. Ihr werdet schon recht bald feststellen, dass gewisse Spezies von Tieren, an deren Anblick ihr gewöhnt wart, seltener zu finden sind, um auf den inneren Ebenen neue Kraft zu sammeln, und dann, wenn die Zeit reif ist, erneut hervorzutreten, um das Leben zu fördern und zu segnen. Ihr werdet davon erfahren, wenn ihr plötzlich bemerkt, dass die Insekten in vermehrter Zahl auftreten werden. Da ihr hoffentlich so klug seid, nicht mehr alle Insekten zu vernichten, kann aus diesem Insektenleben erneut eine Evolution des Tierlebens hervorgehen, das sich zusammen mit der geschundenen Pflanzenwelt entwickeln kann, um dadurch ein neues Gewebe aufzubauen, das rund um diesen Planeten das Gewebe der Gier und der Macht ablöst zugunsten der Verständigung, des Kontaktes, der Kommunikation, der Übereinstimmung und der gegenseitigen Unterstützung und Hilfe durch liebevolle Annahme sowie durch Erkennen dessen, was das Leben im Innersten aufrechterhält.

Welchen Zeitraum beschreibst du hier?

Der ist ganz und gar abhängig von der Wahl, die ihr Menschen trefft, denn wir sind dafür da, um euch zu dienen. Wie ihr euch aber entwickelt, das entzieht sich unserem Einsichts- und Beeinflussungsvermögen, da ihr eine ganz andere Entwicklungsaufgabe habt als wir. Ihr solltet, so wurde es einmal in einem eurer Bücher, das später als Heiliges Buch deklariert wurde, dargestellt, die Krone der Schöpfung sein. Das heißt, ihr solltet das Leben lenken, leiten und regieren. Dazu müsst ihr das Leben kennenlernen.

Ihr kennt es aber nicht. Ihr kennt nur einige Auswirkungen, und darüber hinaus nicht einmal die Kraft, die euch erhält. Diese Zeit des Kennenlernens ist zunächst notwendig. Sowie der erste Funke in eurem Bewusstsein erkennbar wird, der eine wirkliche innere Umkehr ermöglicht, können wir von unserer Seite her eine neue Bewegung einleiten, die dem Planeten und dem Wohl des Ganzen dient. Das wird eine neue Ordnung hervorbringen, die ihr euch so nicht vorgestellt habt. Wir begleiten euch dabei. Die Wesen der geistigen Welt und der elementaren Welt arbeiten mit euch zusammen, denn wir möchten dabei helfen, dass ihr eure Schöpferkraft und eure Potenz so weit freisetzt, dass ihr das werden könnt, was ihr seid, was ihr von Anfang an wart – nämlich ehemalige Königinnen und Könige, Gebieterinnen und Herrscher, die in Weisheit lenkten und leiteten und auf deren Schultern das Gewicht der Schöpfung ruhte.

Alles Leben besteht aus Licht

Du hast eben die Randbemerkung gemacht, dass die Tiere im Vergleich zu uns Menschen eine andere Art der Entwicklung durchlaufen, wobei sie sich verändern und alten Ballast abwerfen können. Gibt es dazu noch etwas zu sagen?

Was genau interessiert dich?

Die Art und Weise der tierischen Entwicklung.

Alles Leben besteht aus Licht, und dieses Licht wird in Form von Flammen rund um die Welt und in diese Welt ausgesandt. Wir sind ebenfalls flammende Wesen so wie ihr auch. Jede Flamme ist gleichbedeutend mit einer schöpferischen Qualität. Zum Beispiel haben wir unser Sein in der Flamme der Liebe. Sie bestimmt unseren Lebensausdruck und ist, ich möchte sagen, ein Naturereignis, während eure Flamme der Liebe ein selbstgewollter Akt der Schöpfung ist, ein Sich-öffnen-Wollen für die Liebe und ein notwendiger Akt der Selbstbefreiung zur Liebe hin. Wir sind von Natur aus, aufgrund unserer Liebe, die wir nicht verändern können, so geprägt, dass wir in jeder Situation unseres Lebens mit dem ganzen Wesen auf euch Menschen antworten – egal, was ihr auch tut. Unser Gebieter ist die Liebe; wir wissen es nicht, da wir die Liebe sind. Da wir eins mit der Liebe sind, leben wir nicht im Kontrast zu ihr und können uns von außen nicht erkennen und betrachten. Wir sind einfach die Liebe. Je mehr wir die Liebe leben, desto vollendeter wird sie.

Wenn wir im Zusammenhang mit Menschen diese Liebe leben, indem sie Wege der Kommunikation, des Austausches, der Heilung, des Tröstens und des gemeinsamen Lebens erschafft, dann erwerben wir dazu ebenfalls die Fähigkeit, uns im menschlichen Bereich weiterentwickeln zu dürfen. Es gibt viele Tiere, die diesen Wunsch nach einer Inkarnation im Königreich der Menschen haben; als Neulinge auf eurer Ebene gehören sie dann zu den Menschen, die ihr vielleicht geringschätzig als »naiv« bezeichnet. Aber bitte stellt euch vor, sie erhalten die Möglichkeit einer menschlichen Inkarnation, kommen in euer Leben, und nun haben sie ein großes Feld vor sich. Was sie nun brauchen und ihnen kraft der göttlichen Ordnung verliehen wird, ist eine weitere Flamme, nämlich die Flamme des Willens. Mit dieser Flamme des Willens gehen sie die ersten Schritte im physischen Leben als Menschen. Ja, auch wenn es euch schockieren mag, Tiere dürfen sich zu Menschen entwickeln! Dabei können sie ebenfalls das menschliche Potenzial entwickeln, und diese Erfahrung wieder in ihr Tierreich einpassen. Auf diese Art und Weise wird das gesamte Leben bereichert.

Ich glaube, das habe ich jetzt nicht richtig verstanden. Kann ein Tier als Mensch inkarniert werden und dann wieder in seine Art zurückkehren?

Nein. Heute sind menschliche Inkarnationen noch zeitlich begrenzt. Eure Körper sind so geschunden, dass sie die ursprüngliche Anzahl an Lebensjahren, die für sie vorgesehen war, gar nicht mehr erfüllen können. Es ist nur ein verschwindend geringer Teil. Aber immerhin, dieser verschwindend geringe Zeitanteil, den ihr in einem menschlichen Körper verbringt – sagen wir einmal um die 70 Jahre herum – genügt, um eine große Menge an Erfahrungen zu sammeln. Wenn uns nun aufgrund der Fähigkeit, die wir vorher durch unser Leben in Liebe mit euch erarbeitet haben, ein Leben als Mensch angeboten wird, brauchen wir eine zweite Flamme: Diese Flamme heißt Wille, damit wir das Spezifische, das ihr entwickelt, ebenfalls entwickeln. Dabei lernen wir, mit dem Willen zu leben. Wir lernen, sowohl mit dem Willen in freier Wahl zu leben als auch mit der Unterdrückung des Willens – genauso wie ihr. Das eröffnet eine Gelegenheit, uns auf dieser Ebene weiterentwickeln zu können, somit in der Evolution weiter aufwärtszugehen, oder nach dem physischen Ableben diese gebündelte Erfahrung an die Spezies weitergeben, aus der wir kommen. Wir können auch in unserer Evolutionslinie als geistige Wesenheiten als die elementare Seele weiterleben, wären dann aber aufgrund unserer größeren Erfahrung sicherlich Führerin oder Führer einer großen Gruppenseele. Uns dahingehend zu qualifizieren, uns in der menschlichen Evolution weiterzuentwickeln, ist eine freie Wahl und eine Frage der Herzensneigung.

Danke. Das habe ich verstanden.

Ein Genesungsvorgang

Ich würde jetzt gern direkt, bezogen auf dich, etwas fragen: Am Anfang hast du vom neuen Lebensweg gesprochen, den du einschlägst. Du wusstest nicht genau, welche Veränderungen noch geschehen. Meine erste Frage ist: Wirst du lernen, auch einmal ohne mich zu sein, allein sein zu können? Die andere Frage ist: Gehört der Streit, also solch heftige Auseinandersetzungen mit anderen Hunden, zu deinem neuen Hundeleben? Sind sie ein Ausdruck davon?

Die Antwort auf beide Fragen ist Ja. Ich werde lernen, allein zu leben. Und dafür muss ich lernen, mich allein zu behaupten. Damit dürfte der Zusammenhang eigentlich klar sein.

Du brauchst keine Angst zu haben, dass ich verwildere oder verrohe. Allein leben heißt nicht, den Bezug, in dem ich mich befinde, aufzugeben, sondern bedeutet lediglich, innerhalb dieses Bezuges meine eigene Bahn fortzusetzen und aufgrund dieser eigenen Bahn immer wieder den Kontakt zu dir zu halten.

Wie schnell es dir gelingen wird, mich ohne schlechtes Gewissen allein zu lassen oder wegzugeben, und wie schnell es mir gelingen wird, wenn ich weggegeben worden bin, dich trotz meiner Sehnsucht loszulassen, während du dich einem anderen Lebensinhalt zuwendest, das ist zu diesem Zeitpunkt noch nicht vorhersagbar. Viele Entscheidungsfaktoren spielen eine Rolle.

Lass mich nun meine hündische Entwicklung nachholen, indem ich jetzt Teile lebe, die du von mir gar nicht gewohnt bist. Gehe mit mir so um, wie du es für richtig hältst. Erziehe mich also ruhig weiterhin so, dass ich mich als Tier, das mit dir zusammenlebt, auch entsprechend verhalten muss. Es ist schon ganz richtig, innerhalb deiner Sozialisation auch die Regeln zu lernen, die du mir vorgibst. Gib mir die Möglichkeit, dass ich mich als Tier entwickeln darf, was für dich manchmal vielleicht roh aussieht. Ich hole zum Teil dadurch etwas nach, was in meiner Natur noch nicht verankert ist: das Überleben, der Überlebenswille, die Möglichkeit anzugreifen, die Möglichkeit zu siegen, Kraft auf ein Ziel zu richten, Kraft bereitzustellen für den gezielten Angriff. Alles das sind natürliche Gegebenheiten, die ein Tier, das in der Wildnis lebt, ebenfalls braucht, um als Tier überleben zu können, obwohl es das in eurer Welt fast gar nicht mehr gibt. Es muss diese Eigenschaften zwar nicht beständig anwenden, aber sie gehören dazu, und sie haben mir zum Teil gefehlt. Nun hast du für mich eine Entwicklung miteingeleitet, in der diese Eigenschaften benötigt werden, die es mir dann ermöglichen, mich stärker zu fühlen. Je mehr ich mich in meiner Natur fühle, desto eher kann ich auf meine Natur vertrauen und auch in meiner Natur sein, ohne dass ich die ganze Zeit an deinem Rockzipfel hängen muss.

Ich habe keine Angst, dass du verrohst, und denke grundsätzlich, dass es in Ordnung ist, wenn du solche Konflikte austrägst wie ein Hund. Mein Problem ist, dass ich wusste, dass der Kampf mit dem anderen Hund gefährlich ist und ich dich in die Situation gebracht habe. Ich als dein »Alphatier« habe dich in solch eine gefährliche Situation gebracht. Das hätte ich nicht tun dürfen.*

---

* Als Alphatier wird das Leittier eines Rudels, der Ranghöchste einer Gruppe, bezeichnet.

Mein geliebtes Frauchen, du siehst, dass die ganze Aussage, die du jetzt getroffen hast, genau ein solches Zwangsmuster ist, unter dem ich mich bewege. Dieses Zwangsmuster ist natürlich geprägt von Fürsorge und von Liebe. Es ist aber auch geprägt von strukturellem Verständnis darüber, wie es zwischen uns zu sein hat. Und das ist nur bedingt richtig. Ich entwickle mich nämlich in meiner Art; zwischen den anderen Tieren und mir gibt es eine direkte Kommunikation. Wenn ich nun in dieser direkten Kommunikation mit anderen Tieren einen Kampf beginne, der uns beide stärkt, in dem wir unsere Körper nicht schonen, sondern alles einsetzen, und in dem von vornherein klar ist, dass es keinen Sieger und keinen Besiegten gibt, dann brechen wir aus dem Verhalten aus, das unsere schöpferischen Herrschaftsmächte, also du und der Besitzer des anderen Hundes über uns gelegt haben. Du musst dir deshalb keine Schuldvorwürfe machen, und du brauchst auch nicht zu befürchten, dass meine Akzeptanz von dir als Alphatier nachlässt. Wir werden uns auf einer gleichen Ebene wiederfinden, und du bleibst das Alphatier, indem du mir die Freiheit gibst, mich zu schinden für das, was ich am meisten liebe, nämlich ein Leben in Kontakt und in Verbindung. Und das kann auch den Kampf mit einschließen.

Okay. Ist es denn notwendig, dich von diesem anderen Hund fernzuhalten? Du hast es ja schon beantwortet, aber es fällt mir ganz schwer, damit umzugehen, deswegen frage ich lieber nach. Mein Impuls ist natürlich, dich von Gefahr fernzuhalten, was schwer ist, weil ich mit anderen Hundebesitzern ebenfalls befreundet bin.

Wir könnten doch lernen, miteinander zu leben.

Es fällt mir schwer, Vertrauen in die Situation zu haben.

Dieses Nichtvertrauen setzt sich natürlich durch die verschiedenen Ebenen der Empfindungen fort, und ein Nichtvertrauen würde vielleicht zu einem Konflikt führen können, wenn es verstärkt und gefördert wird. Der Kampf zwischen dem anderen Hund und mir war sehr erfolgreich für beide. Die Auswirkungen, die es auf euch Menschen gehabt hat, ist natürlich etwas ganz anderes. Und das könnt ihr mit euren Mitteln untersuchen. Ich sage zu diesem Zeitpunkt nur: Nachdem die Fronten geklärt sind und da die Kampfstärke von uns beiden gleich ist, kann auch ein gegenseitiger Respekt entstehen. Dieser gegenseitige Respekt schließt nicht aus, dass auch Übergriffe passieren, aber er achtet und schätzt die Freiheit und die Ehre des anderen, und es ist meine Aufgabe, mich wiederum bei Übergriffen zu wehren.

Das stimmt. Das Problem ist, dass du nach diesem letzten Kampf außergewöhnliche Wunden davongetragen hast. Ich habe dich bisher alle Kämpfe mit anderen Hunden kämpfen lassen und auf die Selbstregulierungsmechanismen vertraut, die im Kampf herrschen, aber ich glaube, dass ihr bei diesem Kampf sehr weit gegangen seid, was man ja auch an den Wunden sieht, die du davongetragen hast.

Die Wunden sind mein Stolz.

Ja, ich denke darüber nach. Es gibt ja die Theorie, dass Hündinnen, die die Rangordnung nicht klären können, immer weiterkämpfen. Ihr habt den Rang nicht geklärt, und es ist ja nicht ausgefochten.

Das ist wahr, und es ist auch zwischen uns Tieren deutlich, dass dieser Rang nie zu klären sein wird, weil wir nämlich zwei unabhängig voneinander arbeitende Tiere sind, die unterschiedliche Evolutionsinhalte verfolgen. Natürlich gehören wir zur Tierspezies als Ganzes, aber die Rassenunterschiede haben ebenfalls noch einmal Aspekte innerhalb dieses Ganzen zu vervollkommnen. Die andere Hündin und ich sind von unterschiedlicher Natur. Ich beuge mich deshalb nicht, weil ich die Entwicklungsinhalte und die -ziele meiner Rasse nicht verraten werde; sie beugt sich mir nicht, weil sie ihre Inhalte nicht verraten wird. Auf diese Weise wird eine instinktive Stärkung der inneren Bindung hergestellt, und zwar sowohl bei ihr als auch bei mir. Und du wirst sehen: Es kommt der Tag, da sie mich nicht mehr anfällt, um mir ihren Willen aufzuzwingen, sondern in ihr eine Akzeptanz der Andersartigkeit meiner Natur entsteht. Es mag sein, dass ich verliere;

es mag sein, dass ich gewinne. Das sind nur die äußeren Bedingungen. Das innere Abtasten und das innere Kontaktaufnehmen ist es, worüber ich hier spreche. Die Erkenntnismöglichkeit der Vielfalt bedeutet ein ganz besonderes Bewusstseinswachstum für Tiere, sie ist vollkommen anders, wenn sie friedlich nebeneinanderher trotten. In jedem wächst ein universales Verständnis der Welt, in der sich das jeweils andere Tier befindet. Ein übrigens äußerst seltener Vorgang.

Ja, ich würde euch eine Begegnung wieder ermöglichen, sehe aber trotzdem noch die Ungleichheit.

Du musst mich nicht mit ihr zusammenbringen, wenn es nicht auf der Basis von Vertrauen geschieht.

Außerdem habe ich viel Angst gespürt, die du nach dem Kampf tagelang hattest, und mein Wunsch ist es, dich zu schützen.

Vielen Dank. Und die Angst, die du bemerkt hast, war eine echte Angst, die vor Erschöpfung und von Einsicht in die Härte des Kampfes in mir war. Durch diese Angst zu gehen und sie zu erleben, hat mich auch gleichzeitig von dieser Angst befreit. Es war also ein Genesungsvorgang.

Ich denke über alles in Ruhe nach und komme dann zu einer Entscheidung.

Fernheilung

*Ich würde gerne ein neues Thema anschneiden. Es gibt eine Frage in Bezug auf Heilung, und zwar, ob du auch Fernheilungen ausüben kannst.**

* Vor der Sitzung hatte ich die Frage nach der Fernheilung aufgeschrieben und Mia gebeten, sie bei passender Gelegenheit zu stellen, da mich der Zusammenhang mit der elementaren Kommunikation aus Sicht der Tierwelt interessierte.

Das ist eine wirklich interessante Frage, und sie kann zu dieser Zeit mit einem glatten Ja beantwortet werden. Und zwar aufgrund der Verbindung von mir zum Fragenden und von da zu der in Frage kommenden Person, die ich jetzt auch deutlich vor mir sehe, da sie im Bewusstsein des Kanals hier ist und sich jetzt ebenfalls direkt an mich wendet.

Lass es mich einmal so erklären: Ich sprach vorhin vom Netzwerk der Information, der Versorgung und der Entwicklung, das durch uns Tiere aufrechterhalten wird. In dieses Netzwerk seid ihr ebenfalls eingeflochten. Es ist dieses Netzwerk an Informationen auf der Elementarebene*, das ich immer benutze, auch bei unseren Kindern in der Gruppe. Die Kinder leiden unter Auswirkungen, die andere verursacht haben, und die Art ihres Leidens ist die innere Wahl, die sie deshalb getroffen haben. Drücke ich mich verständlich aus?

Ja.

Wenn ich mich mit der Neuausrichtung der grundlegenden Lebensbausteine beschäftige, kann ich nicht an den Traumata arbeiten, die durch andere verursacht worden sind. Ich kann nur mit ihnen an der inneren Struktur arbeiten, die sie diese bestimmte Wahl hat treffen lassen, sich so oder so zu verhalten und in Zukunft so verhalten zu müssen. Kannst du das nachvollziehen?

Ja.

Also setze ich mich mit den inneren Gefühlen der Kinder in Verbindung und fange an, den Teil der Gesundheit, der dort gebraucht wird, nicht nur durch mich, sondern durch meine Verbindung mit der Tierwelt erneut auszustrahlen. Da wir ja Tiere der Liebe sind, ist das Ganze eingebettet in die Flamme der Liebe.

Um ein Bild zu gebrauchen: Durch meine ausgleichende elementare

---

* Hier: die Ebenen, auf denen sich die grundlegenden primären Bausteine des Lebens befinden, also die Elektronen, Atome, Moleküle und Zellen.

Ausstrahlung entspanne und erneuere ich geistig die zurückgezogenen Empfindungsleitlinien oder die unter Hochspannung stehenden Nervenstränge der betreffenden Kinder, wenn sie es annehmen wollen. In ihnen entsteht eine Balance. Sie können mit sich in Kontakt kommen und die sie umgebende Welt anders wahrnehmen. Dadurch wird möglich, dass sie ein anderes Verhaltensmuster als das ursprünglich von ihnen bevorzugte zunächst in Betracht ziehen und dann später auch wählen können, wenn es gelingt, in dieser relativen Balance neue neuronale Wege in das Gehirn zu fräsen und dort zu festigen. Die Arbeit, die wir tun, für die du mich zur Kindergruppe mitnimmst, ist von langfristiger Natur. Es ist so, dass wir die Nerven mit neuen Informationen füttern und die bloßen geschundenen Nervenenden mit Liebe einhüllen, so dass der Schmerz gelindert wird.

Die so geförderten Kinder strahlen natürlich dann auch auf andere Kinder aus. Dadurch wird deren Abgrenzung von der Liebe deutlich und ihre bisher verborgene unbekannte Negativität tritt auf. Denn wenn wir die reine ursprüngliche Natur dieser Kinder ernähren und sie durch diese Ernährung und durch diesen gesamten Informationsfluss aus der Elementarwelt wieder in Gang setzen, dann kommen natürlich die darunter liegenden Schichten der Böswilligkeit, des Hasses, der Armut, des Bedrücktseins usw. – um nur einige zu nennen – zum Vorschein. Sie brechen aus und machen sich in irgendeiner Art Luft. Ihr Menschen kennt im medizinischen Zusammenhang den Begriff »Erstverschlechterung«. Das ist genau das, was hier geschieht. Sollte sich das ereignen, ist es natürlich wichtig, dass die Kinder sich nicht gegenseitig verletzen. Der Ausbruch dieser Boshaftigkeit ist aber bereits die Erlösung aus einer Krise.

Nun zum zweiten Teil der Antwort: Je mehr Verbindungen untereinander im Netzwerk des Gehirns bestehen, desto breiter und umfassender ist die Wahrnehmung aller damit verbundenen Elemente. Wenn du jetzt einmal blitzartig zurückdenkst, bist du dir sofort auch deiner Gefühle für alle Tiere bewusst, die du je gehabt hast und mit denen du je zu tun hattest. Stimmt das?

Ja.

Schlagartig. Siehst du, und alle Kontakte, die es zwischen Menschen und zwischen Tieren gab, sind gehalten durch dieses Band an Informationen. Du siehst durch dieses Beispiel gerade, dass die Gefühle und die damit verbundenen Empfindungen direkt abrufbar, ja sogar mit der lebendigen Erinnerung verknüpft sind. Auf diese Art wirken die neuronalen Verbindungen, die hergestellt werden. Darum ist es so wichtig, dass die Evolution der Tier- und Pflanzenwelt erhalten bleibt und dass die vorhandenen Löcher, von denen ich vorhin sprach, wieder aufgefüllt werden, damit dieser Informationsfluss in seiner guten, reinen und ursprünglichen Form wiederhergestellt werden kann. Denn dann können wir nicht nur durch solche Kanäle wie diese (= den Autor), sondern einfach durch das verbindende Band der Liebe und der Erinnerung überallhin permanent Heilung fließen lassen. Das heißt, reine, unverbrauchte, unverfälschte Energie fließen lassen, die das, was verbraucht, verfälscht und unrein ist, ablösen kann. Die Heilung ist also ein globales Netzwerk, um eines eurer modernen Wörter zu gebrauchen, das permanent und ständig stattfindet, denn ihr Menschen seid zurzeit nicht in der Lage, euch selber gesund und sauber und in Ordnung zu halten. Deshalb ist Fernheilung möglich.

Was möchtet ihr denn geheilt haben?

*Die erblindende Frau.**

Gut! Ich kann das jetzt mit dem Kanal zusammen tun. Er selber ist sehr erstaunt, denn tatsächlich hatte er eine andere Antwort erwartet. Es ist mir ein großes Vergnügen, ihn in diese Situation gebracht zu haben und zu sehen, wie er auf dem Drahtseil balanciert und es schmunzelnd geschehen lässt.

Der Heilungsvorgang, den ich jetzt einleite, ist der, dass ich den Grund für die Auswirkung erkenne, die sich im physischen Bereich zeigt; die Heilung, die jetzt im physischen Bereich möglich wäre, kann durch ein Gefühl der Hoffnungslosigkeit und Trostlosigkeit bereits wieder zunichte gemacht werden, weil die Frau sich nach dieser Heilung alleine wiederfinden wird ohne ihren Geliebten, den sie nicht liebt. Sie weiß aber nicht, dass sie ihn

* Siehe die Vorbemerkung zu Beginn dieses Kapitels.

nicht liebt, sondern sie hält dieses lebendige Gefühl zwischen ihnen für Liebe. Und sie ist natürlich nicht sehr geneigt, dieses Gefühl loszulassen, da sie erwartet, sie habe dann gar kein Lebensgefühl mehr. Dass eine viel größere Liebe dahintersteht, ahnt sie noch nicht. Diese Liebe lasse ich gerade in ihren Körper hineinfließen, so dass der physische Körper anfängt, sich wohlzufühlen und sich zu erholen. Das ist sehr einfach für mich. Ich verlängere mich einfach durch das Bewusstsein des Sprechers zu ihr hin, denn sie ist in seinem Bewusstsein – sie haben miteinander telefoniert, und sie vertraut ihm. Unterbewusst kennt sie sogar die Energie und Schwingung seiner Strahlung, da sie ihn oft herbeigerufen und er auch jeweils die notwendigen Anteile zur Heilung ausgesandt hat und sogar in einigen Fällen auch dort selbst anwesend war. Nicht immer war es dir bewusst, mein lieber Seiltänzer, aber du warst da. Und du siehst, welch schöne Heilung du dort hervorgerufen hast!

Ach ja, jetzt hast du es verstanden.

Ich drücke es einmal vorsichtig aus: Deine Erwartungshaltung war, dass ich dir sagen würde, ihr könnt es selbst tun, ohne uns Tiere dafür zu benutzen. Das aber war dein logischer Verstand, mein lieber medialer Sprecher. Die Liebe geht andere Wege. Die Liebe gibt jenseits der Logik; sie gibt, indem sie keine Bedingungen stellt. Du hast erfahren, dass du dazu in der Lage bist. Also freu dich darüber und heiße den kommenden Durchfall willkommen.*

Dieses Mal ist es sehr schön. Du hast deine Balance behalten, und du stehst immer noch auf dem Seil. Du hast den Humor wahrgenommen und du hast die Lehre verstanden. Ich habe sie übrigens nur aus deinem Bewusstsein abgelesen und dir widergespiegelt. Vertraue ruhig deiner Liebe.

---

* Siehe meine einleitende Bemerkung über Körperreaktionen bei anstehender Veränderung. Hier greift Joy diese Bemerkung auf und spiegelt sie humorvoll zurück.

Heilung ist das Bewusstsein der Liebe

Nun zurück zum Thema Heilung. Indem also die Verbindung der Menschen untereinander und die Verbindung der Pflanzen und der Tiere untereinander in Verbindung mit dem Menschen gebracht wird, kann ein ständiger Austausch zwischen allem, was lebt, stattfinden, und eins kann das andere halten, schützen, stützen und ernähren. Willst du mich dazu etwas fragen?

Mir ist schon recht klar geworden, wie dieses Netzwerk funktioniert, dass ihr Tiere es für uns spannt und dass darüber wie auch durch die Liebe Heilung geschieht. Ist das so richtig?

Ja, das ist richtig.

Ich bin dabei, es zu verstehen, und habe noch keine konkreten Fragen.

Dann wirst du den folgenden Satz sicherlich gern anhören: So etwas wie Fernheilung gibt es nicht. Es gibt nur Heilung.

Diese ist unabhängig von Raum und Zeit. Sie ist eine Aufrichtung in die schöpferische Energie und in die göttliche Ordnung jetzt im Moment. Jeder, der sich daran anschließen will, wird im gleichen Augenblick die Gnade dieser Heilung empfangen und spüren können, wie sie sich in ihm auswirkt. So wie sich jemand davon trennt, sei es durch Unverständnis, durch Gedanken oder widerstreitende Gefühle, kann er natürlich diese beständige Heilung nicht annehmen und nicht verwirklichen. Er bleibt in seiner Trennung isoliert, muss nun andere Mittel und Wege finden und greift dann zu Mitteln der äußeren Heilung. Von der Manipulation der chemischen Körperprozesse bis zur Homöopathie und auch bis zur ätherischen Heilung gibt es dort eine breite Palette. Sie wird in der Zukunft noch breiter werden und dann in sich zusammenbrechen – wenn allgemein verstanden wird, dass der wahre Heiler das Bewusstsein ist, und zwar das Bewusstsein der Liebe.

Das verstehe ich theoretisch sehr wohl, aber ich versuche ja immer, sofort einen praktischen Bezug herzustellen.

Eine andere Form der Gesundheit

Was könnte ich denn tun, um aus meiner eigenen Krankheit herauszukommen? Ich habe es theoretisch verstanden und habe trotzdem keine Ideen, wie ich es praktisch umsetzen kann, um wieder gesund zu werden.

Das Erste, wie immer in solchen Zusammenhängen, ist, sich bewusst zu sein, dass man krank ist.

Das bin ich.

Gut. Das Zweite ist, sich bewusst zu machen, ob es etwas gibt, das eine Störung in der Vergangenheit verursacht hat.

Ich habe nichts herausgefunden.

Das Dritte ist, die Zeit der Ruhe zu genießen, die Zeit zu genießen, in der man krank ist, denn der Körper wird durch diese Krankheit jeweils auch ruhiggestellt. Dadurch, dass der Körper ruhig wird, wird zwangsläufig auch ein Teil des Verstandes zur Ruhe gestellt werden. Er hat nun kein Betätigungsfeld. Geschieht dies und bist du bereit dazu, das zu tun, dann können neue Ideen aus dir hervorkommen oder aber in dich hineingepflanzt werden. Du wirst dann aus dieser »Krankheit« herauskommen und feststellen, dass es ein notwendiger Akt der Ruhigstellung war, damit du neue Informationen aufnehmen konntest. Übrigens ein sehr häufiger Vorgang der sogenannten Krankheit bei euch ist der, dass ihr euch Krankheit erwählt, weil sie ein gesellschaftlich sanktioniertes Mittel zur Pause ist, um euch dadurch auf neue Schritte und neue Wege vorzubereiten.

Ja, verstanden. Wenn es mir auch schwerfällt.

Das genau ist der Grund für die Notwendigkeit eines Teiles der Krankheiten, ohne deren Wirkung es schwerfiele, im alltäglichen Leben eine Veränderung hervorzurufen.

Oft dienen Krankheiten auch der Klärung von künstlicher Schuld. Sie kann daher kommen, dass du z. B. sagst – ich benutze jetzt ein Bild, ein Beispiel: »Ich muss um 6 Uhr aufstehen, und dann muss ich dieses und jenes erledigen.« Falls du das nicht tust, hast du eine Schuld gegenüber deinem eigenen System hergestellt. Du bist aus deinem System ausgebrochen, und du empfindest es nicht als einen Ausbruch und eine Erweiterung deines Systems, sondern du sagst: »Ich bin der Ordnung, die ich mir selbst gestellt habe, untreu geworden.« Darin liegt ein Teil des Schuldgefühls verborgen. Unnötig zu sagen, dass es keine wirkliche Schuld ist, unnötig zu sagen, dass es ein Konstrukt ist, beeinträchtigt es dich ja doch.

Das stimmt. Aber ich glaube, ich bin in den letzten Wochen oft aus mir selbst auferlegten Zwängen, Systemen, Glaubensmustern ausgebrochen, und ich konnte das gut leben, aushalten und wiederholt tun. Und ich bin eben nicht mehr in Schuldgefühle und in dieses »Wenn und Aber« geflohen, das mir wiederum ein Zeichen gegeben hat, dass eine Verbesserung eintritt.

Und bist du auch ohne Schuldgefühle krank geschrieben?

Hm. Ein bisschen Schuld ist da. Aber es geht schon besser.

Und siehst du jetzt vor diesem Hintergrund, warum der Schnupfen als Krankheit für dich ganz gut gewählt ist?

Leider nicht.

Es herrscht zurzeit eine Grippe-, eine Magen- und Darmgrippen- sowie eine Fieberwelle. Manche dieser Reizungen kommen zusammen. Du hast ein wenig erhöhte Temperatur und brauchst niemandem Auskunft zu geben. So wie du sprichst, hört man, dass du *verschnupft* bist. Es ist wie das Signal, wie die Fahne: »Ich bin krank, wie die Allgemeinheit. Also breche ich aus meinem Pflichtbewusstsein aus und nehme mir Zeit, weil ich sie brauche.«

Ja, das kann ich mittlerweile auch ohne Schuldgefühl.

Sehr schön.

Und ich bin trotzdem daran interessiert, nachdem ich mir jetzt zwei Wochen Ausbruch gegönnt habe, wieder gesund zu werden, weil ich auch so viel Energie habe und so viel tun möchte. Für mich steht die Krankheit in einem krassen Widerspruch zu dem, wie ich mich eigentlich fühle.

Du wirst ebenfalls noch lernen, eine Balance herzustellen, dass es eine Zeit der Ruhe gibt und eine Zeit der Aktion. Es ist jetzt eine Zeit neuer Gedanken und neuer Verbindungen im Leben. Das braucht Zeit. Beide, du wie auch der Kanal hier, habt die Neigung, einem frischen Gedanken, den ihr habt, gleich eine Form zu geben, ihm Raum einzuräumen. Dann wundert ihr euch, dass euer Tag so voll ist, da ihr nicht all das umsetzen könnt, was ihr umsetzen wollt. Gebt euch ein wenig Zeit, um festzustellen, wie die Vernetzung der Gedanken und der Vorlieben untereinander im Laufe der Zeit, wenn ihr es mit Ruhe und Liebe einkleidet, allmählich eine Form hervorbringt, in der alle Einzelteile zu einem Hauptthema miteinander verbunden sind. Weil ihr es im Detail erlebt habt, habt ihr dann die Möglichkeit, aus dem Gefühl der Einheit zu handeln und etwas Neues herzustellen.

Ja, das ist ein guter Hinweis, der mit Sicherheit vieles leichter und einfacher machen wird.

Das ist wahr, und es liegt auf der Hand, dass dies ohne Schuld und ohne Gewissensbisse viel besser geht.

Ja, das stimmt.

Es geht manchmal nicht anders, als dass ihr aus gewissen Strukturen ausbrechen und neue Akzente setzen müsst. Zeiten der Krankheit dienen oftmals der Vorbereitung, so dass die Samen gesetzt werden können für ein neues Feld, ein Beet, das neue Früchte hervorbringt. Es ist wie eine andere Art der Gesundheit. Und darum ist es gut, diese Zeit auch anzunehmen und zu akzeptieren, denn die Zeit des Säens ist nicht die Zeit der Blüte, der Reife und auch noch nicht die Zeit der Ernte, sondern es ist die Zeit des Säens, und ihr seid mit eurem Bewusstsein damit beschäftigt, dieses Säen begleiten zu können. Oft seht ihr es deutlich, was dort gesät wird und in welche Richtung es geht. Weil ihr Zeuge seid, glaubt ihr, das sei bereits der Inhalt und ihr müsstet deswegen mit und für diese Inhalte nach vorn stürmen. Aber alles hat seine Zeit, meine Lieben. Das weiß ich als Tier mit aller Deutlichkeit zu sagen. Alles kann nur zu seiner Zeit in der rechten Ordnung am rechten Platz passieren. Dann ist es die Schöpfungsordnung.

Ja, vielen Dank.

Jetzt werde ich mich wieder zurückziehen und mich schrittweise aus dem Bewusstsein des Sprechers entfernen. Ich musste während der Sitzung übrigens doch ein wenig näher an ihn heran, weil er natürlich hinter den einfachen dürren Worten eine viel größere Welt sah, eine viel komplexere Welt der Interaktionen alles Lebendigen. Das hat ihn in Aufregung gebracht, und die bringt ihn manchmal aus der Balance, wie du wohl weißt.

Weiß ich. Danke für die weitreichenden Ausführungen.

6. Leben und Wirken in Freude

1.4.2003. Joy ging es bei unserem Treffen heute sehr gut. Ihr Gesundheitszustand war stabil geworden, und so spielten wir ein wenig miteinander herum. Mia hatte zwischenzeitlich begonnen, die aufgenommenen Sitzungen in den Computer zu tippen. In der Reflexion der Inhalte sprach sie einige der Themen an, die sie gern hinterfragen wollte.

Ich selber war in einer anderen Situation als sie, da ich nach der jeweiligen Übermittlung zu anderen Arbeiten überging und den gesprochenen Text weder abhörte noch bearbeitete. Jede Sitzung war für mich losgelöst von möglichen Erinnerungen aus dem Zusammenhang vorheriger Gespräche – ein Neubeginn, ein Schritt ins Unbekannte, eingekleidet in die Vorfreude auf die Arbeit selbst.

Tierische und menschliche Verkörperungen

Ich möchte beginnen mit dem, was sich aus den Erklärungen der letzten Sitzungen ergeben hat. Was ich noch nicht verstanden habe, ist die Unterschiedlichkeit der Inkarnationen von Tieren und Menschen. Letztes Mal hast du gesagt, dass die Tiere eine eigene Evolution verfolgen und dass sie trotzdem den Körper für die Menschen bereitstellen.

Was möchtest du wissen?

Du hast gesagt, dass der Mensch nicht vom Tier abstammt, das ist auch klar geworden. Aber es gibt doch trotzdem die Entwicklungen von Menschen, die in verschiedenen Inkarnationen auch in Tierkörpern waren, oder?

Menschen sind von vornherein als Menschen geschaffen worden. Tiere sind von vornherein als Tiere geschaffen worden. Die Notwendigkeit, dass mehrere Evolutionswege nebeneinander bestehen, war lediglich dazu gedacht, damit eines das andere bereichert, eines dem anderen dient und eines das andere erfreut. Durch den sogenannten »Sturz« des Menschen, der durch seine Bewusstseinsreise von der Heimat der feinstofflichen Ebenen auf eine Ebene heruntergestiegen ist, die zum Überleben dichtere Gewänder erforderte, war es notwendig, für die Existenz auf dem Planeten Erde festere biologische Formen zu entwickeln. Zu diesem Zeitpunkt trat auch das Tier physisch in Erscheinung. Die Evolution der Tiere ermöglichte durch das Entwickeln von Körpern mit gut abgestimmten Fähigkeiten das Überleben auf diesem Planeten. So bot die Entstehung und Ausformung des menschlichen Körpers dem menschlichen Geist, der dort inkarnierte, gute Dienste für das biologische Leben an. Deshalb sagte ich, dass ihr in einem Tierkörper wohnt.

Die Möglichkeit für ein Tier, sich in einem menschlichen Körper zu inkarnieren, ist demzufolge von der äußeren physischen Seite her gesehen gar nicht so schwierig, da es ja nur einen Schritt auf der gleichen Entwicklungslinie bedeutet. Allerdings ist es so, dass diese Entwicklungslinie ursprünglich nicht dafür vorgesehen war, einen Menschen aufzunehmen, einen König oder eine Königin über das planetarische Leben. Wenn jetzt also einem Tier – das im Dienst für einen Menschen seine Aufgabe erfüllt hat, ihm treu geblieben und in ein menschliches Fluidum hineingewachsen ist – angeboten wird, in der Evolution weiter voranzuschreiten, indem es auf der menschlichen Ebene seine Entwicklung fortsetzt, so wechselt der Geistfunke dieses Tieres sozusagen seinen Evolutionszweig.

Es ist nicht immer angeraten, das zu tun, aber bei etlichen Haustieren, die sich so in das Leben der Menschen hineinentwickelt haben, ist es eine besondere Ehre und eine Gnade, wenn sie dieses Angebot bekommen. Viele sind darüber sehr erfreut und erstaunt. Sie entdecken nun, dass das menschliche Leben ebenfalls eine weitere Komponente hat, die sie vorher nicht bedacht hatten: Das menschliche Leben beinhaltet die freie geistige Wahl. Das tierische Leben ist geleitet von Instinkten in Übereinstimmung mit den Mustern der Natur. Das menschliche Leben lebt auf Basis dieser Muster, es lebt in diesen Instinkten. Diese Instinkte und Muster sind Werkzeuge, die verfeinert und transzendiert werden, aber sie sind nicht der Mensch selbst, sondern sein Anzug, sein Gewand, seine Kleidung. Der wirkliche Mensch ist der menschliche Geist, ein Geistfunke aus der höchsten Schöpferkraft, der sich in diesem Körper inkarniert, um hier Erfahrungen zu sammeln und etwas bewirken zu können, indem es seine Qualitäten hier zum Ausdruck bringt. Ist es das, was du wissen wolltest?

Ja, du hast es sehr gut verdeutlicht. Vielen Dank.

Bitte sehr.

Ich habe heute ganz viele Fragen, um verschiedene Sachverhalte zu veranschaulichen und deutlich zu machen. Die erste Frage ist: Wer bist du genau? Du hast die letzten Male gesagt, dass du zu einer Tiergruppenseele gehörst. Kannst du das genauer erklären?

Was meinst du mit der Frage: Wer bist du genau?

Du bist ja nicht Joy allein. Du hast ja in anderen Sitzungen deutlich gemacht, dass dein Wesen wie eine Tiergruppenseele ist.

So ist es.

Und ich bitte dich, das noch einmal zu erklären.

Wenn du eine Familie nimmst, wie z.B. ein Paar mit einem Kind, dann besteht sie zurzeit aus diesen dreien. Jeder von ihnen ist ein Individuum, jeder von ihnen entwickelt sogar andere Fähigkeiten und Talente, und alle sind eingebunden in eine gemeinsame Bestrebung, nämlich diese Familie zur Reife und zur Blüte zu bringen. Jeder erscheint so, als beziehe er sich auf den anderen. Dennoch ist es so, dass jeder in seiner Eigenschaft und in seiner Funktion einen Teil dieser Familie bildet, und dieses Zusammenwirken fängt an, einen Organismus zu formen. Dabei ist es eingebettet in die Idee von Familie.

So kannst du dir auch vorstellen, wie unser Leben funktioniert. Jeder von uns ist ein individuell entwickeltes Wesen, einerseits an eine Rasse gebunden – wobei diese Rasse die Idee des Hundes, der Hündin, unserer Sippe, unserer Sippschaft ist –, und andererseits wird diese Idee von einer leitenden Kraft aufrechterhalten. Diese leitende Kraft ist eine geistige Führung, die uns immer mehr in unsere Entwicklung hineinzieht und führt. Manchmal sind wir eins damit, manchmal ist es so, dass diese Kraft uns überschattet, wodurch wir uns neu orientieren können. Wenn ich also spreche, spreche ich für meine Sippe. Ich spreche aus den Erfahrungen meiner Entwicklung, ich spreche für den Hund, die Hündin, die du siehst und kennst, und ich spreche für die leitende Kraft, die es ermöglicht, dass dieser Kontakt zustande kommt. Die leitende Kraft heißt in diesem Fall: die Hüterin der Entwicklung und der sich weiter ausdehnenden Schöpfung der Tierwelt. Manchmal greift sie auch direkt ein und stellt eine Verbindung zu diesem Kanal her. Dann spreche ich nicht nur alleine, sondern ich werde dadurch, dass gesprochen wird, auch gleichzeitig belehrt – so wie ihr jetzt hier durch das, was ich sage, auch belehrt werdet. Eine Gruppenseele ist also eine geistige Einheit, die insgesamt eine Atmosphäre herstellt, in der jeder Einzelne sich in seinen Fähigkeiten und Talenten entwickeln kann.

Danke. Dann würde ich gern noch etwas wissen zur Dynamik zwischen Mensch und Tier. Du hast in den vorangegangenen Sitzungen gesagt, dass z. B. zwischen uns beiden eine sehr enge Dynamik besteht, also zwischen dir, Joy, und mir. Durch diese Liebe habe ich begonnen, mich selber zu lieben, was umgekehrt auch einen großen Effekt auf dich hatte, weil du ebenfalls lerntest, deinen Willen zu entwickeln und damit erfuhrst, was Liebe ist.

In diesem Zusammenhang hast du darauf verwiesen, dass die enge Dynamik zwischen Menschen und Tieren besteht. Du hast eine weitere Sitzung erwähnt, in der du dieses Thema zur Sprache bringen willst. Möchtest du heute etwas dazu sagen? Ich möchte nur, dass es nicht verloren geht.

Das ist sehr aufmerksam von dir und spricht für deine Art der sympathischen Aufbereitung dieses Themas, dieser Texte insgesamt. Das Thema ist jedoch noch nicht dran.

Die Arbeit mit den Kindern

Ich würde gern über die Zusammenarbeit mit den Kindern sprechen, wenn es dir recht ist.

Ja.

Die Kinder sind mir lieb. Sie sind in einer Situation, in der sie ähnlich wie wir Tiere ihren Trieben gehorchen. Sie haben Triebe in sich, die sich zum größten Teil nicht entwickeln konnten. Frühe Störungen haben in diese Entwicklung eingegriffen. Nun sind die Kinder in der gleichen Situation wie manche Kampfhunde: Ihr Wille ist Liebe, aber die Erfahrung, die sie gemacht haben, ist die der Zerstörung durch Zurückweisung, geleitet von Destruktivität, die sich auf ihre Kinderseele grausam auswirkt. Das erschafft eine große innere Wut, und diese ist der Angelpunkt für eine weitere Entwicklung, die ich bereits durchlaufen habe und die sich in meinem Jagdinstinkt ausagiert hatte. Du erinnerst dich, dass wir davon sprachen.

Wenn nämlich die instinktive Entwicklung, also die Triebe, die Sinne und das taktile Vermögen sich nicht entwickeln können, dass Kind jedoch weiß, dass es diese Entwicklung braucht, um sich im Leben dem inneren Plan gegenüber gehorsam verhalten zu können – also seine Inhalte ausdrücken zu wollen und sie zur Anwendung zu bringen –, dann ist die Pein doppelt groß, zumal man weiß, dass es nicht nötig gewesen wäre, ein junges Menschenleben derartig zu brechen.

Wenn du dir darüber Gedanken machst, dann wirst du feststellen, dass die Kraft der Zurückhaltung genau der Kraft der Ausdehnung entspricht. Und zwischen den beiden Polen des Einsetzens der Kraft, um sich zurückzuhalten (dazu sind diese Kinder ja erzogen worden, mit Gewalt, Prügel, Demütigungen), und der inneren Kraft, sich ausdehnen und diese Kraft ins Leben bringen zu wollen, besteht ein großer Kontrast. In einer Pendelbewegung zwischen diesen beiden Polen der Zurückhaltung und der Explosion kann sich die Kraft befreien, die daraufhin zunächst die Mitte herstellt, in der die Kinder sich entwickeln können.

Diese Mitte habe ich bisher repräsentiert. Ich war sozusagen der äußere

Teil, der für die Kinder ein Anlaufpunkt und für dich ein zuverlässiges Mittel war, um die Balance der Kinder aufrechterhalten zu können. Es war so, als habe ich den Teil gelebt, den die Kinder noch nicht haben leben können, nämlich die Balance, den Mut, das Vorwärtsgehen, den Ausgleich und den Frieden. Dieser Friede kann erst entstehen, wenn sich die beiden Polaritäten – nämlich die der Implosion und die der Explosion – genügend gegeneinander abgeschliffen haben. Dann kann die Kraft sanft von innen her wachsen, nämlich die Kraft der Liebe zu sich selbst. Und das ist genau, was die Kinder und ich in diesem Experiment gemeinsam versuchen: diese ursächlichen, instinkthaften Triebe als gesunde Impulse freizusetzen, um ein gesundes und organisch richtiges Leben einleiten zu können. Dazu müssen die Polaritäten erst abgeschliffen werden. Wenn alles gut geht, kann es gefahrlos geschehen, und zwar dann, wenn dieser Teil erkannt und gefördert wird.

Kreisläufe

Da es schon so viele Kindergruppen gegeben hat, die du und ich begleitet haben, frage ich mich, ob sich insgesamt das Bewusstsein der Kinder verändert. Ob du, wenn du von den Kindern sprichst, diese spezielle Gruppe meinst, die du zurzeit betreust, oder von der Entwicklung der Kinder im Laufe der Zeit.

Das ist eine kluge Frage, und sie hat sehr viele Facetten in sich. Ich will dir aus meiner Sicht einen Überblick geben. Die innere Entwicklung der Menschen ist nicht in Übereinstimmung mit ihrer äußeren Entwicklung. Die Verhaltensformen, die äußere Art des Umgangs miteinander, entspricht nicht dem, was der innere Mensch bereits an Bewusstsein hat. Auch hier ist eine große Veränderung nötig und steht unmittelbar bevor. Die Identifikation mit dem äußeren körperlichen Teil des Menschen ist sehr stark, so dass er glaubt, sein Gefühl zu sein, sein Denken zu sein, seine Abneigung zu sein, sein Trieb zu sein, und dass er glaubt, seine Sinne zu sein. Obwohl das alles Anteile des körperlichen Lebens sind, ist der Mensch damit so identifiziert, dass er sich dafür hält.

Dementsprechend ist es auch so, dass der Mensch glaubt, darunter zu leiden, wenn eines dieser Teile verwundet, verletzt, geknickt oder endgültig gelöscht wird. Das macht ihn traurig und wütend, und er ist geblendet von der Frustration, nicht so leben zu können, wie er leben möchte. Dieser Vorgang sinkt tief in das Unterbewusstsein ein und wird dort festgehalten. Ist ein solcher Mensch dann später in einer Lage, die es ihm gestattet, ebenfalls ein Kind zu bekommen, Kinder aufzuziehen, dann wird er sich entsprechend dieser unterbewussten Prägung seinem Kind gegenüber verhalten. Das ist die Tragik des menschlichen Dilemmas. Es dauert mehrere Generationen, bis ein solches Verhalten ausgeschliffen ist, und es dauert sehr, sehr lange Zeit, bis es nicht nur korrigiert ist, sondern zu dem angehoben werden kann, was es eigentlich ist, nämlich die liebevolle Begleitung des inneren Seelenlichtes, das zurzeit in einem physischen Körper wohnt.

Wenn nun solche Eltern in ihrem Verhalten an ihre unterbewussten Reaktionen an das Leid gebunden sind, das sie erfahren haben, dann haben sie in der Gegenwart auch nur die Möglichkeit, sich gegenüber ihrem Kind so zu verhalten. Und dieses Kind wird mit großer Sicherheit ebenfalls in der Gegenwart in ähnlicher Weise gebrochen oder verletzt werden. Das Kind aber ist sich dieser Tatsache oftmals nicht bewusst, sondern erlebt es als eine Zerstörung seiner Natur. Ein solches Kind wird ebenfalls diesen Kreislauf fortsetzen, nämlich den Kreislauf der Verstrickung von falscher Erziehung und Bestrafung.

Es ist aber nicht so, dass jede Generation die gleichen Kinder hervorbringt, sondern die Seelen, die kommen, sind weiterentwickelte Seelen. Insbesondere in der letzten Zeit sind hoch- und höchstentwickelte Seelen gekommen, um der Evolution zu helfen, auf der Spirale der Entwicklung weiterzugehen. In vielen Fällen sind sie auch in Situationen hineingeraten, in denen sie durch die Verletzung ihres körperlichen Lebens bestraft werden. Ihre Aufgabe wird es sein, sich dadurch eben nicht mehr mit dem körperlichen Leben allein zu identifizieren, sondern sich zurückzubesinnen auf ihre innere Kraft. Viele tun das bereits. Indem das allmählich in ihr Bewusstsein eindringt, wird es notwendig, die Fesseln des äußeren Lebens, die ihnen durch solche Traumata und Verletzungen auferlegt worden sind, zu brechen.

In den vergangenen Generationen, die wir Tiere gemeinsam begleitet haben, hat sich das nur angedeutet. In der gegenwärtigen Generation, die wir begleiten, ist es ein stark vorherrschendes Thema, und wir wissen nicht, ob es in der nächsten Generation bereits erledigt sein wird, so dass wir weitergehen können, denn die Kinder, denen wir geholfen haben, und die Kinder, denen wir jetzt helfen, werden ihre eigenen Schlüsse daraus ziehen. Und dann sind wir wieder beschäftigt mit den Kindern, die danach kommen, und diese Kinder können entweder in der Entwicklung etwas zurückgeblieben sein oder aber es können großartige, hochbegabte Kinder sein, die völlig verkannt werden und die gepeinigt, gezüchtigt und bestraft werden für ihr frühes intelligentes Leben, so dass sie in sich zusammenbrechen und den Weg der Evolution von innen nach außen gehen müssen.

Genau darum ist jetzt dieses Experiment, welches die Kinder, du und ich in Zusammenarbeit und mit innerer Übereinstimmung gestartet haben, so, dass eine Explosion stattfinden und dadurch ihre innere Kraft freigesetzt werden kann. Ich freue mich auf dieses Experiment. Mir ist es eine große Freude, daran beteiligt zu sein, denn ich wünsche, dass die Kinder frei werden. Sie sind großartig, und sie werden viel Zeit und viel Kraft darauf verwenden müssen, ihre Großartigkeit zu begreifen und ins Leben bringen zu können. Ihr Instinkt für sich selbst und ihr inneres Wissen über sich selbst ist da und soll gefördert werden. Und das ist meine allerliebste Aufgabe.

Mia, ich danke dir dafür, dass du diesen Weg eingeschlagen und diese Aufgabe übernommen hast, so dass wir das tun können. Ich weiß, dass es auch für dich ebenso wie für mich nicht leicht ist, denn ich trage viel von dem, was die Kinder mitbringen, nach Hause. Ich absorbiere es, und ich muss es zu Hause wieder loswerden. Meine Hauptarbeit ist, durch dieses Leiden durchzugehen, nachdem wir die Gruppe verlassen haben. Manchmal nerve ich dich dadurch. Das tut mir unendlich leid. Leider ist es eine Bedingung der Tätigkeit, die wir beide zu diesem Zeitpunkt ausüben. Also bitte ich dich um Verzeihung, wenn ich dich nerve, und gleichermaßen möchte ich dir meine Bewunderung dafür ausdrücken, dass du auch gegen aufkeimende Abscheu immer wieder bereit bist, diesen Weg zu gehen und gemeinsam mit mir weiterzugehen. Ich bin dir zutiefst dankbar dafür.

Welche Abscheu meinst du?

Die Abscheu, eine Sisyphusarbeit zu tun, die scheinbar so aussieht, als müsste man immer das Gleiche tun, ohne dass sich etwas ändern würde.

Ja, das war auch eine Frage, die ich in Bezug auf die Arbeit hatte. Es sieht so aus, als würde sich nichts ändern, als würden wir eine Gruppe nach der nächsten durchbringen, ohne einen Effekt zu erzielen. So wie du es jetzt beschrieben hast, hat es tatsächlich doch einen Effekt auf die Kinder, aber der ist ja leider für uns erst mal nicht sichtbar.

Das ist richtig. Ihr wisst auch nicht, was ihr innerlich in diesen Kindern heilt. Denn etliche von ihnen aus der Vergangenheit und aus der Gegenwart sind innerlich so zurückgezogen, dass sie nicht zu berühren sind oder sich durch die Berührung allein öffnen würden. Sie nehmen aber alles wahr, und sie sind dankbar für jede Geste des Trostes, der Versöhnung, des Verständnisses und der Anteilnahme. Das innere Momentum*, das sie durch diese Akzeptanz erfahren, ist im Augenblick noch nicht so stark, dass sie ihre äußeren Fesseln fallen lassen würden, denn sie sind ja in Abhängigkeitssituationen, sobald sie außerhalb der Schule sind. Und in vielen Fällen betrachten sie die Schule ebenfalls als eine Abhängigkeitssituation, weil sie sich dem Leben gegenüber grundsätzlich verschließen wollen, um nicht noch mehr leiden zu müssen.

Dennoch ist es so, dass sie den Trost, der aus deinen Augen kommt, aus deinen Gesten, auch aus deiner manchmal distanzierten Haltung, die ihre Privatheit ehrt und würdigt, sehr wohl wahrnehmen. Dieser Trost tut ihnen gut, und sie werden sich immer daran erinnern. Und im Inneren ihres verletzten Wesens wissen sie, dass Gemeinschaft und Stärke da ist. Und diese Stärke kommt durch dich und durch euch, die ihr darum bemüht seid, diesen Kindern zu helfen. Selbst wenn ich also in der äußeren Form ihres Lebens nichts ändern sollte, so ist doch das innere Licht und die innere

* Als Momentum ist hier die innere Kraft gemeint, die sich wieder neu sammelt, um sich zum geeigneten Zeitpunkt in Bewegung zu setzen.

Kraft da, die sagt: Das Leben besteht nicht aus Leiden, das Leben ist nicht eine einzige Kette von Trennungen, sondern das Leben ist eine Geste von Herz zu Herz, und du kannst mich durch deine Augen berühren.

Ja, das ist schön. Das macht es mir leichter weiterzumachen.

Du hast eben gesagt, dass wir beide nach einem inneren Plan zusammenarbeiten. Gibt es eine Möglichkeit, dass wir unsere Zusammenarbeit noch verbessern, uns mehr ergänzen können? Und kann ich dich noch mehr unterstützen, wenn du so viel von den Kindern trägst?

Es ist schon ganz gut so, wie es ist. Ich antworte auf die zweite Frage zuerst. Es ist ja wie eine Kommunikation zwischen uns, die es mir ermöglicht, so zu sein, wie ich bin. Gleichzeitig habe ich auch Respekt und Achtung vor dir und versuche, mich so zu verhalten, dass dir dein Leben ermöglicht wird. Wir sind zwei verschiedene Entwicklungszweige: du in deinem menschlichen und geistigen Bereich und ich in meinem tierischen und nichtstofflichen Bereich. Und die Zusammenarbeit, finde ich, klappt doch gut. Natürlich wäre es manchmal schön, wenn ich eine Möglichkeit hätte, nach der Gruppe entweder direkt zu rennen oder aber mich ins Wasser zu stürzen. Beides wäre eine gute Möglichkeit, um das, was ich absorbiert habe, aus meinem physischen System herauszubringen, so dass es mich nicht so sehr belastet. Du kannst aber auch zu einem späteren Zeitpunkt, wenn du die Prinzipien der geistigen Heilung gelernt haben wirst, vor, während oder nach der Gruppe mit mir bereits so umgehen, dass diese Reinigung hergestellt wird, damit der Frohsinn, der eigentlich zwischen uns herrscht, eher zum Vorschein kommt.

Es ist übrigens Frohsinn, der uns beide miteinander verbindet, selbst wenn es dir im Moment nicht so erscheint oder du mit Überlegungen belastet bist. Tatsache ist, wir müssen nichts tun, um besser miteinander in Kontakt zu kommen, sondern wir tun es schon gut; indem wir das voneinander wissen, kann sich eine größere Entspannung entfalten. Du wirst sie bald in Form eines etwas ruhigeren Gedankenflusses bemerken, der nicht mehr so spitzlichtförmig Markierungen setzt, sondern ein beruhigendes Denken mit sich bringt, das dich weiter- und voranträgt, so dass du schließlich geschehen lassen kannst. Dein Denken wird anfangen, sich zu verändern. So wie dein Denken von innen kommt und in dein Bewusstsein aufsteigt, so wirst du alles das, was du vorher mental gedacht hast, jetzt auch inhaltlich denken und mit Inhalt füllen können. Das wird ein sehr sanfter Übergang sein, der darauf basiert, dass wir miteinander umgehen, leben und arbeiten. Wir müssen uns nicht unbedingt neue Regeln setzen, die Arbeit läuft gut. Das Einzige, worauf ich hinweisen könnte, wäre, dass wir die Erfahrungen, die wir gemacht haben, vielleicht gelegentlich etwas würdigen und uns dafür auch etwas Gutes tun, und zwar du dir und auch du mir.

Ja, okay.

Das Erwecken von Freude

Darf ich zu der Arbeit mit den Kindern noch etwas fragen?

Alles, was du willst.

Das ist jetzt etwas kompliziert zu erklären. Du hast ja mit Sicherheit mitbekommen, dass zwei Studentinnen der Universität jeweils eine Staatsexamensarbeit über dich im Zusammenhang tiergestützter Pädagogik schreiben. Mir fällt es so schwer, das zu koordinieren, weil ich den Studentinnen nicht beschreiben kann, was du tust. Denn das, was du hier erzählst, kann ja leider nicht Inhalt der Arbeit sein. Hast du eine Idee, wie ich die Studentinnen begleiten und ihnen gegenüber zum Ausdruck bringen kann, was du tust?

Eine etwas genauere Kenntnis der Entwicklungspsychologie eines Kindes und der rudimentären Wahrnehmung und Reaktionsenergie eines Tieres würde die Übereinstimmungen aufzeigen, die zwischen mir und den Kindern hergestellt werden. Das Dilemma ist jedoch, dass es nicht zu beweisen ist, sondern dass es auf den inneren Ebenen passiert. In Wirklichkeit ist es ein Austausch der Nervenfunktionen miteinander. Was an Nervenfunktionen der Kinder gestört ist, verstärke oder ersetze ich durch meine

Nervenfunktionen. Nun ist es so, dass es nicht 1:1 gleichgesetzt werden kann, sondern ich kann die Nervenfunktion der Kinder nur auf geistigem Weg über die Drüsen anregen, welche die Nervenfunktion der Kinder dann weiter regulieren und heil werden lassen. Indem ich diese Drüsen anrege, setze ich ganz bestimmte Emotionen frei. Diese Emotionen sind natürlicherweise bei jedem menschlichen Lebewesen vorhanden, und ich versuche, sie durch mein Dasein, durch meine Reaktion auf die Kinder so zu aktivieren, dass sie sich entweder freuen oder Zutrauen haben, sich geborgen fühlen oder das Gefühl haben, sich fallen lassen oder ihren Tränen freien Lauf lassen zu können. Indem das geschieht, werden die energetischen Bahnen und Blockaden wieder gelöst. Der Energiefluss kann strömen und die Drüsenfunktionen können wieder ihre Tätigkeit aufnehmen. Dadurch beruhigen sich die Nerven und kommen miteinander in eine harmonischere Übertragungsfunktion. Das ist der Vorgang, der bei den Kindern geschieht.

Inwieweit kann ich das nun beeinflussen? Ich kann es nicht beeinflussen, sondern ich kann lediglich die angeborenen Urinstinkte meiner Spezies, die zum Leben gehören, so freisetzen und so leben, dass sie mich mit dem erfüllen, was ich in Gesundheit darstelle. Wenn ich diese Gesundheit in Kontrast zu den Kindern setze, erinnern sie ihre eigene Gesundheit, und dadurch kommt ihre zeitweilige oder ihre tatsächliche Besserung zustande. Es ist ein innerer Vorgang, der geschieht und der allem Leben gemeinsam ist, nämlich die Freude am Leben. In Wirklichkeit erwecke ich also lediglich durch mein Dasein Freude im Bewusstsein und in den archetypischen Empfindungen der Kinder, und diese Freude ist dann wie ein Lichtstrom, der durch den Körper jagt. Je mehr von dieser Freude einströmen kann, desto eher brechen die Blockaden der lebensverneinenden Muster von Gewalt und Absonderung, Trennung, Isolation und Gewaltausübung.

Das bedeutet ja letztendlich, dass durch deine Präsenz viel passiert, ohne dass du aktiv etwas machen musst. Allein die Präsenz wirkt heilend auf die Kinder. So habe ich es zumindest in den letzten Jahren wahrgenommen.

Es ist ganz perfekt ausgedrückt. Ich bin da, ohne etwas tun zu müssen. Und nun kannst du verstehen, dass es eine sehr starke Belastung und Herausforderung für mich ist, wenn ich durch Symptome hindurchgehe, denn – jetzt sage ich einmal bewusst das Wort »muss« – ich muss heil sein, um wirken zu können. Und darum reagiere ich so empfindsam auf jede der Störungen, die von außen oder in mir selbst passieren, weil sie mich aus diesem Heilsein herausbringen und ich dem, was wir möchten, nicht genügen kann. Es war einer der Gründe der Depression, die ich in der letzten Zeit durchlaufen habe und die wir nun Gott sei Dank überschritten haben, denn sie hat ja zu einem Krieg in mir, zu einer Entzündung in meinem Körper geführt. Dank eurer gemeinsamen Interaktion mit mir ist es nun dazu gekommen, dass ich mich ausdrücken kann. Wie findest du das?

Wunderbar.

Hättest du gedacht, dass deine Befürchtungen, ich könnte sterben, dazu führen würden, dass ich eines Tages wie ein Professörchen hier sitze und dir etwas über Kinder und mich erzähle?

Nein, wirklich nicht.

Die Resultate einer Krise sind nie vorhersagbar. Daher nimm nicht die Krise als ein negatives Zeichen, sondern umarme sie, damit sich das, was in dieser Krise programmatisch angelegt ist, auch entfalten kann. Du kannst ein Zeuge dessen sein, was in dir ist und was durch dich zur Blüte gebracht werden kann.

Das bedeutet übertragen auch: Wenn das bei dir so ist, ist es bei mir und meinen Freunden genauso. Je mehr wir heil sind, desto weniger müssen wir eigentlich nach Funktion und Methode vorgehen, sondern es genügt die bloße Anwesenheit.

So ist es.

Ja, das stimmt mit dem überein, was ich beobachtet habe. Ich muss in der letzten Zeit immer weniger machen, und es läuft trotzdem.

So ist es.

Trennung und Isolation sind Illusion

Du weißt ja selbst, dass es in unserer Gruppe im Vergleich zu anderen außergewöhnlich ruhig ist. Hat das auch etwas mit deiner Ausstrahlung zu tun?

Mit unserer gemeinsamen Interaktion, derjenigen der Kinder, deiner und meiner. Was dort hergestellt wird, ist immer mehr Liebe. Und Liebe muss nicht heißen, dass dort eitel Sonnenschein vorherrscht, sondern Liebe kann heißen, dass eine innere Übereinstimmung und eine innere Verbindung da ist, die jeder spürt, der dort hineinkommt, auch wenn er sich dessen nicht bewusst ist. Verbunden zu sein legt nahe, dass man aus der Trennung aussteigen kann. Das Gefühl der Verbindung wieder erinnern zu können, wie es in deiner Gruppe möglich ist, legt das Gefühl nahe, dass Isolation eine Illusion ist und Trennung überwunden werden kann. Das ist der Hoffnungsaspekt, der dort herrscht. Dieser Hoffnungsaspekt ernährt den manchmal ausbrechenden Enthusiasmus und die Freude noch mehr, denn es ist diese Hoffnung, welche die Möglichkeit gibt, dass die Liebe ein Leben herstellt, in dem es den Kindern doch noch möglich ist, das zu tun, was sie tun möchten.

Das verstehe ich gut. Ich denke jetzt noch mal an die Staatsexamensarbeiten …

Ich schlage vor, dass ihr euch ein wenig mit dem Gehirn des Hundes beschäftigt. Es gibt auffallend gute Untersuchungen, denn die archetypische Funktion beim Hund ist die des Riechens. Das war notwendig, um die Fährte aufzunehmen. Der Geruchssinn ist sehr stark ausgeprägt, und der Hund wird zum großen Teil durch diesen Geruchssinn geleitet. Wenn ihr dann feststellt, dass es daneben aber auch andere Rezeptoren gibt und dass Hunde, die diese Rezeptoren auch entwickelt haben und gut leiten können, eine andere Ausstrahlung und eine andere Funktion haben, dann werdet ihr bemerken, dass sie in Übereinstimmung mit ihrem Leben und in Entsprechung zum Drüsensystem Fähigkeiten entwickeln, die darüber hinausgehen.

Das wird euch Aufschluss über die Verbindungsmöglichkeit, über die Verbindungskette und die Brücke zum vegetativen Nervensystem der Kinder geben. Diese beiden Teile haben etwas miteinander zu tun. Und dort ist die Brücke, über die das Licht hin und her springt, und der Funke zündet, wenn ich mich mal so ausdrücken darf.

Das habe ich verstanden.

Intuition und Wissenschaft

Meine Idee war, mittels des Ansatzes der Bindungstheorie die Tatsache zu erklären, dass die Kinder durch dich wieder in die Einheit kommen, die Verbindung spüren und wieder lernen, eine Beziehung einzugehen. Das ist natürlich nicht so schön ausgedrückt, wie du es, mit der Liebe und der Verbindung formuliert hast, hätte aber den Vorteil, dass es sich um einen fundierten wissenschaftlichen Ansatz handelt.*

Ihr seid natürlich gehalten, einen wissenschaftlichen Ansatz herzustellen. Vergiss nicht, dass das lediglich bedeutet, dass man eine Theorie hat, die durch die anschließenden Beobachtungen auch bewiesen werden muss.

Ich schlage dir deshalb Folgendes vor: Zu diesem Thema kannst du selber sehr gut aus dem Herzen sprechen, denn du weißt sehr viel darüber.

---

* Die Bindungstheorie und die Erforschung des menschlichen Bindungsverhaltens gehen auf den englischen Psychiater John Bowlby zurück. Gegenstand der Bindungsforschung sind Aufbau und Veränderung enger Beziehungen im Lebenslauf. Siehe auch: http://www.phil-fak.uni-duesseldorf.de/epsycho/Antritt.htm

Dafür brauchen wir diesen Kanal nicht.* Danach wirst du feststellen, dass all das, was du geschrieben hast, in eine formelle wissenschaftliche Sprache übersetzt werden kann. Auf diese Art und Weise gehst du einmal den Weg von innen nach außen. Du sprichst aus dem Herzen und analysierst diesen Text so, dass du ihn wissenschaftlich aufbereiten kannst. Dann nimmst du diesen wissenschaftlichen Text, stellst ihn dar und empfiehlst ihn deinen Studentinnen. Weil du den Inhalt kennst, kannst du dann in beide Richtungen gehen. Du kannst sowohl innerhalb der Form dieses Textes als auch innerhalb der Inhalte arbeiten. So wird es eines Tages möglich, dass die Form tatsächlich von innen kommt, wodurch sie eine gültige Form für Inhalte bildet, anstatt dass Theorien, wie es jetzt noch üblich ist, als Formen erstellt und die Inhalte dann stückweise in diese eingefasst werden. Natürlich sind dadurch viele empirische Beobachtungen analytisch aufbereitet worden. Aber warum nicht einmal den Spieß umdrehen?

Das Wissen ist vorhanden, du bist da, deine Präsenz und meine Präsenz sind da. So könnte es sogar sein, dass du, wenn du aus dem Herzen schreibst, während der anschließenden analytischen Aufbereitung ein neues Wissenschaftssystem herstellst, das die Verbindung des Lebens untereinander darstellt. Scheue dich nicht, ruhig etwas Neues zu bringen. Es muss nicht ein ganzes System sein – damit du nicht erschrickst –, sondern ein neuer Ansatz, wenn du willst. Bei deiner Bescheidenheit könnte es vielleicht genügen, aber Tatsache ist, dass du ein ganz neues Licht in diese ganze Thematik bringen könntest. Und warum nicht du? Wer sonst, wenn nicht du?

Ja. Es liegt aber nicht nur allein an mir. Es ist immerhin die Arbeit der Studentinnen. Ich kann Impulse setzen, und das mache ich mit Sicherheit auch sehr gewissenhaft und gründlich, deswegen frage ich dich ja auch danach …

---

* »Aus dem Herzen sprechen« ist eine Technik, die u. a. in den Ausbildungsseminaren des Autors gelehrt wird. Es bedeutet die Möglichkeit, inspirierte innere Worte in einem kommunikativen Akt durch das Höhere Selbst (die geistige Individualität) zu empfangen und auszusprechen, nachdem die Ebenen des Fühlens, Denkens, der Intuition und der Wahrnehmung miteinander harmonisiert worden sind.

Du brauchst nicht auf ein Resultat fixiert zu sein. Du bist jetzt darauf fixiert, den Studentinnen zu helfen und dass es innerhalb dieses Rahmens geschehen muss. Nein, das muss es nicht. Es muss auch nicht innerhalb einer Woche geschehen, sondern es ist eine Möglichkeit, ein Weg, den ich dir aufgezeigt habe, den wir beide mit Inhalt erfüllen könnten. Du bist gebildet und ausgebildet genug, um das hinterher in eine wissenschaftliche Sprache bringen zu können. Das Buch selber oder das, was du dann geschrieben haben wirst, kann ganz woanders erscheinen und kann auch in ganz anderen Zusammenhängen ein anderes Licht anzünden. Aber macht es denn etwas, wenn du einen Inhalt nimmst und diesen so aufbereitest, dass er im Lichte der Wissenschaft endlich einmal als sinnvoll anerkannt werden kann?

Nein!

Siehst du! Fixiere dich bitte nicht auf Resultate. Das ist der Grund, weshalb ich gerade das Beispiel mit der Krise, mit der Entzündung in meinem Körper gebracht habe.

Ja, das mache ich immer. Ich bin immer auf Resultate fixiert.

Sollte ich dich bei der Arbeit mit den Kindern gezielter einsetzen? Oder bei einzelnen Kindern gezielter?

Wir haben im Gespräch bisher so eine wunderbare Übereinkunft hergestellt, und ich kann dich und das, was du gesagt hast, viel deutlicher wahrnehmen und spüren. Dass deine Anwesenheit das Entscheidende ist, gilt auch hier. Du brauchst nichts gezielt einzusetzen. Deine Anwesenheit oder deine Präsenz gibt dir im richtigen Moment die richtigen Mittel, wie du damit umgehen könntest. Das heißt, es kommt dir so vor, als würdest du instinktiv handeln. Und warum soll nun dieses instinktive Handeln in brenzligen Situationen oder in solchen, in denen sonst dein funktionierender Verstand eine der formellen Möglichkeiten gewählt hat, die sicherlich sehr gut waren und oftmals auch das Unheil abgewendet haben, nicht ein besonders gutes Mittel wählen, um etwas herzustellen, das für die weitere Entwicklung geeignet ist? Hier ist natürlich Vertrauen angesagt. Den

Instinkten in dir könntest du vertrauen. Du hättest dann deinen Verstand dafür frei, um das Geschehen anschließend zu betrachten und die zugrunde liegende Regel, die sich dann zeigt, zu erkennen und sie in dein kluges Heft zu schreiben.

Ja. Ich finde, das hört sich sehr gut an.

Das freut mich besonders, denn ich weiß, dass dort auch ein großer Teil deines Eros* verborgen ist.

Vielen Dank, dass du alles so umfangreich und schlüssig beantwortet hast.

Das Miteinander in Freude

Gehen wir einen Schritt weiter?

Ja.

Wie ist es mit dir und mir?

Ja, gute Frage. Ich habe das Gefühl, dass sich ganz viel zwischen uns verändert hat. Dass es viel lockerer und unkomplizierter geworden ist und dass der Druck weg ist. Von meiner Seite her ist es so, dass ich viel Freude mit dir habe und dich viel mehr als Hund wahrnehme. Das war ja ein wichtiges Thema. Ich nehme dich als Hund wahr, mit dem ich viel Freude habe.

Vielen Dank! Und soll ich dir sagen, wie es auf mich wirkt? Es bestärkt mich in meinem Hundedasein. Je mehr Hund ich bin, desto mehr freust du dich.

---

* Eros ist die unwillkürliche unkontrollierbare Anziehungskraft, die vorher getrennte Einheiten zueinander führt und im menschlichen Bereich die Brücke zur physischen und geistigen Begegnung darstellt. Sexualität und Liebe sind ohne die Attraktion durch den Eros nicht möglich.

Ja, verstehe ich. Es ist einerseits so, dass ich dich viel mehr als Hund erlebe und auch mit dir wie mit einem Hund umgehen kann, und ich habe gleichzeitig das Gefühl, dass das Band zwischen uns noch viel stärker geworden ist.

Je mehr jeder von uns seine Individualität leben darf, desto freier ist die Zusammenarbeit, desto freier sind wir in uns und desto fröhlicher ist es, weil es wie eine Akzeptanz und ein Erkennen des anderen ist. Denn je mehr du selbst wirst und je mehr ich werde, desto deutlicher sind wir auch zu erkennen. Je deutlicher wir füreinander zu erkennen sind, desto fröhlicher ist der Zusammenhalt.

Dann danke ich dafür, dass du meine Frage beantwortet hast, und nun kannst du die nächste Frage stellen.

Ja, mich würde interessieren, wie es mit dem Alleinsein ist. Das hat ja viel mit deinem Thema Freiheit und Entwicklung in Freiheit zu tun. Wie weit bist du da gekommen?

Die Antwort haben wir gerade besprochen. Die Antwort ist die, dass ich damit weitergekommen bin und dass mich deine Freude darin geleitet hat, dass ich jetzt die Chance habe zu erkennen, dass ein Hund ein Hund ist und es mir damit gut geht, ein Hund zu sein. Dass ich mich nicht ducken muss, dass du dich unter mir nicht ducken musst und wir uns einander nicht in Abhängigkeit halten, dass du nicht meine Mutter bist und ich nicht dein Kind und dass wir einen Zusammenhalt haben, der die unterschiedliche Lebensweise des anderen respektiert, gleichzeitig aber einen Weg gefunden haben, wie wir zusammenleben können. Das alles ist doch sehr schön. Nun lass es sich weiter entwickeln. Wir sind an einem viel umfassenderen Punkt unserer Entwicklung angelangt, nicht nur durch diese Kommunikation, sondern auch in unserer Lebensäußerung, so dass wir bald die Fähigkeit haben, sowohl allein, als auch im Wissen miteinander zu sein, dass einer von uns, wenn er allein ist, den anderen zum Troste seiner seelischen Einsamkeit nicht braucht.

Gut. Also erst mal laufen lassen.

Am besten mich laufen lassen.

Das mache ich ausgiebig.

Weitere Hundekämpfe

Letztes Mal hast du zum Thema deiner hündischen Natur gesprochen und gesagt, dass du ein Hundeleben führen willst. Was ich nicht verstehe, sind die Kämpfe. Es hat ja letzten Dienstag schon wieder einen Kampf gegeben. Ich komme aus dem Gefühl nicht heraus, dich schützen zu wollen.

Nun, es ist nicht schlecht, wenn du mich schützt. Es ist auch nicht schlecht, wenn du aufpasst, dass diese Kämpfe nicht ins Endlose ausarten, aber die Entwicklung der hündischen Natur bringt es eben mit sich, dass diese Teile, die sich bisher nicht ausdrücken durften, jetzt verstärkt auftreten. Ich will das Tier sein, das ich bin. Und du willst gern ein Tier haben, das es selbst ist. Also gehe ich weiterhin durch diese entwicklungsgeschichtlich notwendigen Schritte, um zu lernen, was ich bisher nicht gelernt hatte, nämlich zu kämpfen. Wenn ich das einigermaßen kann, brauchst du nicht mehr zu fürchten, dass ich nicht mehr allein sein kann. Denn ich weiß dann, dass ich mich für mich einsetzen kann. Und ich weiß, dass ich bereit bin, mich einzusetzen und zu kämpfen für das, was ich für richtig halte. Natürlich sieht es aus deiner Sicht so aus, als seien diese Kämpfe vielleicht sogar widerlich, weil sie einen Geschmack des Abscheus mit sich bringen. Aber glaub mir, das ist nur deine Sicht, die ich auch verstehe. Für mich ist es ein reines Vergnügen, bis an die Grenze des Möglichen zu gehen.

Wenn ich mal ganz offen sein darf: Abscheu ist es nicht, sondern nur Sorge. Und nach Freude siehst du während eines Kampfes nicht aus, sondern nach Schrecken und Not. Für mich sieht es nicht nach einem Spaß aus.

Der Kampf selbst ist kein Spaß. Die Freude ist vorher und nachher, nämlich mich besiegt zu haben, diesem Kampf nicht ausgewichen zu sein.

Hm.

Es gibt mir Kraft, Stolz und Würde.

Ich kann das gut nachvollziehen.

Du darfst mich beschützen, du darfst auf mich aufpassen, und es ist auch ein besonders gutes Gefühl, dich in meiner Nähe zu wissen. Sogar die Tatsache, dass du Zeuge dieses Vorgangs bist, gefällt mir sehr.

Ich will es auch richtig machen und nicht überbehütend sein.

Meine liebe Meisterin! Was für die Kinder gilt und was wir soeben besprochen haben, gilt auch für dich. Deine Präsenz, deine Anwesenheit, deine Gegenwart im Raum ist heilsam. Je heilsamer du dich als strahlendes Zentrum erfährst, desto weniger brauchst du die Akrobatik deiner Überlegungen darüber, was in welchem Moment alles richtig und gut zu tun sei. Du kannst mehr und mehr aus diesem Geflecht deiner Gedanken aussteigen und stattdessen deine Gegenwart so leuchten lassen, dass du sogar im Kampf zwischen Tieren einen Unterschied ausmachen kannst.

Du bist dir dessen noch nicht bewusst, aber ich sage dir, dass du eine gute Gegenwart darstellst. Aus ihr fließen wie von leichter Hand die notwendigen Anweisungen, Verbote und das notwendige Dazwischengehen bei Kämpfen zum richtigen Zeitpunkt in der richtigen Art. Der Schlüssel dafür ist Vertrauen in dich selber.

Ja, das habe ich verstanden. Vielen Dank.

Eine Visualisierung für die Zukunft

Dann habe ich zwei Fragen, konkret bezogen auf uns. Erstens, haben wir beide schon einmal etwas zusammen gemacht und zweitens, konnten wir festlegen, später wieder etwas zusammen zu machen? Kann man so etwas beeinflussen oder sich wünschen?

Die Menschen sind sehr heftig im Wünschen, und sie wünschen vor allen Dingen Wissen, weil sie glauben, dass dieses Wissen ihnen Macht und Kontrolle gibt. Auch du tust das. Das Wünschen aus Liebe setzt sofort die notwendigen vorbereitenden Maßnahmen in Gang. Es gibt auch ein Wünschen aus Wissenwollen, gepaart mit der Absicht zu kontrollieren, Macht auszuüben. Das Letztere ist natürlich völlig im Dunkeln, im Unterbewussten. Es wird meistens nicht funktionieren, sondern bringt gestörte Formen des Lebens hervor. Wenn du dir wünschst, dass wir in der Zukunft etwas zusammen tun wollen, warum stellst du dir nicht vor, dass du selber die Kraft beinhaltest, von der du glaubst, sie nur mit mir gemeinsam herstellen zu können?

Weil ich bis zum jetzigen Zeitpunkt nicht wusste, dass es auf diese Weise funktioniert. Wenn du sagst, es ist so, dann kann ich es so machen. Ich wusste nicht, dass es so einfach ist.

Es ist einfach. Lass uns ein kleines Spiel machen. Du und ich sind in der Zukunft zusammen. Was bewirkt das? Welche Fähigkeiten haben wir dadurch? Was können wir zusammen machen, das du allein nicht könntest?

Spontan würde ich sagen, dass du – zumindest bezogen auf die Gegenwart – die Fähigkeiten, die ich habe, verstärkst.

Und nun sieh dich mal verstärkt in deinen Fähigkeiten und in sich immer weiter ausdehnender Kraft, die alles Leben rings um dich herum mit dieser Verstärkung segnet.

Wie findest du das?

Gut.

Magst du es dir denn vorstellen?

Ja, natürlich.

Hast du das Gefühl, allein zu sein, wenn du es tust?

Nein, es ist auch gar nicht wichtig, ob ich allein bin oder nicht. Aber es ist auch kein Gefühl von Alleinsein.

Siehst du, du brauchst mich für etwas, das du selbst sein möchtest. Es ist gut, dass du es dadurch entwickeln kannst, dass du mich dafür brauchst und ich es in dir stärke. Und gleichzeitig kannst du die Essenz dessen, was dein Wunsch ist, für dich selbst visualisieren und sie später einmal realisieren. Gut?

Gut, ja.

Und nun sieh mich als zukünftiges Wesen in dieser Art von Freiheit. Was entwickle ich dann?

Gute Frage. Was entwickelst du?

Hm. Wozu sollte es dienen? Wozu sollte es mir dienen? Deinen Teil hast du erkannt. Wozu sollte es mir dienen, mit dir zusammensein zu können?

Ich habe gedacht, um mehr in die Lebensfreude zu kommen.

Gut, dann visualisiere mich als in dieser Lebensfreude lebend.

Ja.

Danke. Kannst du mir die Freiheit geben, auch dann in dieser Lebensfreude zu leben, selbst wenn wir nicht zusammen wären?

Ja, natürlich. Das ist überhaupt nicht der Punkt. Aber es wäre doch einfach auch schön, ohne Hintergedanken.

Ganz richtig.

Und wenn es nicht geht, dann ist es eben so.

Ganz richtig. Du kannst sicher sein, dass du anziehen und berühren wirst, was genau dazu passt, wenn du in deiner Kraft, die sich spiralförmig ausdehnt, leben wirst. Und natürlich ist meine Freude, meine Lebensfreude, wie ein Magnet aufnahmefähig für deine Strahlung und für deine Schwingung. Du wirst es nicht vermeiden können, mich wiederzutreffen.

Guuut.

Aber dieses Mal aus Freude.

Mehr will ich heute gar nicht wissen.

Dann können wir das Gespräch an dieser Stelle beenden?

Ja, das ist gut.

Das ist sehr gut. Ich danke dir und ich danke der leichten Art der Unterhaltung, des Gespräches. Ich danke euch beiden und mir selber auch.

Ich danke auch.

Und ich ziehe mich jetzt allmählich zurück, heraus aus dem aufmerksamen Bewusstsein des Vermittlers.

7. Über das Zusammenleben

15.4.2003. Zu Beginn der Sitzung besprachen wir die Tatsache, dass es wohl der Genesung des Tieres zuzuschreiben sei, dass weiter ausgreifende Themen immer mehr in ganz persönlicher Art besprochen werden. Wir fragten uns, wie weit und wie tief so etwas gehen könnte. Obwohl Mia die direkte Kommunikation mit dem Tier liebte, fragten wir uns auch, wie wir einen Schutz herstellen könnten, der uns einen ungestörten geistigen Freiraum für diese Sitzung ermöglichen würde. Denn der Fluss der Übertragung verlangte eine immer feinere Einstimmung auf diese spezifisch schwingende Ebene der Kommunikation, damit die Übertragung von Störungen unbeeinflusst bliebe. Ich wählte schließlich eine Musik aus, die dem inneren Charakter dieser Sitzungen entsprach, um mich auf die Arbeit einzustimmen. Dabei wandte ich mich innerlich an die Leiterin der Tierwelt, die »Supervisorin«* dieser Sitzungen, deren energetische Bekanntschaft ich im Verlaufe der Gespräche schon einmal gemacht hatte. Ich rief sie an und bat sie um Schutz und Führung. Sofort hüllte mich eine große Energiewelle ein. Da ich sie als die Leiterin der Evolution des Königreiches der Tiere identifizierte, gab ich Mia das Zeichen, mit der Aufnahme zu beginnen.

Hoher Besuch

Supervisorin: Wir sind hier, um die Arbeit, die wir begonnen haben, fortzusetzen. Ich bin nicht Joy, die hier spricht, sondern eine Leiterin aus der Welt derjenigen, die diese Evolution betreut. In mein Aufgabengebiet fällt es auch, mich um das Wohlergehen der Tiere zu kümmern, sie zu motivieren, ihnen die Angst zu nehmen, wenn sie wieder zurückkommen von ihrem physischen Aufenthalt bei euch und wenn sie sich entschließen, erneut in dieses irdische Leben

* Supervisorin: meine Bezeichnung für die übergeordnete geistige Kraft, die sich als leitende und schützende Instanz dieser Kommunikation vorgestellt hatte.

hineinzugehen, um eine weitere Runde der Erfahrung mit euch zu machen, um euch zu dienen und zu helfen.

Nun möchte ich Joy sprechen lassen. Ich werde während dieser Sitzung wahrscheinlich nicht mehr in Erscheinung treten. Aber ich werde sie supervisieren. Alles, was gesagt, gedacht und gefühlt wird, ist auch in meinem Bewusstsein gegenwärtig, so dass ich, wenn nötig, nur durch die Art der Lenkung und der Leitung korrigierend eingreifen werde, ohne dass ihr es merkt. Denn es ist leider nicht alltäglich, angerufen und angesprochen zu werden, um dabei zu helfen, die Kommunikation zwischen der Tierwelt und der Menschenwelt so deutlich zu machen, dass den Menschen die Liebe für die Welt der Tiere wieder ins Bewusstsein kommen mag.

Der hier Sprechende hat mich während der Musik als Vermittler in ergreifender Weise angerufen, so dass ich mich nicht widersetzen konnte. Und nun lege ich es in die Hände von euch dreien – und glaubt mir, ich habe meine Freude daran.

Vielen Dank.

Also, jetzt spricht Joy. Hallo, Meisterin.

Hallo.

Hausaufgaben?

Wie kamen dir die Übungen vor, die ich vorgeschlagen habe, und wie war das Auskommen mit den Ergebnissen?

Welche Übungen?

Nun, dann frage ich: Welche der Aufgaben hat dir am meisten Schwierigkeiten bereitet? Welche der Aufgaben hat dich am meisten erfreut?

Von welchen Aufgaben ist denn die Rede?

Wir haben im Laufe der Zeit eine ganze Reihe von Aufgaben miteinander gelöst und besprochen. Wir sind aus jeder unserer Sitzungen mit neuen Ideen herausgegangen, sowohl du als auch ich, was dich erstaunen mag. Wir haben zum Beispiel von der Aufgabe gesprochen, darüber nachzudenken, wie es wäre, einen Vergleich herzustellen zwischen den Tieren und den Menschen. Wir sprachen über die Gehirnstrukturen und darüber, dass durch die Unterstützung für das Projekt ausgreifende Ideen und Gedanken freigesetzt würden, die du später weiter verarbeiten und vermitteln kannst. Deinen Studentinnen würde dadurch geholfen, und auch sie würden dadurch auf neue Ideen kommen. So ungefähr hatte ich es ausgedrückt.

Genau. Das habe ich alles auf den Weg gebracht. Allerdings noch nicht die Sache mit den Gehirnstrukturen, weil das in diese Art von Arbeit noch nicht hineinpasst und ich das später angehen kann.

Alles hat immer einen Anfang

Die Studentinnen sind mit frischen Ideen versorgt. Das war relativ einfach.

Und macht es dir Freude?

Ja. Ich finde es gut.

Und würdest du gern in diese Richtung weitergehen?

Das weiß ich noch nicht. In erster Linie bin ich an diesem Buch interessiert und daran, damit voranzugehen, weil ich glaube, dass es der Anfang von etwas Wichtigem und für viele Menschen interessant ist. Von der anderen Sache hingegen denke ich, dass die Zeit noch nicht reif dafür ist.

Alles hat immer einen Anfang. Bevor etwas noch nicht bekannt ist, hat man nie das Gefühl gehabt, dass es in dieser Welt gebraucht wird. Eine neue Idee ist immer wie ein neues Baby. Man denkt, es sei klein und hilflos, aber die große weite Welt wartet darauf, dieses Baby aufzunehmen. In Wirklichkeit ist es so: Ein kleines Baby, eine kleine Idee, ein kleines Vorgehen mag zu Beginn wie eine winzige Pflanze erscheinen, kann sich aber auswachsen zu einem lebensspendenden Baum, zu einer lebensspendenden Kraft und Aussage, wodurch die ganze Welt, das ganze Leben, bereichert wird.

Wir werden unser Buch zu Ende bekommen, und es liegt an euch, wie ihr damit fortfahren wollt. Aber es wird auch eine Möglichkeit für dich geben, das, was du gern möchtest, in vielfältiger anderer Form zu tun. Deshalb empfehle ich dir, jede Idee, von der du annimmst, dass sie in Zukunft für die Menschen wissenswert sein könnte, zu notieren. Ich würde dir anraten, ein kleines Notizbuch anzulegen, indem du fortlaufend alle inspirierenden Ideen einträgst. Du wirst sehen, dass du dann in einem Monat mit dir woanders bist. Dies sage ich dir deshalb, weil wir ja alle mitbekommen, dass du dich in gewisser Weise quälst, eine neue Lösung, einen neuen Weg zu finden für etwas, das dich heraushebt aus dem, was dich wie Sumpf und Schlick an deinen Füßen festhält.

Die neue Idee, die in die Welt gebracht werden soll, ist ja das Buch. Der andere Weg, den du vorgeschlagen hast, war, diese neuen Ideen bei den Studentinnen und der Universität in diese Bahn zu lenken. Aber da ich die Hochschul- und Wissenschaftsstrukturen nur zu gut kenne, ist zunächst ein anderer Weg angedacht.

Es ist zunächst egal, was die Studentinnen daraus machen. Wichtig ist für dich, dass du das, was dich ausmacht, was dich bewegt, anfängst zu verbreiten. Dies kann in einfachen Sätzen sein, in Schriften; es kann sein, indem du unterrichtest und lehrst und indem du Denkanstöße gibst. Selbst wenn die Studentinnen in dieser »wissenschaftlichen« Art dein Thema behandeln und betrachten, so wird in ihnen selber doch eine große Veränderung geschehen können, die sich zu etwas anderem auswächst. Und diese Auswirkung davon wird hinterher gar nicht mehr so sehr auf die Ursache, die du durch deine Bemerkung gesetzt hast, zurückzuführen sein, sondern sie wird sich wie natürlich und wie selbstverständlich aus einem sich aufbauenden Werk, aus einem sich aufbauenden Gedankengebäude ergeben. Es ist also zum einen der innere Prozess, der innere Vorgang, der entwickelt und geweckt werden kann, und zum anderen ist es die äußere Art der Tätigkeit, die innerhalb dieses ordentlichen Rahmens, der zurzeit noch Gültigkeit hat, erledigt werden muss. Beides kann durchaus parallel geschehen.

Ich habe heute sonst keine weiteren Anliegen, nur zwei persönliche Fragen, aber keine allgemeinen.

Dann lass uns mit diesen persönlichen Dingen fortfahren.

Einige Auswirkungen des Mitgefühls

Zuerst einmal wollte ich dir sagen, dass ich immer mehr das Gefühl habe, dass du in dein Hundeleben hineinwächst und da auch gesundest. Aber mir ist aufgefallen, dass es immer schlimmer wird für dich, wenn wir uns trennen. Woran liegt das?

Du hast mir früher in gewisser Weise das Leben gerettet. Jetzt ist es so, dass du die Mutter meines Hundelebens bist. Und sieh mal, durch die Heilung, durch die erneute Ermutigung zu leben und dadurch, dass du mich nun die Hundenatur lehrst, bist du weit über die Grenzen dessen hinausgegangen, was andere, die einen Hund bei sich haben, tun. Ich habe Vergleiche mit anderen Hunden und kann mich deshalb dazu äußern. Ich bin nicht abgerichtet auf dich oder auf dein Leben, sondern du hast dich mir zugeordnet. Du hast dich meinem Leben zugeordnet und mich als vollständiges und vollwertiges Wesen in dein Leben geholt, dich auf mich eingestellt und dein Leben mit mir geteilt. Schon diese Tatsache allein bringt es mit sich, dass ich eine sehr starke Beziehung zu dir habe.

Darüber hinaus hast du mir ein zweites Mal das Leben geschenkt, indem du es durch die Heilungschancen, die du der Reihe nach ermöglichen wolltest, bereichert hast. Du hast mich durch einen sehr tiefen Umwälzungsprozess begleitet, der zu Anfang beschrieben wurde. Es war der Grund, weshalb dieser Kontakt hier überhaupt zustande gekommen ist. Nun bist du eben auch diejenige, die mich wieder in meine Hundenatur begleitet und trotzdem gleichzeitig die Beziehung zwischen uns aufrecht hält – fast wie zwischen zwei gleichwertigen Wesen, wobei ich dein Menschsein hundertprozentig toleriere, akzeptiere, bewundere und verehre.

Du bist eine wunderbare Frau, und du hast eine gute Beziehung zu allem Kreatürlichen, insbesondere zur notleidenden Kreatur. In der Vergangenheit war es wichtig für dich, dass du die Verbindung zu notleidenden Kreaturen hergestellt hast, um deinen Standpunkt, der dich festigt, kennenzulernen, woraus du dem Leiden in deinen Gruppen rund um dich herum eine Form geben konntest, um zu helfen. Es war sowohl getragen von deinem Mitgefühl wie auch getragen von der Verantwortung für das Leben.

Du wirst bald sehr sanft und anders in eine neue Ordnung hineingleiten, die dir jetzt noch gar nicht zugänglich ist, die aber genau daher rührt, dass du nun einen weiteren Schritt tun kannst, weil du die verdrehte Ordnung des Lebens kennengelernt hast. Du hast Wege und Mittel gesucht und überwiegend auch gefunden, um innerhalb dieser Verdrehung einen möglichen Ausweg herzustellen, Heilungschancen anzubieten, Wege aufzuzeigen und Horizonte deutlich zu machen. Dadurch bist du nun bereit, den nächsten Schritt zu tun und in eine höhere Ordnung einzusteigen, in der es nicht um Verdrehung, sondern um die Genauigkeit des eigentlichen Lebens geht. Nicht die gestörte Form wird wichtig werden für dich, sondern die ungestörte Form. Die geistige Ordnung zu erfahren und dadurch die Struktur der Gesetzmäßigkeit allen Lebens kennenzulernen, wird dich befähigen, in nicht allzu ferner Zeit darüber zu sprechen und etwas Neues damit zu beginnen. Natürlich ist nicht gesagt, dass du deshalb in erster Linie deinen Beruf aufgeben musst. Er kann sich verändern, und wenn die Zeit reif ist, wird er sich auch verändern. Du brauchst dir keine Sorgen um die Zukunft zu machen, dein Weg ist dir innerlich klar und vorgegeben. Nur in deinem äußeren Verstand und deiner äußeren Reaktion bist du wie alle Menschen natürlich abhängig von den Täuschungen, auch von den Sinnverdrehungen, die in dieser Welt nun einmal vorherrschen.

Ich möchte dich dahingehend ermutigen, dass du weißt: Du bist auf dem richtigen und guten Weg. Es ist für mich aus meiner Situation sehr deutlich zu sehen, nicht weil ich über dir stehe, sondern weil ich viele Dinge, durch die du dich hindurcharbeiten musst, in meiner Welt gar nicht habe.

Wenn du dir vorstellst, dass ich das von meinem Standpunkt aus sehen kann, dann kannst du dir auch vorstellen, dass ich mich dir gegenüber sehr zugehörig fühle. Es ist nicht so sehr die Tatsache, dass ich mich allein fühle ohne dich, als dass ich dich nicht allein lassen möchte. Du selber hast dieses Gefühl ja auch. Wenn mir irgendein Leid geschieht oder wenn du die Idee hast, dass ich in Gefahr bin, dann möchtest du mich aus dieser Gefahr herausholen und dich über mich stürzen. Du würdest mich auch nicht gern allein lassen wollen.

Ja, das stimmt. Ich war nur sehr beunruhigt, weil es immer schlimmer wurde und du auch seltsam reagierst, selbst wenn ich dich in gute Hände gebe und du zu Menschen kommst, die du sehr magst. Du willst dann nicht bei ihnen bleiben, obwohl es ja eigentlich zu meiner Entlastung und zu deinem Besten ist. Kann ich dich trotzdem zu anderen geben?

Ja.

Zu den Gefühlen stehen

Die andere Sache ist: Du hast bisher viel zu der Erziehung von Hunden und Tieren gesagt, z. B. über Gedankenbilder und den richtigen Umgang zwischen Menschen und Tieren. Ich bin darum sehr bemüht. Aber der Eindruck herrscht vor, dass irgendwo eine Grenze ist. Zum Beispiel dringe ich überhaupt nicht zu dir durch, wenn ich möchte, dass du Gäste nicht so stürmisch und laut bellend begrüßt. Dann greife ich zu alten klassischen Erziehungsmethoden, aber das möchte ich gar nicht. Ich weiß gar nicht, wie ich mich da am besten verhalten soll.

Das Problem wäre sehr einfach zu lösen. Ohne allzu weit auszuholen, möchte ich dir einfach sagen: Wenn du dich nicht freust, wenn jemand kommt, muss ich es eben tun.

(PAUSE)

Oh, ich sehe, ich bin nicht vorgedrungen zu dir. Du bist oft voll Freude, aber du drückst diese Freude nicht aus, sondern du beherrschst diese Bewegung, obwohl diejenigen, die dich kennen, genau spüren, wie sehr die Freude dein Herz erhebt. Nun habt ihr Menschen die Möglichkeit, all eure Gefühle und Gedanken zu kontrollieren. Ich habe das nicht. Ich nehme also die Freude auf, die in dir ist. Ich spüre sie. Und da sie keine Lösung, keine Erlösung findet, tue ich es durch meinen individuellen Ausdruck.

Willst du, dass ich bei der Begrüßung zu bellen aufhöre, dann freue dich und stehe zu deinem Gefühl. In diesem Fall brauche ich es nicht zu tun.

Du freust dich aber auch, wenn ich mich nicht freue. Also das ist dann tatsächlich losgelöst.

Ja.

Das andere ist: Ich bin so im Stress durch das »Tamtam«, das du machst, dass ich meinen Besuch auch nicht so begrüßen kann, wie ich es gern möchte. In einem Mietshaus geht so ein Radau einfach nicht. Anstatt mich zu freuen, bin ich gestresst durch das, was du veranstaltest.

Für mich ist natürlich die Tatsache, dass es sich um ein Mietshaus handelt, nicht so wichtig wie das Leben meiner Natur. Und das Leben deiner Natur könnte für dich auch wichtig sein. Ich verstehe, dass du durch diesen äußeren Druck und durch die soziale Komponente bemüht bist, niemand anderen zu stören, deine Wohnung zu behalten, nicht schräg angesehen zu werden und dich höflich und angenehm im Hause einzuordnen, so wie es deiner Art entspricht. Was sollen wir tun? Wir müssen lernen, mit unseren Naturen umzugehen. Ich weiß nicht, wo wir anfangen sollen. Du bei dir? Ich bei mir?

Ich bin schon sehr bemüht, wenn du mich zurechtweist, dieser Zurechtweisung nachzukommen, und dennoch ist es so, dass ich mich auch in meiner tierischen Natur freue. Und nun bring mir bei, das abzustellen.

Abstellen ist nicht nötig, aber ein wenig Mäßigung wäre gut. Für den Besuch, der kommt, ist es ja auch zu viel. Die Leute sind oftmals auch unangenehm berührt.

Sie sind nur unangenehm berührt durch ihre eigene Hilflosigkeit in dieser Situation. Nicht dadurch, dass sich ein Wesen freut.

Das stimmt total, aber es ist auch ein lauter Ausdruck von Freude.

(GELÄCHTER)

Liebe geben

Über was sollen wir sprechen? Was ist noch wichtig für das Buch?

Ich bin an viel mehr Themen interessiert und hätte gern einen tieferen Einblick in das Tierleben. Aber ich bin dadurch völlig blockiert, dass ich die letzten Übermittlungen so frustrierend fand. Mir war klar geworden, in welchem Ausmaß hier alles aus dem Ruder läuft; wie falsch der Umgang von Menschen mit Tieren und untereinander ist; dass alles, was eigentlich möglich wäre, nicht getan wird und das, was getan wird, im Prinzip komplett falsch ist. Ich habe überhaupt keine Möglichkeit mehr gesehen, wie man weitermachen kann, und war in den letzten Wochen nur frustriert, sobald ich Menschen und Tiere zusammen gesehen habe.

Hast du die Hoffnung verloren?

Nein, das nicht. Aber der Stand der Tiere zurzeit hier auf der Erde ist so schlecht, und es ist einfach so bedrückend. Ich glaube schon, dass es irgendwann besser werden wird, aber die augenblickliche Lage ist einfach sehr schwierig, und es entmutigt mich, das alles so zu sehen.

Es wäre einfacher, noch daran zu glauben, dass Tiere nicht so fühlen und nicht so denken könnten, aber wenn man weiß, wie sie wirklich sind, dann ist es schon sehr bedrückend. Alle Vögel in Käfigen ... und überhaupt alles. Und das war der Grund, warum ich dann auf einmal nicht mehr weiterdenken wollte und konnte.

Vielen Dank für die Mitteilung. Das hilft und öffnet neue Türen. Ihr seid Menschen, die dazu neigen, sich wegen ihrer inneren Schmerzen von der äußeren Welt zurückzuziehen, wenn ihre hohen Ideale nicht vollständig aufgehen können. Durch diese Texte und durch die Konsequenzen, die für euch daraus entstehen, wird eure Empfindung immer mehr erweitert, und ihr seht von Mal zu Mal mehr. Ihr fühlt und nehmt wahr, dass die unrealistischen Ansichten sich ändern. Was du beschrieben hast, ist insofern richtig, als wir uns tatsächlich schon vor längerer Zeit von dieser Erde hätten zurückziehen können, wie es so viele Spezies und so viele Tiere auch tun.

Es sind tatsächlich nur diejenigen, die an ihrem Plan für euch festhalten, die immer und immer wieder kommen, um durch ihr Leben zu zeigen, dass durch ihre Anwesenheit einfach mehr Freude und mehr Liebe in diesem Leben möglich ist. Wenn diese Liebe aufgegriffen und aufgenommen wird, besteht die Hoffnung, dass die Menschen erinnern, dass sie ihre Liebe im Herzen haben, und diese Liebe es wert ist, gelebt zu werden. Die Idee der Liebe, die in den Herzen der Menschen angelegt ist, ist überhaupt noch nicht zum Allgemeinwissen geworden. Liebe wird immer noch als ein Zustand betrachtet, der durch etwas Äußeres hervorgerufen wird: durch begehrenswerte andere Menschen, durch begehrenswerte Güter oder durch begehrenswerte Schönheiten in jeder Form. Die Liebe in den Herzen der Menschen ist aber von Natur aus so, dass sie dem anderen geben will und sie das Leben, uns Tiere und alles um euch herum bereichern will.

Es gibt viele gute Ansätze, und es gibt viele Hoffnungsträger, die sich dort hineinentwickeln, das zu tun und das tun zu können. Sie geben durch ihr Leben ebenfalls ein Beispiel, dass die Liebe, die sie hinausgeben, eine Atmosphäre erschafft, die es ermöglicht, dass andere Menschen sich in ihrer Gegenwart wohlfühlen. Und eines Tages werden sie feststellen, dass auch sie ein liebendes Herz haben, das hinausgeben möchte. So wird sich dieser natürliche Fluss der Liebe von innen nach außen allmählich herstellen können, wenn es mehr und genügend Leute gibt, die das tun; die – wenn ich dieses Bild gebrauchen darf, ohne euch zu verletzen und zu beleidigen – ebenfalls wie wir Tiere in einfacher und natürlicher Art ihr Licht und ihre Liebe ausstrahlen. Mehr ist nicht notwendig. Mag der Rest der Welt in Asche fallen, mag der Rest der Welt in Agonie, Depression und Verzweiflung fallen. Solange es Menschen gibt, die wie wir Tiere ihre Liebesstrahlung einfach und direkt aussenden, kann auf Dauer nichts Bösartiges geschehen. Der Zusammenhang zwischen uns könnte also der sein, dass du auch deine Liebe, deine Hoffnung ausstrahlst. Du tust es, obwohl du weißt, wie schwierig alles ist und wie geknechtet und gefoltert das wirkliche Leben brachliegt, in welch schaurige Gestalten die freie geistige Natur der Menschen sich derzeit einkleidet.

Von solcher Art könnte unsere Zusammenarbeit sein, dass ich auf meine komische Weise die Art der Liebe ausdrücke, die ich bin, wie du und ihr in eurer Art. Dadurch wird das Verständnis für das Gesetz des Lebens, das immer nur Geben heißt, deutlicher und deutlicher. So würdet ihr einen ganz natürlichen Kontakt zu den anderen geistigen Wesen bekommen, nämlich zu den Engeln, und zwar nicht in einer schwülstig aufgesetzten, frommen Art, sondern als natürliche Erfahrung von Zusammenarbeit. Sie bilden ein anderes Reich, und sie beseelen ein anderes Reich als wir Tiere, aber wir arbeiten zusammen. Und ihr seid diejenigen, die mit uns Hand in Hand leben und das Gesetz des Lebens verwirklichen könnten, indem ihr es auf euer individuelles menschliches Leben übertragt. Dadurch könntet ihr diesen Planeten sogar komplett befreien von der brachialen Umarmung der Dunkelheit, die er zurzeit noch hat.

Das heißt, die Tiere arbeiten mit den Engeln zusammen?

Nein, nicht »zusammen«, sondern »miteinander«. Wir machen unseren Job; sie, die Engel, machen ihren Job. Dadurch, dass wir uns aber in der natürlichen Ordnung des Gesetzes des Lebens aufhalten, sind wir lediglich ein anderer Aspekt der ursprünglichen Quelle – so wie die Engel auch ein Aspekt der ursprünglichen Quelle sind, ein Aspekt der gesamten Schöpfung, die aus der ursprünglichen Quelle hervorgeht. Und da es keine Konkurrenz im geistigen Bereich gibt und alle Aspekte einander fördern, fördern die Engel uns, und wir fördern die Engel, so wie wir euch fördern und ihr uns fördern solltet.

Wir sind eine liebende Gegenwart

Das ist genau der Punkt. Ich verstehe schon, was du gerade gesagt hast. Aber wie kann man beginnen? Im Moment ist es einfach so, dass mein Augenmerk nach den ganzen Übermittlungen wieder auf die Schwierigkeiten gelenkt wurde, und es scheint mir fast unmöglich, wirklich helfend einzugreifen. Es sieht aus, als ob es viel zu viel Leid und leidende Tiere gibt, was man auch jeden Tag sieht. Ich weiß überhaupt nicht, wie ich mich verhalten soll.

Du musst nicht überlegen, wie du dich verhalten sollst. Das Geheimnis liegt darin, dass wir eine liebende Gegenwart sind. Solange du dieses Bewusstsein aufrechterhältst, dass du eine liebende Gegenwart bist, kann nichts Böses geschehen. Das Leiden der Kreaturen rund um dich herum wird allein durch das Aufrechterhalten deines Bewusstseins, deiner liebenden, lebensspendenden Gegenwart, zu einem Beispiel, da du wie ein Signal und ein Leuchtturm für alle um dich herum bist. Du musst weder missionieren, noch musst du kluge Dinge tun, sondern du brauchst nur diejenige zu sein, die du bist.

Nun ist es so, dass die Natur der Menschen sehr vielfältig ist und die Menschen sich gerne in den Ausdrucksmöglichkeiten, die sie haben, verlieren. Alle ihre Ausdrucksmöglichkeiten aber werden gespeist von der einen Quelle, die in ihnen verankert ist, und das ist ihre eigene göttliche Natur. Je mehr du also in dein göttliches, in dein schöpferisches Bewusstsein hineinwächst, desto größer wird deine Ausstrahlung, desto deutlicher wird deine Kraft, desto mehr werden diejenigen um dich herum nicht nur zu dir geführt, sondern an ihre Kraft erinnert. Dadurch wächst diese Kraft. Du setzt sie wie eine Wellenbewegung von innen nach außen fort. Alle Lichter rund um dich herum werden im Laufe der Zeit angehen. Das hat Folgen, und zwar für das äußere Leben, für das Verhältnis der Menschen untereinander, für das Verhältnis der Menschen zum Leben, zu den Tieren, um die es hier geht, und überhaupt zu aller Natur der Schöpfung.

Ja, vielen Dank. Das hört sich sehr schön an und ist auch sehr ermutigend, bedeutet umgekehrt aber auch, dass man bei Missstimmungen nicht tut, was erforderlich wäre.

Es ist ein Unterschied, ob ihr es für eine qualitative Minderung eures Bewusstseins haltet, die vernebelt und verdunkelt, oder ob ihr es als einen gegenwärtigen Zustand betrachten könntet, der ein Teil der Bedingung der Transformation zu einer weiteren Bewusstseinsebene ist. Es mag sein, dass es dir schlecht geht, dass du durch körperliche Schwierigkeiten und durch Prozesse gehst, die dich in deinem Fühlen, Denken und deiner gelösten Art beeinträchtigen. Solange du das Bewusstsein aufrechterhältst, dass du die liebende, gebende Gegenwart bist, die das Leben fördert und die dem Leben ihren Reichtum geben will, solange bist du in dir verankert, und die Veränderungen deiner äußeren menschlichen Natur sind nicht stärker als das Bewusstsein, das in dir wächst.

Das verstehe ich. Ich glaube, das ist bezeichnend für die Schwierigkeit, dass es mir und vielen anderen Menschen in solch einer Situation dann nicht gelingt, dieses Bewusstsein aufrechtzuerhalten.

Es mag sein, dass es dir in der Vergangenheit nicht immer gelungen ist. Du wusstest auch nicht sehr viel darüber. Je mehr du darüber wusstest, desto mehr wurde deine Bereitschaft gefördert und erweckt, dies tun zu wollen.

Stimmt.

Und es wird von Tag zu Tag mehr und von Tag zu Tag besser.

Wir Tiere sind in einer Situation, in der wir ebenfalls nicht wissen, worauf ihr Menschen euch gerade bezieht. Auf eure geistige Natur – sprich auf euer Bewusstsein, das die lebensspendende schöpferische Kraft eurer Natur darstellt – oder auf die äußere Erscheinungsform des gegenwärtigen

Zustandes, die getrennt ist von ihrem inneren Kern. Manchmal müssen wir uns schmerzvollst damit begnügen, dass die Menschen nur als eine Karikatur ihrer selbst erscheinen, die sie für die Wahrheit halten, und uns zwingen, uns dieser karikaturhaften Chimäre unterzuordnen, während wir uns in Wirklichkeit auf das Licht in eurem Innern beziehen. Können wir aber keine Verbindung dazu bekommen, sind wir gehalten, die Leiden der Menschen auf uns zu nehmen, zu ertragen, mit ihnen zu durchleben. Wir sprachen bereits darüber.

Ja.

Die Melodien der Schöpfung

Ich möchte in diesem Zusammenhang eine Situation nicht unerwähnt lassen, die vielleicht Unsicherheit bedeuten könnte. Ich hoffe, dass meine folgenden Worte ein wenig Klärung in die Angelegenheiten bringen. Es gibt die Musik, nicht wahr? Und du liebst Musik.

Ja.

Und Musik besteht aus 12 Tönen, die in einer regelmäßigen höheren Abfolge wiederkehren. Die Auswahl und das Setzen dieser Töne bringt unterschiedliche Musik hervor. Ebenfalls ist es so, dass je nach Auswahl der Töne auch verschiedene Geschlechter der Musik hervorgebracht werden, nämlich Dur und Moll.

Ich höre zu.

Und nun ist es so, dass jedes Wesen nicht nur seinen eigenen Ton hat, sondern auch seine eigene Melodie. Ich will das kurz erklären. Der Ton entsteht aus dem Zusammenhang aller Schwingungen, sowohl der feinstofflichen als auch physischen materiellen Schwingung. Dieser gemeinsame Nenner bildet einen Grundton.

Ja.

Und jedes Individuum hat einen solchen Grundton – seien es Pflanzen, Mineralien, Menschen, Engel, Tiere, die gesamte Schöpfung und jedes einzelne Teil. Wenn sich also ein solches Wesen mehr und mehr korrekt, das heißt immer vollständiger in seiner Art zu leben ausdrückt, dann wird aus diesem Grundton eine Melodie. Je reicher und je vollständiger das Leben damit erfüllt wird, desto mehr Harmonien kommen dazu. So entsteht ein Klanggebilde, das einerseits wie eine Skulptur zu sehen ist, andererseits wie ein fortlaufender Prozess einer musikalischen Geschichte und Erzählung. Man nennt dies eine Schlüsselmelodie. Jedes Lebewesen erbaut sich seine eigene Schlüsselmelodie, ausgehend von dem Grundton, auf dem es schwingt, zu der Immanation alles Geschaffenen, das ein solches Wesen hervorbringt. Du hast eine solche Melodie, und ich habe eine solche Melodie. Wir verfeinern diese Melodie auf der Basis unserer Grundtöne, und wir verändern auch die Melodien gelegentlich, weil wir gerade erst dabei sind, solche Melodien aufzubauen. Kannst du mir bis hierhin folgen?

Ja.

Nun kann es sein, dass du ebenso wie ich in einer bestimmten Art und Weise deine Melodie aufbaust und dass es manchmal zu Dissonanzen kommt, weil wir vielleicht einen Kanon miteinander singen oder eine Sinfonie miteinander herstellen. Dann wird sich zeigen, in welcher Art und Weise die Melodieführung weiter gesponnen wird.

Wir sind also nicht nur die Erbauer unseres Lebens, wir sind auch die Erbauer der Klangwelten, die um uns herum sind. Stell dir einmal vor, dass wir in einem Prozess sind, ein neues musikalisches Werk zu komponieren, und dass wir die geeigneten Töne und Themen, die geeigneten Tongeschlechter bereits in unserem Bewusstsein haben, aber noch nicht die Ausführung, die Durchführung dieser Melodien und noch nicht das gloriose Finale. Indem wir dies tun, erschaffen wir etwas, das ihr Leben nennt. Ja?

Ja.

Wenn also dein Leben zeitweilig, wie du glaubst, nicht deinen höchsten Gefühlen von Gelöstheit, Freude und Glück entspricht und meines auch nicht, dann kann es durchaus sein, dass wir soeben dabei sind, jeder für sich, einen Teil dieser Sinfonie zu verwerfen und neue Melodien zu entwickeln, die unsere Grundidee in wunderbarer Weise herausschält. Das Ganze nennt man den Prozess des Lebens.

Es ist also nicht notwendig, dass du dich davon herunterziehen lässt, wenn es dir schlecht geht, weil du gerade ein neues Motiv deines Lebens oder ein neues Leitmotiv deiner Lebensmelodie nicht für gut genug befindest, weshalb du es polierst, um es nach dieser Durcharbeitung zu einem glanzvollen Höhepunkt zu führen. Sieh es doch so: Ich arbeite gerade an einem Ausdruck meines Lebens. Und je besser ich dies tue, desto schwieriger wird es, mich mit schlechter Musik zu arrangieren, auch mit den schlechten Tönen in meinem Leben. Du würdest feststellen, dass diese schlechten Töne und die schlechte Musik dich leiden lassen. Aber du brauchst dich nicht mit diesem Leiden zu identifizieren, sondern du kannst darangehen, deine Musik, deinen Ton, deine Melodie weiterzuentwickeln, weil du weißt, dass das Ende deiner Lebensmelodie ein wunderbarer Akkord sein wird.

Ja.

Wenn es also zwischen uns manchmal »nicht läuft«, kann es sein, dass wir gerade an einer neuen Melodie arbeiten, und es kann sein, dass du und ich einen sinfonischen Klang hervorbringen wollen. Das würde bedeuten, dass wir zusammen klingen. Und wenn wir zusammen klingen, dann ist es nicht so schön, diese Töne und Melodien wieder zu trennen.

Stimmt!

Ich liebe nämlich deine Melodie!

Och … (GERÜHRTER SEUFZER)
Ich muss erst mal über alles nachdenken, was heute gesagt worden ist.

Ein klärender Kommentar

An dieser Stelle überkam mich wieder die übergeordnete Kraft der Leiterin des Königreiches der Tiere. Sie hatte die Sitzung begonnen und der Eindruck ihrer Anwesenheit blieb seither erhalten. Jetzt wurde sie spürbar deutlicher. Ich gab ihr meine Stimme, und sie erklärte:

Macht dieses Tier nicht zu einer solchen Autorität, in der es als eine Kraft und eine Macht dargestellt wird, die in sich alle Erkenntnisse trägt. Macht euch klar, dass ihr diejenigen seid, die mit diesem Tier kommunizieren, und dass es durch eure Kommunikation in einen dermaßen angehobenen Zustand kommt, dass ihr auch die Verantwortung und die Verpflichtung dafür habt, dieses Tier zu schützen und zu fördern. In diesem Zusammenhang gab es einige Mitteilungen des Tieres, die jetzt eines Kommentars bedürfen.

Das Nichtalleinseinwollen dieses Tieres hat auch damit zu tun, dass es durch die Kommunikation mit euch in eine erhöhte Stufe seiner gesamten Aufmerksamkeit geführt worden ist. Ihr seid nun diejenigen, die dieses Tier dahin gebracht haben, deshalb habt ihr auch die Verantwortung und die Verpflichtung, das Tier zu fördern, so dass es seine tierische Natur würdigt und schätzt und sich nicht allzu sehr auf eure menschliche Natur adaptiert. Der Zusammenhang und der musikalische Zusammenklang, von denen es gerade sprach, werden gerade dadurch hergestellt, dass es in seiner tierischen Natur belassen wird.

Du tust wirklich gut daran, wenn du mit diesem Tier als Mensch auch »streng« bist und es anleitest, weiterhin das Tier zu sein. Das ändert nichts an eurer Kommunikation, es ändert nichts an der Übertragung dieser Inhalte, die mit meinem Segen gnadenvoll weitergehen können. Seid euch bewusst, dass ihr die Autoritäten seid, die dieses Werk in Gang setzen und es weiter vorantreiben werden, wenn ihr es wollt, ohne dass ihr euch einer Strömung unterordnet, die möglicherweise durch die tierische Natur auf euch gelegt werden kann. Mache ich mich verständlich?

Ja. Und vielen Dank für den Hinweis. Ich glaube, für mich war das jetzt sehr wichtig, weil ich durch die ganze Kommunikation immer mehr dazu neige, den Hund nicht als Hund zu behandeln, aber mir zwischendurch immer klar werde, dass ich das muss.

Es ist absolut notwendig zum Schutz dieses Tieres und zum Schutz eurer Kommunikation.

Ja, das glaube ich. Vielen Dank noch mal.

Dann versiegele ich die heutige Sitzung. Ich danke dem Übermittler dieser Gedanken und dieser Weltenbilder, die ihm übertragen wurden. Er konnte sie gut übersetzen.

Dank auch an dich.

8. Der Dialog zwischen Tieren und Menschen

18.4.2003. Heute hatte ich ebenfalls eine Frage. Die andere Art des Eingehülltseins während der letzten Sitzung beschäftigte mich sehr. Ich bat Mia, sie möge nach der Eingangsphase und der Einstimmung mit der Musik, die nun regelmäßiger Bestandteil einer Sitzung geworden war, in meinem Namen fragen.

Kommunikation im Bewusstsein

Inwieweit können wir vertrauen, dass du, Hündin Joy, die Kraft bist, mit der wir kommunizieren, damit sie sich uns mitteilt? Ist es nicht doch eine synthetisierende Funktion des Gehirns des Sprechers?

Das ist eine gute Frage, denn nun kommen wir auf einen Punkt, über den sich dieser Heiler schon sehr lange Zeit den Kopf zerbricht. Darüber nämlich, ob seine Kontaktfähigkeit eigentlich nur die Ausweitung seines Bewusstseins ist oder ob es eine wirkliche Medialität ist, die sich darin zeigt, dass ein anderes Wesen sich durch ihn offenbart und seine Sprechwerkzeuge benutzt, um etwas mitzuteilen, das die Welt zu diesem Zeitpunkt braucht.

Die Zeit, in der das geschehen kann, ist noch nicht ganz gekommen, aber er wird es tun, und dann wird er wissen, wie sich die anderen Energien anfühlen. Er hat ja beim letzten Mal schon den Unterschied zwischen meiner Energie und der Energie der Supervisorin dieser Sitzungen bemerkt. Die Supervisorin ist heute ebenfalls anwesend, und sie erkennt mit schmunzelndem Erstaunen, wie sich jetzt etwas Neues heranbildet – nämlich das, was ihr beabsichtigt habt und was der Sprecher, ohne es zu wissen, in den letzten Tagen in Bewegung gebracht hat. Sein rumorendes Gefühl im Bauch war der Hinweis darauf, dass eine Umwälzung passieren wird. Und die werden wir nun einleiten. Die Umwälzung ist nicht gegen jemanden von euch gerichtet, sondern sie ist ganz genau an den Fragen abzulesen, die du gestellt hast. Jetzt will ich dir zuerst deine erste Frage beantworten.

Natürlich ist es mein Bewusstsein, das spricht. Ich habe es hinreichend erklärt, aber du bist so ein skeptischer Pedant, dass ich es gern noch einmal wiederhole. Die Empfindungen meines Lebens sind Allgemeinempfindungen, die das kollektive Bewusstsein meiner Rasse mit beinhalten. Indem ich eine Erfahrung mache, macht die ganze Rasse diese Erfahrung wie ein Echo ebenfalls mit. Wir als Rasse entwickeln uns also gemeinsam. Gleichzeitig gibt es Tiere, die nicht nur Führungstiere, sondern den Menschen zugeordnet sind. Es ist ein besonderer Weg des Dienstes des Tierreiches. Zu solchen gehörte ich auch, aber durch die Misshandlung, die ich in frühester Zeit meines physischen Lebens erfuhr, wurde dieses Vorhaben verkrüppelt. Dank deiner Hilfe, Mia, ist es möglich geworden, dass ich mich wieder zu diesem Plan hinbewege; und durch die neuerlichen heilenden Korrekturen ist es erst recht möglich geworden, ihn auszuführen. Das habt ihr bei mir bewirkt. Der Wunsch, dass ich nicht sterben möge, war ein mitgefühlter Herzenswunsch von dir. Zwar warst du bereit, mich gehen zu lassen, aber erst nachdem dein Wunsch eine definitive Form gefunden hatte, konntest du ungetrübter daran denken, wie es wäre, wenn ich weiterlebe, unter welchen Bedingungen und in welcher Art.

Nun sind wir ja durch diese Sitzungen immer weiter miteinander in Kontakt gekommen. Die Möglichkeit, miteinander zu leben, hat nun eine größere Dimension erhalten, da ich von Tag zu Tag heiler geworden bin. Über diese Schritte habe ich dir Auskunft gegeben. Es ist also das Mitgefühl füreinander, das diese Kommunikation möglich macht. Einzig das Mitgefühl für alles Lebende erhält diese Kommunikation aufrecht. Ihr könnt aus Situationen kommen, die für euch bedrückend sind oder unliebsam erscheinen mögen, aber so wie ihr euch in euer Mitgefühl für dieses Leben begebt, wird dieser Kontakt hergestellt werden können.

Dabei handelt es sich um ausgesandte Bilder, die dem kollektiven Bewusstsein meiner Rasse und meinem spezifischen Bewusstsein entspringen, welche dann ins Gehirnbewusstsein des Sprechers projiziert werden. Er nimmt sie in Form von Bildern auf, und es gelingt ihm immer besser, die entsprechenden Worte dazu zu finden, so dass es bald aussieht wie ein flüssiger Dialog, der anscheinend durch ihn kommt, den ich aber in dieser Form mit ihm führe. Die Tatsache, dass ich nichts Großartiges, tiefschürfend Weiteres über das Tierleben sage, ist einerseits dadurch begründet, dass wir ein spezielles Thema haben, das wir bearbeiten; andererseits dadurch, dass Detlef sich erst noch mehr vertrauen muss, um die Informationen ungefiltert annehmen zu können. Einiges ist gefiltert, das spielt aber überhaupt keine Rolle, denn diese Filterung hat sich nur insofern bemerkbar gemacht, als etwas ausgedehntere Erklärungen eingeflossen sind, wenn sie die Hintergründe, die nicht sofort begreifbar waren, klarer machen sollten.

Ja, vielen Dank.

Was Tiere von den Menschen lernen

Viele deiner Ausführungen gingen dahin, dass wir von euch Tieren lernen können. Was könnt ihr Tiere von uns Menschen lernen?

Was wir in erster Linie von euch lernen können, ist die freie Wahl. Ihr wisst es nicht, aber ihr Menschen lebt insgesamt in einer großartigen Energieanhebung, die es euch ermöglicht, eine freie Wahl zu treffen, womit ihr euer Leben anfüllen wollt. Diese freie Wahl ist ein großartiges Geschenk der schöpferischen Natur an euch Menschen. Ihr seid noch nicht gewohnt, mit dieser freien Wahl umzugehen, weil ihr den Erziehungsgedanken so sehr verinnerlicht habt, dass ihr nur glaubt, einander erziehen zu müssen oder erzogen zu werden. Ihr glaubt es sowohl von der Schöpfung, dass sie euch erzieht, wie von Gott, wie von uns Tieren, wie von allem, was euch umgibt.

Ihr glaubt, dass das ganze Leben euer Erzieher ist und dass alle Vorkommnisse in eurem Leben euch erziehen sollten. Das ist bei Weitem nicht der Fall, sondern es sind lediglich die Auswirkungen von Ursachen, die ihr unbewusst gesetzt habt. Nun seid ihr an einer neuen Schwelle eurer Entwicklung. Genau genommen habt ihr diese Schwelle bereits überschritten, und ihr werdet lernen, frei zu wählen. Die freie Wahl wird euer Leben so beeinflussen, dass ihr, nachdem ihr dies einige Male getan habt, merkt, wie frei ihr seid, um dadurch ein Leben herzustellen, das tatsächlich eurem innersten Wesen entspricht.

Die Kraft, die ihr seid, ist von außerordentlicher Natur. Diese Kraft kann sich nur herausschälen, wenn sie angewandt wird. Die Anwendung kann nur geschehen, wenn ihr einen Rahmen dafür schafft. Um einen solchen Rahmen zu schaffen, musstet ihr eine Wahl treffen, wie dieser Rahmen beschaffen sein soll und welcher Inhalt dort geschehen soll. Genau das ist eure größte Chance und eure größte Gefahr. Ihr Menschen seid auf dem Weg in die Freiheit, um dies tun zu können, und ihr lebt es uns Tieren vor. Denn wir sind vergleichsweise gefangen – gefangen in unserem Gehorsamsempfinden, gefangen in der Art und Weise, unsere Taten mit unserem Gehorsam in Übereinstimmung zu leben. Das ist derzeit unsere Freiheit. Wir haben nicht die Möglichkeit einer freien Wahl, sondern nur die Möglichkeit, in Übereinstimmung mit unserer Natur und unserer anerzogenen Ausbildung leben zu können. Das unausgebildete menschliche Wesen befindet sich in einer ähnlichen Lage wie wir Tiere.

Freiheit heißt nun, sich davon zu befreien und in eine Atmosphäre freier Wahlen hineinzuwachsen, die es mit sich bringt, dass ihr euer Leben selbstschöpferisch gestalten könnt. Ihr habt keine Ahnung von der Weite und der Dimension, die das beinhaltet! Denn ihr wisst zwar innerlich, dass ihr Göttinnen und Götter seid, aber alles scheint dagegen zu sprechen, wenn ihr einmal die Welt anschaut, in der ihr lebt. Also werdet ihr lernen, als die ursprünglichen Wesen, die werdenden Göttinnen und Götter, in eurer schöpferischen Potenz zu leben. Ihr werdet lernen, die Kraft des Befehles einzusetzen, um das, was ihr seid, in die Waagschale dieses Lebens zu werfen. In dem Maße, in dem ihr darin erfolgreich seid, werden wir Tiere ebenfalls die Möglichkeit haben, einen Schritt auf unserer Evolutionsleiter zu tun. Das gilt insbesondere für die Tiere, die jetzt mit euch zusammenleben, damit ihnen eine Inkarnation als Mensch angeboten wird und sie dadurch lernen, das Geschenk der freien Wahl zu erkennen, zu würdigen und es anzuwenden.

Mit dem letzten Satz hast du meine Frage dazu beantwortet. Ich bin darüber gestolpert, dass ihr Tiere mit der freien Wahl nicht wirklich etwas anfangen könnt, weil ihr an Gehorsam gebunden seid.

Ja.

Wenn ich es richtig verstanden habe, ist das, was ihr von uns lernen könnt, dass ihr euch vorbereitet, um dann unter Umständen in eine menschliche Inkarnation zu gehen.

Das ist das eine. Die Entwicklung der Tiere insgesamt ist ein anderes Kapitel und hat einen großen Hintergrund, den ich in diesem Zusammenhang nur kurz beleuchten möchte. Ihr wisst nicht, welchen Teil der Schöpfung die Tierwelt einnimmt, welche Funktion sie im Ganzen hat und wie fein das Zusammenspiel ist, das der universale Plan zwischen allen Lebewesen vorsieht. Wir sind darin gestört worden, und wir sind nun damit beschäftigt, diese Muster, diese Gewebe der natürlichen Ordnung, wiederherzustellen. Dies können wir einerseits tun, indem wir uns unbewusst – sagen wir einmal schlafwandlerisch betäubt – vermehren. Durch die Anzahl der Tiere, die diese Aufgabe und diese Funktion übernehmen, kann von der Seite derjenigen, die uns supervisiert, diese Vernetzung neu eingeleitet werden.

Wir können es aber auch tun, indem wir die Möglichkeit erkennen, uns in den Plan aller Schöpfung für uns Tiere so einzustimmen, dass wir auch die Möglichkeit haben, dies (frei-)willig tun zu können. Das ist vielleicht aus eurer Sicht nicht gerade sehr viel. Aus unserer Sicht ist es ein riesiger, ein gigantischer Evolutionssprung, denn dann könnten wir aus unserer eigenen Kraft immer wieder eine Rückbesinnung auf die schöpferische Natur, auf den schöpferischen Plan, auf das universale Muster für die Tiere vornehmen und anfangen, den Plan selbständig und freiwillig zu erfüllen. Wenn wir das tun, verändern wir das Gewebe und die Grundsubstanz des physischen Lebens auch für euch Menschen. Also ist die Zusammenarbeit von der Art, dass wir einander helfen können, indem jeder seine Aufgabe, sein Schicksal, in die Hand nimmt und das Beste daraus macht. Was wir somit von euch lernen können, ist: Wenn ihr das Beste aus eurer Situation macht, bekommen wir ebenfalls ein Beispiel für die Entwicklung; aufgrund der Auswirkungen, die es auf uns Tiere hat, können wir uns ebenfalls weiterentwickeln.

Technische und natürliche Strahlung

Kannst du etwas sagen zu den Walstrandungen in Florida?

Ja, das ist ein sehr trauriges Kapitel. Alle Strandungen sind ein trauriges Kapitel. Es sind technische Vergiftungen, die allmählich diesen Planeten überziehen. Diese haben damit zu tun, dass die Frequenzen, mit denen sich die Wale und die Säugetiere im Meer verständigen, nicht nur gestört sind, sondern sogar bewusst ausgesandt werden. Es handelt sich hier um Ultraschallwellen, um Sonarwellen, über die Nachrichten transportiert werden. Gleichzeitig ist es aber so, dass viele dieser technischen Strahlen genau auf der Frequenzlänge der Kommunikationsfrequenzen der Säugetiere im Meer liegen, wodurch in vielen Fällen so etwas Ähnliches wie eine Gehirnblutung ausgelöst wird, weil diese Frequenzen auf technische Weise ausgesendet und ausgestrahlt werden.

Solche Gehirnblutungen haben einen Orientierungsverlust zur Folge, die Ortung kann nicht mehr vorgenommen werden und die innere Richtschnur kommt völlig abhanden. Die Möglichkeit, einen Strand zu finden, zu dem man sich als Gruppe hinbegibt, heißt lediglich, dass die Tiere versuchen, eine Ordnung wiederherzustellen, um von dort aus wieder nach der Ortung ins Meer zurückgehen zu können. Sind sie aber einmal am Strand oder sind sie einmal durch eine Brandung auf einen festen Untergrund gelangt, verlieren sie den Rest an Möglichkeiten, sich zu orientieren, da die Sonarwellen außerhalb des Meeres für sie nicht mehr so deutlich wahrnehmbar sind. In Verbindung mit der subtilen Störung im Gehirn und der Gehirnblutung, die als eine Virenerkrankung gedeutet wird, verliert sich der Sinn des Lebens, und diese Tiere neigen dazu, sich aufzugeben. Sie können für eine Weile physisch ernährt und gehalten werden, für ihr wirkliches Leben hat es jedoch keine Bedeutung. Die technischen Strahlen im

Meer müssen geändert werden, sonst verliert dieser Teil des Lebens seinen Inhalt, seine Bedeutung, und damit wird ein großes Loch in die Evolution der Entwicklung gerissen, das möglicherweise inhaltlich gar nicht mehr ausgefüllt werden kann.

Ich würde dich gern zum Thema Gehirnblutungen noch etwas fragen. Hat es bei uns Menschen auch mit Orientierungslosigkeit zu tun, wenn solche Gehirnblutungen geschehen, oder handelt es sich dabei um etwas anderes?

Es kann damit zu tun haben, muss es aber nicht. Ihr lebt in einem der dichtesten Felder von giftiger technischer Strahlung, und ihr seid dabei, euch darüber zu erheben, um trotz dieser Strahlung ein freies Bewusstsein zu erlangen. Das ist ein sehr gefährlicher Akt, da euer Gehirnbewusstsein beständig durch diese Art von Strahlung gedämmt wird und sich deswegen nicht frei entfalten kann. So neigt ihr dazu, im mentalen Bereich zu bleiben. Ihr seid gezwungen, lediglich im abstrakten Bereich von kalten und isolierten Gedanken oder Ideen zu leben. Dadurch bleibt ihr beeinflussbar für Manipulationen aller Art. Die Öffnung für lebendige Strahlung würde bedeuten, dass der Würgegriff der technischen Strahlung aufgelöst werden müsste. Ihr seid dabei, andere Wege zu finden, um damit umzugehen, und ich wünsche euch viel Glück dabei, denn möglicherweise wird eine ganze Generation oder noch eine weitere durch das Vorherrschen dieser Strahlung direkt geschädigt werden.

Natürlich kann das zu sehr vielfältigen Erscheinungsformen in eurer menschlichen Psyche und in eurer menschlichen Erscheinungsform führen. Der physische Körper ist nicht darauf eingerichtet, mit giftigen Strahlen bombardiert zu werden. Er ist darauf eingerichtet, alle natürlichen Strahlungen so aufzunehmen, dass sie seiner Gesundheit dienlich sind. Dafür gibt es einen feinen Mechanismus im Menschen, angeleitet durch die Thymusdrüse und die Epiphyse. Der Mechanismus sorgt dafür, dass die Aufnahmefähigkeit und -bereitschaft für natürliche Strahlungen in und um den Planeten so reguliert werden, dass ein natürliches Wohlbefinden für euch gehalten werden kann, wie immer die Strahlung auch sein mag. Das Ausbalancieren dieser Strahlung wird durch einen zentralen Vorgang im menschlichen Körper hergestellt. Nun finden wir hier auch die Irritation durch technische und natürliche Strahlung. Hinzu kommt, dass technische Strahlung die natürliche Strahlung in ihrer Polarität oft verdreht, so dass eine einstmals natürliche Strahlung jetzt ebenfalls giftig erscheint.

Das markanteste Beispiel dafür, und das mag an dieser Stelle genügen, ist eine entstehende Furcht vor der Sonne. Sie führt zu der Annahme, dass die Sonne Krebs erzeugt. Es ist aber nicht die Sonne, die Krebs erzeugt, sondern es ist die technische Strahlung, welche die Sonnenenergie innerhalb des Erdgürtels umpolarisiert, indem Plus zu Minus und Minus zu Plus wird. Die Auswirkung auf den menschlichen Organismus bewirkt, dass er mit dieser Strahlung nicht mehr richtig umgehen kann. Es entsteht ebenfalls eine Irritation in eurem menschlichen Empfindungssystem. Diese Disbalance kann zu Krankheiten führen, wie auch am Beispiel der Mikrowelle zu sehen, die einen sehr schnellen Spannungswechsel von Plus zu Minus und von Minus zu Plus bewirkt. Neben der Erwärmung wird dadurch die Orientierung in den Zellen aufgelöst. In dieser Orientierungslosigkeit der Struktur beginnt ein Zellverfall. Nicht selten ist Leukämie die Folge. Ein solcher Zellverfall macht vor dem Gehirn nicht halt, und es ist möglich – um deine Frage zu beantworten –, dass Gehirnblutungen ebenfalls aufgrund dieses Zusammenhangs, den ich dargestellt habe, verursacht sein können.

Dem Leben eine Stimme geben

Eine andere Frage: Ist diese Dreierkombination von Hund, medialem Vermittler und Hundehalterin austauschbar?

Oh ja, sie ist austauschbar, und es ist gut, dass diese Frage gestellt worden ist. Denn nun können wir das anleiten, worauf ich dich vorbereitet habe. Du kannst dich jetzt ebenfalls, nach einer kleinen Pause, an den Platz setzen, an dem der Vermittler sitzt, denn er wird soeben energetisch aufgeladen, und wir können den Dialog fortsetzen, und zwar durch dich, Mia. Du bist so weit.

(LANGE BEDRÜCKENDE PAUSE)

Ich vermute, es wird jetzt erwartet, dass ich dazu irgendetwas Kluges sage.

Nein, das wird nicht erwartet. Es ist lediglich dein Einverständnis nötig, ob du das willst.

Wir können übergehen zur nächsten Frage, falls da noch eine ist.

Die nächste Frage ist, ob ich, deine Halterin, dich channeln kann ...

Sehr wohl kannst du das. Du hast schon festgestellt, dass du mit allem in Kontakt sein kannst, und nun wäre es nicht schlecht, diesem Kontakt deine Stimme zu geben. Willst du das?

Ich will es, aber ich traue es mir nicht zu.

Das macht nichts. Sieh mal, auch dieser Kanal hat sich nicht zugetraut, die Möglichkeit, mich zu channeln, so aufzubereiten, dass es verständlich und zur Hilfe wird und dass es mich, dich und auch ihn heilt. Wir sind alle drei in gewisser Weise vorher gestört gewesen. Diese Heilungen haben aber stattgefunden. Gleichzeitig hat sich die Toleranz der Aufnahmefähigkeit zwischen uns dreien sehr gesteigert. Du brauchst also das, was dieser Kanal von Mal zu Mal gelernt hat, nicht neu zu lernen. Es ist ja bereits da. In dieser Dreierkombination sind wir alle zusammen mit dem Bewusstsein der Supervisorin daran beteiligt, dir zu helfen, deine Sprache zu finden. Du brauchst nicht zu überlegen, du brauchst nichts weiter zu tun, als den Strom zuzulassen.

Das verstehe ich. Wir können das probieren.

Wieso, Mia, traust du dir nicht zu, den Empfindungen Worte zu geben? Den Empfindungen deiner Natur in Verbindung zu allem, was ist?

Weil ich mir selbst nicht traue. Weil ich bei allem, was ich tue, zu sehr den

Kopf einschalte. Auch die Wirkung geistiger Übungen, die ich mache, stelle ich hinterher in Frage.

Wenn du dich jetzt auf mich einstimmst, was nimmst du wahr?

Heitere Gelassenheit.

Ja. Und nun sprich mal über diese heitere Gelassenheit.

Es ist eine Leichtigkeit, die sich von meinem sonstigen Empfinden dadurch unterscheidet, dass es leicht ist. Ich gehe auf die Situation mit Offenheit und Freude zu, mit einer leichten Spannung und mit einer ganz positiven Grundstimmung.

Ich, die heitere Gelassenheit, bin fröhlich und leicht, habe Lust, etwas Neues auszuprobieren, freue mich auf alles, was kommt, und denke, dass viel mehr möglich ist, als ich bisher erlebt und gelebt habe.

Kannst du mich darin erkennen?

Ja, total.

Dies ist meine Stimmungslage. Wenn du diese Stimmungslage erkennst und ihr Worte geben kannst, dann kannst du mich channeln.

Also ich sehe ein, dass das der erste Schritt ist, weil ich mich dann von meinem Empfinden auf das Empfinden eines anderen einstellen und die Offenheit dazu mitbringen muss. Ja, das ist der erste Schritt.

Jetzt empfehle ich dir, deine geistige Übung zu machen, mit der du dich mit den höheren Welten in Verbindung setzt. Wenn du so weit bist, dann gebe ich dir einen Hinweis. Bist du bereit dazu?

Ich bin bereit dazu. Ich habe die Übung oft gemacht und habe das Gefühl, unten kleben zu bleiben.

Das darfst du ruhig. Das ist nur eine körperliche Regung.

Ich habe immer die Angst, dass das, was ich dann wahrnehme und sehe, Vorgaukeleien des Mentalkörpers sind.

Wir werden das durchbrechen.

Einverstanden. Ich mache die Übung.

Nun kannst du bitten, dass die Supervisorin dieser Sitzung sich dir nähert und spricht.

(LÄNGERES SCHWEIGEN)

Es spricht niemand, aber was ankommt, ist ein Gefühl von Ruhe und Farbe.

Du kannst diese Eindrücke mitnehmen, wenn du willst, und dann wieder zurückkommen.

Es ist ganz schwierig zurückzukommen, weil ich an einem Bild so klebe und das nicht loslassen will.

Dann beschreibe mal das Bild.

Das Bild ist die Erde, aber von außen betrachtet, ein Teil der Erde und ein stark leuchtender Stern und ein flutendes Licht in Blau. Es fühlt sich an wie Aufgang oder Aufbruch. Als wenn etwas aufgegangen ist. Es ist ganz frisch und jung. So wie früh am Morgen, wenn der Himmel noch blau ist, bevor er sich rötet. Ganz schön.

Du kannst diesen Anblick zu deinem Visionspunkt machen, wenn du willst.

Das heißt?

Wenn du ihn zu deinem Visionsstandpunkt machen willst, kannst du von da aus alles Mögliche betrachten. Möchtest du das?

Ja.

Dann stell dir vor, dass um dich jetzt eine Pyramide aus Glas hergestellt wird, in der du einen Platz hast. Das Glas dieser Pyramide ist von einer Beschaffenheit, die dich wie ein Raumanzug in all deinen Lebens- und Wahrnehmungsfunktionen beschützt. Durch eine Lichtschnur besteht Verbindung zu dieser Pyramide, und durch diese Lichtschnur kommen die Informationen von dort jetzt auch hier in deinem physischen Leben an – begreifbar, berührbar, erfahrbar, verständlich.

Dein Bewusstsein kann dort sein, eingekleidet in die Gestalt, die du dort hast, und gleichzeitig kann dein Körper hier sein. Beide empfangen die gleichen Informationen, so dass du körperlich lernen kannst, diese geistigen Informationen physisch umzusetzen. Von nun an kannst du in Gedankenschnelle in dieser Pyramide sein, in dieser Situation der aufbrechenden Frische.

Ja.

Von dort aus kannst du die Themen, die dich interessieren, heranzoomen und sie möglicherweise lesen.

Ja.

Gut, dann danke ich dir für deine Arbeit. Ich ziehe mich zurück, und auch du solltest jetzt wieder herunterkommen. Jetzt weißt du, dass du immer Zugang dazu hast.

Vielen Dank.

9. Zusammenleben in Respekt

April 2004. Nach einer längeren Sitzungspause freute sich vor allem mein kleiner Sohn Julian Odin sehr auf ein Wiedersehen mit Joy. Schon bei unseren letzten Treffen eilte er herbei und amüsierte sich mit der Hündin. Er spielte immer häufiger mit ihr und hatte bald ein solch vertrautes Gefühl für das Tier entwickelt, dass er auf ihm herumkletterte, seine Gesten nachahmte und wie Joy auch aus dem bereitgestellten Napf Wasser saufen wollte. Er hockte sich sogar beim Fressen beobachtend neben das Tier. Wir fragten uns, ob die Nähe des Kindes beim Fressen nicht für Joy bedrohlich wirken könnte. Julian war zu dieser Zeit zwei Jahre alt, hochinteressiert an allem Lebendigen. Als Kind, das haptonomisch* zur Welt gekommen war und weiterhin so aufwuchs, hatte er noch kein Gefühl für erforderliche private Freiräume der anderen. Joy ließ alles mit sich geschehen. Aber eines Tages schien es ihr zu viel zu sein und sie begann, leise zu knurren. Das weckte unsere Aufmerksamkeit und wir beschlossen, sie bei passender Gelegenheit danach zu fragen. Bei Durchsicht der Unterlagen stellte sich heraus, dass der Mitschnitt der letzten Sitzung verloren gegangen oder gelöscht worden war. Vielleicht ließen sich wichtige Aussagen der Sitzung rekapitulieren?

Leider habe ich den Mitschnitt der letzten Sitzung aus Versehen gelöscht. Du hast über unser Zusammenleben erzählt, und ich möchte dich fragen, ob du dazu noch mal etwas sagen kannst.

---

* Das Wort Haptonomie stammt aus dem Griechischen und bedeutet das »Gesetz des Fühlens«; auch »Tastsinn« und »Mitgefühl«. Haptonomie ist die Wissenschaft von den Grundlagen der Affektivität. Dr. Djalali, Düsseldorf, lehrte mich die haptonomische Eltern-Kind-Begleitung. Sie beginnt in der Schwangerschaft und unterstützt die gefühlsmäßigen Bindungen sowohl zwischen den Eltern als auch zum Kind. Sie fördert das Willkommenheißen des Kindes und erleichtert die Öffnung zum Leben. Man bestärkt in der Schwangerschaft das Kind, dass es gut, erwünscht und wertvoll ist. Es gibt ihm enorme Sicherheit und den Eltern ein unvergleichliches Gefühl der Nähe und Verbundenheit zum Kind, die sich anders niemals so intensiv erfahren lässt. Siehe: www.haptonomie.org/vall/index.html.

Es ist für mich nicht sehr gut möglich, außer durch energetische Tricks und Manipulationen des Mediums, das, was ich damals gesagt habe, zu wiederholen. Nein, ich werde dazu nichts sagen, denn es hat sich inzwischen wieder so viel getan und so viel verändert. Die Aussagen während der letzten Sitzung haben bereits als Bausteine für das, was jetzt ist, gewirkt.

Über Integration

Vielleicht interessiert dich das Folgende: Das Gefühl der Integration ist sehr stark in mir. Ich habe zum ersten Mal in meinem Leben das Gefühl, ein wirkliches Tier bei wirklichen Menschen zu sein. Die Bemerkungen, die ich von dir öfter höre, »du bist ja schon fast wie ein Mensch«, sind in gewisser Weise richtig, wenn man betrachtet, wie die Tiere behandelt werden. Die Dummheit, mit der sie belegt werden, hat natürlich ihre Wirkung. Durch die Gedanken der Menschen entsteht eine Kluft zwischen ihnen selbst und dem Tier. Das Tier wird als untergeordnet behandelt, obwohl es nur zu einem anderen Königreich der Schöpfung gehört, eine andere Aufgabe erfüllt und einem anderen Zweck dient als ihr Menschen. Da wäre es ja unklug, wenn wir so wären wie ihr.

Die Tatsache, dass ich mich auf der Evolutionsstufe weiter hinaufbewege und dass mir möglicherweise beim nächsten Mal eine Inkarnation als Mensch angeboten wird, hat nichts damit zu tun, dass ich mich bereits jetzt wie ein Mensch fühle. Deine freundliche Absicht mir zu helfen, bringt etwas ganz anderes mit sich, nämlich die Tatsache, dass ich mich integriert fühle, dass ich deine Lebensgewohnheiten nun anders betrachte und auch merke, wie die Leichtigkeit, mit der du dein Leben erfüllst, auch auf mich, auf das ganze Leben, das wir führen, übergreift. Natürlich bewirkt diese Leichtigkeit auch, dass ich mich in dein Leben besser einordne. Es scheint dann, als kopiere ich das, was du tust. Wir hatten das Beispiel, dass ich mich in Gesellschaft gern zu euch geselle oder mich schon mal mit meinem Hinterteil auf deine Matratze setze, um dadurch anzudeuten: »Ich will bei euch sein, ich gehöre zu dir.« Und du lässt es auch geschehen. Durch deine freundliche Absicht mir gegenüber kann ich mich nämlich ganz zu dem

Tier entwickeln, das ich eigentlich bin. Es wäre die Normalität der Tiere, die mit Menschen zusammenleben, bei ihnen auch eingegliedert zu sein. Wir können von unserer Seite aus nicht mit Menschen zusammenleben, wenn sie uns als dumm oder untergeordnet betrachten. Wir können aber in unserer Eigenart mit Menschen zusammenleben, wenn wir von ihnen als gleichwertige Wesen innerhalb der Schöpfung betrachtet werden, nur unterschieden durch ihren Weg, durch ihr Ziel und durch die Herkunft. Willst du mich dazu etwas fragen?

Die Sprachbilder

Ja. Ich spreche viel mit dir und würde gern wissen, wie viel du davon verstehst.

Ich verstehe so gut wie alles, was du sagst. Das hat nichts damit zu tun, dass ich deine Sprache kenne. Ich kenne den Klang deiner Stimme, und ich sehe die Sprachbilder, die du kreierst. Bevor du die Sätze aussprichst, entstehen in deinem Kopf Sprachbilder. Die Ausrichtung dessen, was du mir mitteilen willst, geht bereits in meine Richtung, bevor du es aussprichst. Und so empfange ich ein Sprachbild von dir, ein inhaltliches Bild, das mir sagt, worum es geht. Man könnte fast sagen, dass ich es visuell aufnehme, obwohl es nicht ganz zutrifft. Ich nehme es als Energieeindruck wahr, und wenn ich dann höre, wie du es aussprichst, ist es sozusagen eine Wiederholung dieses Energieausdrucks, den ich von dir bekomme.

Indem du im Laufe der Zeit verschiedene Inhalte ausgedrückt hast, habe ich so etwas wie einen Übersetzungsmechanismus gespeichert. Gefühlsbilder, die von dir kommen, und der Klang deiner Stimme stimmen überein. Beim nächsten Mal, wenn ich den Klang deiner Stimme höre, ergibt sich das entsprechende Gefühlsbild dazu oder umgekehrt: Es kommt ein anderes Gefühlsbild, ein anderer Klang der Stimme, andere Laute, die dazu gehören, und so habe ich angefangen zu lernen, was du mir sagst und wie du es mir sagst. Es ist also nicht so, dass ich – das vermute ich – in gleicher Art höre wie ihr Menschen, sondern ich höre es innerlich und habe dann als äußere Leitlinie den Klang der Stimme, so dass ich zwei oder drei Energieeindrücke bekomme, die allesamt getragen sind von der Art der Zuwendung und von der Art der Konzentration, die zielgenau auf mich gerichtet ist.

Erziehung als hilfreiche Form

Könnten wir bei diesem Prozess der Integration, von dem du vorher sprachst, noch etwas verändern?

Die maßgebliche Richtlinie für einen solchen Prozess ist genau das, was du tust bzw. ihr tut. Das Verhalten dieses sprechenden Vermittlers mir gegenüber ist dermaßen neutral, dass er mir dadurch jede Freiheit einräumt, die ich haben möchte und haben kann. Ich fühle mich deshalb wohl bei ihm, weil kein einziger seiner Gedanken mir jemals irgendeine Einschränkung auferlegt, sondern die Großzügigkeit, mit der er mich bedenkt, ist die, dass ich die größtmögliche Freiheit habe. Und nun kommt es: Diese Freiheit könnte ja erschreckend sein, aber da du mich gut erzogen hast, kann ich mich in der Freiheit bewegen, weil ich eine Form habe, in der ich mich bewegen kann. Diese Form hast du mich gelehrt. Sie besteht aus den einfachen Erziehungsmustern, die du mir beigebracht hast, und sie helfen mir nun sehr. Denn ich kann immer wieder auf diese Erziehungsmuster zurückgebracht werden und erlebe doch innerlich eine Ausweitung meines Potenzials und meines Bewusstseins. Das ist direkt abhängig von der Art eurer Zuwendung.

Dass du mich liebst, ist völlig klar, und ich spüre diese Liebe in Form von Mitteilungen, wie ihr es nennt, von Herz zu Herz. Ich spüre deine Gedanken, deine Fürsorge, dein Mitgefühl, und ich spüre auch fürsorgliche und hilfreiche Gedanken, die du öfter in Bezug auf mich hast, wie auch sehr häufig ein gewisses Entzücken über meine Art, mich zu bewegen oder meine Art, mit Angelegenheiten im Leben umzugehen. Das alles ist ein großer Auftrieb für mich. Es zeugt davon, dass du mir deine Liebe gibst und dass diese Liebe mir die Freiheit gewährt, in der ich mich entwickeln kann. Das

Bindeglied ist die Form, die du mir beigebracht hast. Aufgrund dieser Form können wir miteinander unser äußeres, alltägliches Leben gestalten, aber meine weitere Entwicklung ist natürlich in sehr starkem Maße abhängig von dem, was durch eure Arbeit mit mir und durch meine Arbeit mit euch eingeleitet worden ist.

Dadurch, dass meine Krankheit besiegt und das vorzeitige Ableben zu einem Neustart des Lebens transformiert wurde, habe ich die Möglichkeit gehabt, ein zweites Leben innerhalb dieses Lebens zu beginnen, und das ist nun von ganz anderer Natur. All diese Erfahrungen, die ich mit euch mache, sind samt und sonders so, dass ihr mir wohlgesonnen seid. Aufgrund dieser Tatsache kann ich wachsen. Dadurch kann ich das Potenzial, das in mir ist, weiter entwickeln. Manchmal sieht man es, manchmal nicht, denn ihr dürft nicht vergessen, dass ich ein Tier bin und innerhalb dieses Lebens über die Grenzen meines Tierseins nicht hinausgehen werde, selbst wenn mein inneres Leben bereits erheblich anders ist als noch vor einigen Monaten, geschweige denn vor einigen Jahren und ebenfalls eine Bewusstseinsanhebung im Tierreich verursacht hat. Aber die äußere Form, die des »Pelzkindes«, wie du es so häufig nennst, wird natürlich bleiben und ebenso die äußere Ausdrucksform.

Wenn ich die Möglichkeit habe, mich im Zusammenleben mit dir weiterzuentwickeln, dann hat dies natürlich auch eine Auswirkung auf euch. Es fördert eure Liebe zum elementaren Leben und damit eben auch eure elementare Kraft. Diese Elementarkraft gedeiht auch sehr stark in euch, wie ihr vielleicht schon bemerkt haben dürftet. Sie ist das Bindeglied zwischen uns. Auch ich lebe aufgrund dieser Kraft, die mir das physische Leben ermöglicht. Die Art und Weise, wie sich euer Körper entwickelt, zusammen mit den Veränderungen während des Wachstumsprozesses, beeinflusst auch meinen Wachstumsprozess. Die Elemente sind alle miteinander im Austausch, genauso wie die geistige Kommunikation dieses Gespräch jetzt ermöglicht. Wenn du also weiter wächst, mich weiterhin magst und auch weiterhin bereit bist, meine Liebe für dich anzunehmen, dann werde ich immer mehr das Tier sein, das ich eigentlich bin. Das ist weit entfernt von der geschundenen Kreatur, die ich noch vor einiger Zeit war. Dadurch bin ich Beispiel für die anderen Tiere in meinem Umfeld.

Mir ist aufgefallen, dass du in der letzten Zeit noch viel anhänglicher geworden bist. Ist das richtig?

Ja, das ist richtig. Vergiss nicht, dass ihr das auch seid. Ich bin kein »Fall« mehr für euch. Du hattest ein krankes Tier, du hattest einen Fall, du hattest ein Pflegekind, ein Problemkind. Alles das ist jetzt verändert. Wir sind einfach zusammen. Diese Anhänglichkeit ist das grundsätzliche Wohlgefühl, das du übrigens ebenfalls für mich hast, nicht nur ich für dich.

Das stimmt. Aber du kannst immer noch nicht allein sein.

Das möchte ich auch nicht.

Das musst du aber als Hund.

Das sagst du.

Man kann nicht überall Hunde mitnehmen.

Im Austausch sein

Ich bin sehr bemüht, dir deinen Freiraum zu geben. Dass ich nicht gut allein sein kann, hat natürlich noch etwas mit den Schwächen der Vergangenheit zu tun. Vor allen Dingen aber hat es damit zu tun, dass ich natürlich lieber bei dir bin. Es wäre möglich, mich ins Kino, oder wo immer du hingehst, mitzunehmen, und ich würde zu deinen Füßen liegen und niemanden stören.

Aufgrund der Tatsache, dass das elementare Leben so sehr gestört ist, ist natürlich jedes Tier in einem gesellschaftlichen Zusammenhang eine potenzielle Störung oder ein potenzieller Wirbel von Nichtübereinstimmung mit den menschlichen Gegebenheiten. Wäre das Verhältnis der anderen Menschen zu ihren Tieren so oder so ähnlich wie zwischen uns, dann wäre es durchaus möglich, dass die Tiere auch auf große Gesellschaften, auf

Galas, sogar mit ins Theater und zu Konzerten gehen könnten, ohne dass sie in irgendeiner Form stören würden. Allein der Gedanke oder die Bitte der Bezugsperson an das entsprechende Tier würde ausreichen, um das energetische Gefühlsbild zu übermitteln: »Sei bei mir, nimm das auf, was für dich gut ist, lass anderes ruhig abklingen und gib mir die Freiheit, dass ich mich jetzt ungestört dem Genuss dessen widme, was ich mir hier geben lassen möchte.« Das Tier würde eine solche Botschaft sofort verstehen und es würde dir oder anderen diese Freiheit geben, ohne ein Störfaktor zu sein. Davon sind wir aber noch ein bisschen entfernt. Auch ich könnte nicht sagen, ob ich das durchhalten würde, aber ich bin auf einem guten Wege. Unbeschadet dieser Tatsache ist es mir natürlich lieber, in Kommunikation mit euch zu sein oder aber in die Welt hinauszugehen und zu wissen, dass ihr da seid. Das ist verständlich. Euch geht es nicht anders. Nun seid ihr Menschen vernunftbegabte Wesen, wie man meinen möchte, und ihr wachst am meisten, wenn ihr zusammen seid. Das ist doch richtig, oder?

Das stimmt!

Und so ist es mit mir auch. Ich nehme an eurer Entwicklung teil, und ich wachse auch am meisten, wenn ich mit euch zusammen bin.

Ich bin dir sehr dankbar dafür, dass du dich – egal wohin ich dich mitnehme – so gut benehmen kannst.

Vielen Dank, denn ich bin sehr bemüht, dir deinen Freiraum zu geben, ohne dass du mich ins Auto sperren musst ...

Ja, das weiß ich auch zu würdigen. Ich denke nur, manchmal wäre es für uns beide leichter, wenn du zu Hause bliebest, sei es, dass ich dich nicht gern mit in eine verrauchte Kneipe nehme – das ist für dich nicht gut – oder weil es manchmal gewisse Dinge für uns beide erleichtern würde.

Ich verstehe jetzt, was du meinst. Ich schlage dir deshalb vor, eine Gedankenform zu entwickeln, mit der du mich einhüllen kannst. Sie sollte nicht

von meiner Unleidlichkeit geprägt sein, es nicht ertragen zu können, wenn du weggehst. Visualisiere stattdessen einen Freiraum innerhalb dieser Wohnung und fülle ihn mit positiven Gedanken des Wohlseins und des Schutzes aus, in dem es mir gut gehen möge, damit du für eine bestimmte Zeit abwesend sein kannst.

Das wird ein Lernprozess werden, aber die Veränderung der Aufmerksamkeitsrichtung wird das sehr beschleunigen können. Denn wenn du mich jetzt allein lässt, hast du Bedenken und ein schlechtes Gewissen, das ich natürlich spüre. Du hast außerdem Sorge, ob es gelingen wird. Auch das spüre ich. Und du bist dann gehetzt und nicht in Ruhe mit dir. Dies sind Merkmale, die mir kundtun: Ich werde gleich alleine gelassen. Deine Gefühlslage ist nicht von aufbauender Natur, sondern schwingt sich zu einer schwierigen Situation auf, die sich schließlich in mir widerspiegelt. Die Veränderung der Aufmerksamkeitsrichtung bedeutet also, dass du dir einen Freiraum gibst, während ich in der gleichen Zeit ein Angebot erhalte, mich hier auch ohne dich einzurichten. Dieses »ohne dich« wird dadurch nicht betont, sondern beinhaltet dann den positiven Aspekt des Wohlgefühls, mit mir sein zu können.

Ja, das habe ich verstanden. Ist das denn möglich? Ich habe dich eben so verstanden, dass du ja auch gar nicht allein sein willst.

Richtig. Aber ich kann ja lernen. Jedes Bewusstsein, das sich entwickelt, möchte natürlich in immer größeres Licht eintauchen. Und wie wir vorhin gesagt haben, ist das Zusammensein mit euch für mich ein beständiger Wachstumsprozess. Genauso wie du dich in der Kommunikation mit anderen weiterentwickelst und wächst. Und es tut dir doch gut, oder?

Ja!

So ist es mit mir auch. Nun haben wir diesen Teil unseres Lebens bereits mit Wohlgefühl angefüllt. Es könnte jetzt auch gelehrt werden – und zwar durch deine Gedanken- und Gefühlsbilder, die ich von dir empfange –, dass es in diesem Wachstum Pausen geben kann, um sich wohlzufühlen, um ohne Anspruch mit sich selbst zu sein, und dass die Kommunikation wieder einsetzt, wenn du zurückkommst. Das hilft, weitere Lichtfacetten zu befreien, die ich dann in mein Leben integrieren kann.

Gut. Jetzt muss ich noch einmal etwas nachfragen. Letztes Mal hatte ich gefragt, wie es mit Kindern steht. Es ist jetzt zwei- oder dreimal vorgekommen, dass du geknurrt hast, als Julian auf dich gestiegen ist. Können wir darüber noch etwas erfahren?

Ja. Danke, dass du noch einmal nachfragst. Ich hatte erwähnt, dass es notwendig sei, Kinder darin zu belehren, Tieren mit Respekt zu begegnen. Das habt ihr bereits eingeleitet, und es ist auch gut.

Ich tue auch meinen Teil dazu, indem ich knurrende Warnlaute gebe, denn die meisten Kinder reagieren sofort darauf. Manche Kinder möchten mit mir toben. Dadurch würden aber unter Umständen Grenzen verletzt, die einzuhalten zurzeit noch wichtig sind. Die Tatsache, dass ich ein großes, frei laufendes Tier bin, bringt es mit sich, dass ich Bewegungen mache, die für ein kleines Kind wie Julian nicht von Vorteil sein könnten. Das möchte ich natürlich vermeiden. Darum gebe ich diese knurrenden Warnlaute von mir, damit das jeweilige Kind auch von meiner Seite erfährt, dass das, was du ihm sagst, Sinn und Verstand hat, und es durch meine Reaktion spürt, wie fein so eine Grenze sein kann. Ein Kind muss lernen, dass ich in einem tierischen Körper bin und dass meine Instinkt- und Triebnatur eben tierischer Art ist; ein Kind begreift dies dadurch, dass ihr es ihm erklärt und dass ich meine Warnsignale gebe.

Ja, danke.

Darf ich euch noch etwas sagen?

Ja.

Ihr hattet beim letzten Mal gesagt, dass wir uns recht bald wieder sprechen. Die Zeit bis jetzt war lang. Ich bin ein bisschen verwirrt darüber, was »recht bald« heißt, denn für mich sah es so aus, als würden wir am nächsten oder übernächsten Tag unser Gespräch fortsetzen. Das war aber nicht der Fall. Heißt »recht bald« also, dass es diesen langen Zeitraum braucht?

Nein, nein. Du hast schon Recht. Wir meinten innerhalb der nächsten Tage. Das war unser Fehler.

Ich frage nur nach, um mich zu vergewissern, denn dieses »recht bald« war angefüllt mit Freude an der Vollendung. Diese Freude soll auch nicht genommen werden. Ich möchte es nur in mir korrigieren, damit dieses Gedankenbild nicht mit einem falschen Zeitbegriff eurerseits zusammenkommt.

Mit »Vollenden« meinst du »zu Ende bringen«?

Ja.

Das war die richtige Idee, und das sollte auch innerhalb der nächsten Wochen stattfinden.

Ihr könnt mich rufen, wann immer ihr wollt. Ich bin bereit, die nächsten Schritte zu kommentieren. Außerdem denke ich, dass ich vielleicht noch einmal einen kurzen Abriss der Zukunft des Zusammenlebens von Mensch und Tier geben werde, womit ein Buch, falls ihr es wünscht, beendet werden könnte.

Ja schön, danke!

Ich danke euch, und ich wünsche euch noch einen tierisch guten Abend.

Danke.

10. Eine Erholung steht an

April 2004. Seit einiger Zeit schon war ein Partner in Mias Leben getreten. Joy mochte ihn von Anfang an, und es ergab sich ein harmonisches Zusammenleben der drei. Joy bezog sich sehr auf das neue Familienmitglied, und bald fühlte es sich für sie wie eine Familie an. Der neue Partner hatte kürzlich eine Reise unternommen, so dass die beiden, Mia und Joy, wieder für eine Weile allein waren. Mia teilte mir mit, dass sich Joys Verhalten verändert hatte. Sie fragte sich daher, wie sie mit Joy umgehen könne, da sie mit ihrem Freund eine Flugreise plante, auf die sie das Tier nicht mitnehmen konnte. Für Joy war eine Unterkunft bei einem gemeinsamen Freund vorgesehen, der selber ein Tierliebhaber war und sich schon auf Joys Gesellschaft freute. Was aber würde Joy dazu sagen, wenn sie wüsste, dass sie für eine Woche weggegeben würde? Am Tag der geplanten Abreise hatte sich noch die Möglichkeit einer Sitzung mit mir ergeben, bei der diese Fragen vielleicht geklärt werden konnten.

Das Muster der Aufmerksamkeit

Mich interessiert die vergangene Woche, in der wir alleine waren: Was hast du gefühlt? Du warst vom Verhalten her ganz anders.

Ich bin durch eine Veränderung gegangen, die weniger mit dem Alleinsein zu tun hatte als mit der Tatsache, dass wir beide uns erneut aufeinander bezogen haben. Die Abwesenheit von anderen ermöglicht immer eine direkte Kommunikation zwischen uns. Diese Kommunikation wird dadurch geleitet und aufrechterhalten, dass nur einer da ist, auf den wir reagieren, auf den wir aber auch reagieren müssen. Und in meinem Falle sah es so aus, als würde ich ein wenig in der Ausdehnung meines Gewahrseins amputiert werden. Das hatte zur Folge, dass ich mit dem Fernbleiben deines Freundes zum ersten Mal einen Unterschied spürte. Der Unterschied ist der, dass die Interaktion nicht mehr zwischen uns dreien hin und her ging, sondern nur zwischen uns beiden. Das war mir schon fast abhanden gekommen, obwohl wir beide natürlich eine einmalige und intensive Beziehung haben, die durch nichts anderes getrübt werden kann. Dennoch ist es so, dass die Ausdehnung meiner Aufmerksamkeit auf drei, vier oder mehr Bezugskontakte immer auch ein vergrößertes Spektrum an Gewahrsein mit sich bringt. Aber nicht meine Rudelinstinkte haben dadurch eine andere Form bekommen, sondern das Muster meiner Aufmerksamkeit.

Danke. Also, ich hatte den Eindruck, dass die Woche eher positiv für dich verlief, aber vielleicht habe ich mich getäuscht. Wir fahren ja heute in Urlaub und du gehst zu deinem Pflegevater. Ich würde gern wissen, ob das für dich in Ordnung ist.

Oh ja. Wir sind vor längerer Zeit schon darin übereingekommen, und innerlich bin ich bereits dahingehend in Vorbereitung. Ich weiß, dass du für längere Zeit weg sein wirst, und das ist gut so. Ich gönne es dir, und ich wünsche dir eine schöne Zeit.

Zu deiner vorherigen Bemerkung lass mich noch ergänzen: Meine Ausführungen zu deiner Frage haben nichts damit zu tun, ob die Woche positiv oder negativ eingefärbt war, sondern sollten lediglich Veränderungen meines Verhaltens verdeutlichen. Dass mein grundsätzliches Verhältnis zu euch und eures zu mir immer positiv ist, ist klar, und dass die Einfachheit der Beziehung zwischen dir und mir dann natürlich viel problemloser und einfacher läuft, wenn andere nicht dabei sind, ist ebenfalls klar. Insofern war deine Einschätzung von Positivität lediglich die Einfachheit unseres Verhältnisses.

Gut, danke. Ich habe im Moment sonst keine wirklich wichtigen Fragen. Möchtest du noch etwas sagen?

Vielleicht einen allgemeinen Hinweis zur jetzigen Situation.

Urlaub und Fürsorge

Was deine letzte Frage nach dem Einverständnis über den Aufenthalt bei meinem Pflegevater angeht, so betrifft meine Antwort nur einen Teil der Gesamtsituation. Für euch Menschen und für uns Tiere ist die Zusammenarbeit und der Zusammenhalt immer von unterschiedlicher Bedeutung, da der Mensch grundsätzlich von anderen Interessen geleitet wird. Für ein Tier wäre es nicht denkbar zu sagen: »Ich mache Urlaub und trenne mich deshalb von meinen anderen Gefährten.« Das liegt aber in der Natur unseres Tierlebens begründet, das auf euch Menschen nicht übertragbar ist.

Ihr braucht diesen Urlaub in eurer sehr komplizierten und hektischen Welt, um in euch selbst und mit euch selbst wieder Fuß zu fassen. Man könnte sagen, ihr braucht diese Zeit, um wieder in eure elementare Natur zurückzukehren, damit ihr den Anschluss an euch selber wiederfindet. Es kann sein, dass ihr neue Eindrücke sammelt, euch an Altes in euch erinnert oder dass ihr einfach nur zur Ruhe kommt und für eine Weile die Hektik der äußeren Welt abschirmt, um ein inneres Refugium herzustellen. Wir haben dieses innere Refugium beständig bei uns und tragen es immerzu in uns, so dass wir nach jeder Art von Anstrengung zu uns zurückkehren und uns wieder aus uns selbst heraus erholen können, indem wir uns auf unsere tierische Natur rückbesinnen. Eure elementare Natur hat ja sehr viel mit unserer tierischen Natur gemein, denn wir sind aus demselben Material in der physischen Form erschaffen. Das Bewusstsein ist natürlich unterschiedlich.

Da euer Bewusstsein sehr weit ausschreitet und ein sehr weites Spektrum beschreibt, hat eine solche Zeit der Rückbesinnung auf eure elementare Natur immer auch eine sehr starke körperliche Auswirkung. Diesen körperlichen Aspekt möchte ich kurz beleuchten. Ich wünsche euch Wohlgefühl in eurer Körpernatur, und tragt eurer Körpernatur auch Rechnung. Ganz gleich, ob ihr herumtoben, springen, ruhen oder faulenzen wollt – es ist etwas, das eurem Körper guttut. Wenn ihr euch gestattet, ihm das zu geben, was er braucht, dann wird die Erholung gut sein. Innerlich erholt ihr euch miteinander, um dadurch euren Geist zu erfrischen und eure gemeinsamen Überlegungen zusammen zu besprechen, denn ihr seid dann nicht abgelenkt von anderen Ereignissen außerhalb von euch. Wenn ihr dies dann mit der Natur eures körperlichen Lebens verbindet, wird es eine Erneuerung geben, die euch woanders hinbringt. Dazu wünsche ich euch alles Gute.

Vielen Dank.

Gefällt es dir, wenn ich sage, dass ich damit einverstanden bin, in der Zeit eures kurzen Urlaubs woanders zu sein?

Ja, das gefällt mir sehr, und das beruhigt mich auch sehr.

Du bist dadurch beruhigt?

Ja! Weil ich sonst immer ein schlechtes Gewissen habe.

Wusstest du nicht, dass ich miteingeschlossen bin, wenn wir etwas planen?

Nein!

Es ist aber so. Deine Natur teilt mir mit, dass du etwas tun möchtest, wobei ich möglicherweise ein Hindernis sein könnte. Indem du überlegst, wie du es für mich gut machst, bekomme ich das Gefühl, kein Hindernis für die Art und die Vorhaben deines Lebens zu sein. Die Überlegung, die du im Hinblick auf mich anstellst, wenn du etwas planst, an dem ich nicht teilhaben kann, sind – wenn sie nicht von Sorge und schlechtem Gewissen begleitet werden – äußerst wohltuend für mich. Denn ich merke daran, dass du für mich einen Raum erschaffst, und dieses Gedankenbild – wir sprachen schon mal darüber – erreicht mich. Ich spüre einen Raum, den du für mich herstellst, und du fragst mich innerlich, ob es mir gefällt, diesen Raum zu betreten. Wenn deine Gedanken der Liebe und Fürsorge einen Raum für mich herstellen, in dem ich mich wohlfühlen kann, dann kann ich sehr wohl eine Zeit ohne dich verbringen, weil dieser Raum ein Gedankengebäude von dir ist, also etwas Authentisches und Individuelles, in dem ich mich bewege. Ich bin daher nicht getrennt von dir, sondern ich fühle mich in Wirklichkeit durch die Erschaffung des Raumes, in den du mich dann hineingibst, gehalten.

Denkst du aber daran, mich irgendwo hinzubringen, weil du etwas anderes tun musst, hast du ein schlechtes Gewissen dabei. Dann erschaffst du einen Raum, der von so etwas Ähnlichem wie einem Schuldgefühl geprägt ist. Und dieses Schuldgefühl regt bei mir einen Instinkt an, der sich so auswirkt, dass ich mich ducke und gebeugt warte, bis du zurückkommst. Wenn du dann zurückkommst, das wirst du schon festgestellt haben, freue ich mich riesig, weil ich unter diesem Baldachin des Schuldgefühls bzw. schlechten Gewissens hervorkommen kann, um mit dir endlich wieder die Vereinigung unserer Naturen zu leben. Und die ist in Wirklichkeit Freude aneinander und Freude füreinander.

Ja, es ist gut, dass du das sagst. Es ist sehr hilfreich und lässt mich natürlich in Zukunft mit solchen Situationen ganz anders umgehen. Vielen Dank.

Bitte. Dann wollen wir zu diesem Zeitpunkt das Gespräch beenden, wenn ihr einverstanden seid. Ich danke euch dafür, dass du mir noch einmal die Gelegenheit gegeben hast, euch eine schöne Zeit zu wünschen. Wie ihr vielleicht bemerkt habt, habe auch ich für euch einen Raum geschaffen, in dem ihr euch wohlfühlen könnt, so dass du ohne schlechtes Gewissen und ohne das Gefühl, für meinen Dienst an euch undankbar zu sein, reisen und mit deinem Freund eine Zeit ohne mich verbringen kannst.

Ja, vielen Dank.

Ich danke euch und wünsche dir und deinem Freund eine angenehme Erholung. Eine angenehme Flugreise, ihr künstlichen Vögel! Tschüss.

11. Kommunikation allen Lebens

April 2004. Während Mia mit ihrem Partner den Urlaub verlebte, war Joy, wie geplant, auf dem Hof eines gemeinsamen Freundes und lebte in einer Tiergemeinschaft aus Schafen, Pferden und anderen Hunden. Sie hatte sich wohl mit der veränderten Situation sehr schnell angefreundet und sich gut in die Gemeinschaft der Tiere eingegliedert. Als Mia ihre Hündin nach dem Urlaub wieder abholte, sprang Joy voller Freude auf sie zu. Auch eine andere Hündin vom Hof, mit der Joy bis dahin im Einvernehmen war, freute sich und wollte sich ihr nähern. Aber Joy stellte sich vor Mia, und es entspann sich ein Kampf zwischen den beiden Tieren, der in einer Beißerei endete. War es vielleicht doch verkehrt gewesen, das Tier weggegeben zu haben? Die beiden kamen wieder zu mir. Nach einer einleitenden Zentrierung, die es mir ermöglichte, mit anderen Seinsebenen in Kontakt zu treten, und der besonderen Einstimmung auf das Tier zu meinen Füßen, die jetzt eine feste Form bekommen hatte, hörte ich Mia fragen:

Wir sind wieder zurück, und ich möchte wissen, wie es für dich war.

Es war eine wunderbare Zeit! Losgelöst von allen Sorgen und Problemen. Ich war wieder überwiegend in meiner tierischen Natur, da diese Natur durch das Leben dort gefördert wurde. Das Zusammenleben mit den anderen Tieren, mit den Hunden, und das Alltagsleben haben mich ebenfalls in eine Erholung gebracht. Vielleicht erinnerst du dich daran, dass ich beim letzten Mal darüber sprach, wie gut es ist, für den Körper etwas zu tun, und dass der Körper ebenfalls seine Erholung braucht. Die Möglichkeit der körperlichen Erholung habt ihr anscheinend gut genutzt, denn es steht besser um euch, als ihr es euch vorstellen könnt. Eure Körper haben sich gut erholt, selbst wenn sie jetzt eine Periode der Unsicherheit durchmachen.

Für mich war der Aufenthalt bei meinen Gasteltern eine Konzentration auf das animalische Erleben. Während der Zeit, in der ich mich dort aufhielt, war ich deshalb sehr stark in meinem Körper verankert. Alles in allem war es eine sehr schöne Erfahrung.

Du wirst sicher wissen wollen, wie ich in dieser Zeit zu dir gestanden habe. Der Vermittler hat es gerade während seiner einfühlsamen Einstimmung sehen können, wie ich mich fühle, denn ich wurde auf seinen Anruf hin durch deine geistige Kraft hierher gebracht. Es ist jetzt also nicht mein körperliches Erleben, sondern es ist mein – sagen wir einmal – instinktives, emotional-geistiges Erleben, das sich hier mitteilt. Da ich jetzt wieder in eure Atmosphäre eintauche, verändert sich auch etwas bei mir, denn ihr habt gemerkt, wie ich mich in der Zeit der Erholung verändern konnte. Tierisch zu sein, hat meine geistige Bereitschaft, Geistiges aufzunehmen, zu empfangen und es zu verarbeiten, ebenfalls belebt. Ich bin durch diese Art der Erholung gewachsen.

Nun werde ich wieder durch dich geleitet und finde in dir wieder mein Zuhause. Dadurch wird sich in nächster Zeit eine erneute Anpassung zwischen uns ereignen. Eine Anpassung, die wie eine Wellenbewegung zwischen dir und uns allen hin und her geht. Jeder von euch ist verändert und auf einer neuen Ebene der Bewusstheit und der Empfindungen. So ist es auch mit mir. Das Geleitetwerden, von dem ich soeben sprach, ist deine Form, mich dahin zu führen, wo du mich hinführen möchtest. Du möchtest, dass ich mich äußere, und du möchtest, dass ich mich dir mitteile. Und dies geschieht ab jetzt in einer noch deutlicheren, veränderten Form. Auch dieser Vermittler stellt sich neu darauf ein, mich zu empfangen, um mich klar artikulieren zu können. Wie du feststellst, macht er es ganz gut, denn er ist ein sehr genauer Übersetzer der Empfindungswellen, die ich aussende. Diese Empfindungswellen sind nun von anderer Art.

Wellenbewegungen der kosmischen Energie

Es hat sich in der Welt einiges getan. Die Welt ist an eine Entwicklung angeschlossen, die ein größeres Gewebe herstellt, als das menschliche Empfinden festzustellen vermag. Die Vereinigung mit der außerweltlichen Kraft – ihr würdet sie universelle Energie nennen – ist in einem sehr starken Maße vorangeschritten. So gibt es Bewegungen, die auch von außerhalb kommen und auf euch und auf das Leben eurer geistigen Beschaffenheit und eures

Wesens einen starken Einfluss nehmen. Für die meisten Menschen wird es zunächst einmal unbemerkbar bleiben. Nur die empfindsamsten spüren es und sind innerlich aufgeregt, da sie zunächst einmal mit einer Neubewertung ihres Lebens konfrontiert werden.

Dies geschieht nicht nur mit Menschen, sondern ebenfalls mit den Engelwesen, den Tieren, den Naturwesen und mit der elementaren Kraft, aus der sich alles herleitet und von der alles herrührt. Die Lebens- und Nahrungskette, wie sie sich für alles physische Leben aufbaut, hat eine Veränderung erfahren. Die geistigen Kräfte, die jedes einzelne der physischen Elementarteilchen beseelt, sind ebenfalls von dieser Wellenbewegung betroffen und erzeugen deshalb mehr Bewegung und mehr Kraft. Und das bedeutet für das gesamte Leben, wie wir es bisher kannten, eine Vergeistigung der Ernährung, die darauf hinausläuft, dass die Essenz der Speisen, also die Lichtkraft in den Zellen statt der physischen Masse, die eigentliche Ernährung werden wird. Die Molekularstruktur kann sich in vielen Fällen verändern und wird deshalb, wenn sie eingenommen wird, ebenfalls eine Veränderung der Struktur der biologischen Erscheinung der Menschen bewirken. Sie werden je nach Eigenart entweder aus dichter Materie oder feiner Schwingung bestehen, leichter oder schwerer werden. Entweder wird ihr Leben höher und lichter werden, oder es wird viel umfassender oder bedrückender werden – je nachdem welche Richtung sie für sich gewählt haben. Jede Richtung, die gewählt worden ist, wird durch die vermehrte Kraft der geistigen Substanz verstärkt werden.

Auf mich hat es zurzeit den Einfluss, dass ich mich deutlicher mit euch verbinden kann, weil die Heranziehung der gemeinsamen Kraft eine Konzentration des Gewebes allen Lebens untereinander bewirkt. Und das bedeutet, dass die Kommunikation allen Lebens ein größeres Ausmaß annimmt, als bisher für jeden Einzelnen ersichtlich war. Dies ist ein natürlicher Entwicklungsprozess. Nicht ich allein spüre es, ihr wisst es genauso. Nur seid ihr euch nicht darüber im Klaren, weil ihr etwas habt, was ich nicht habe. Ihr habt den menschlichen Verstand, und dieser versucht zu begreifen und zu ergründen. Das ist sein gutes Recht. Er kann aber nicht ersehnen, erfühlen und ermitteln. Das Mittel, um all diese Zusammenhänge zu spüren, ist die stärkere Verbindung eures geistigen Selbstes zu allem, was ist.

Das Leben insgesamt verändert sich, und zwar nicht nur auf der Erde, sondern überall im Universum. Solche Einheit bewirkt, dass die Verbindung vermittels der geistigen Selbste untereinander stärker wird. Das ist ganz unabhängig von der äußeren physischen Form. Ihr werdet es entdecken. Eure Wissenschaft wird einige Neuigkeiten entdecken, was das Leben angeht. Ihr werdet entdecken, wie sehr ihr euer Selbst in Bewegung setzen könnt und wie ihr mehr und mehr die Identifikation mit eurem geistigen Selbst herstellen könnt, so dass ihr ein neues Selbst zu erschaffen scheint, das aber in Wirklichkeit nur die Erinnerung an das Eigentliche ist. In meinem Fall ist die Erinnerung an das Eigentliche durch den vergangenen Urlaub hergestellt worden, nämlich dadurch, dass ich komplett eingetaucht war in die Natur der Tierwelt und mich auch entsprechend wohlgefühlt habe. Ich wusste um den Zusammenhang der Gedankenformen, die ihr hergestellt habt, aufgrund unseres letzten Gesprächs, und ich habe es besonders genossen, in dieser Art von geistiger Freiheit zu sein, die von Anspruchsdenken oder sehnsuchtsvollen Gedanken unbelastet war, abgesehen von den Energiewellen der Zuneigung, die mich ab und zu erreichten und für die ich sehr dankbar bin.

Willst du mich dazu etwas fragen?

Du hast es schon sehr gut erklärt. Ich habe mich sehr darum bemüht, keine negativen Gedankenformen auszusenden, und es ist schön, dass es offensichtlich gut geklappt hat. Ich habe auch beim Wiedertreffen gemerkt, dass du verändert warst. Was mich interessiert, ist, warum es dann zu dieser überflüssigen Beißerei kommen musste.

Eine Naturkraft ist die, dass der Stärkere überlebt, und derjenige, der überlebt, kann die nächsten Schritte tun. Der Anblick des ursprünglichen Kampfes zwischen den Elementarwesen ist dir vielleicht nicht angenehm gewesen, hat aber weniger mit Eifersucht zu tun als vielmehr mit der Tatsache, dass du als ein sehr leuchtendes Wesen aufgetaucht bist. Ich wollte dich mit meiner instinktiven Kraft vor anderen beschützen, während ich gleichzeitig durch das Tierische hindurch meinen Weg zu dir freischaufeln musste, hin zu deiner inneren Empfindung. Vielleicht war es mit menschlichen Augen betrachtet eine unschöne Szene, aber die Kraft des Rudels untereinander hat sich durchaus in Harmonie bewegt.

Ja, gut.

Wir können noch ein Schrittchen voranschreiten. Da die Bewusstseinsstruktur, die Bewusstseinswellen des Vermittlers weiter ausreichen, als ich es wahrnehmen kann, ist es möglich, dass ich vieles von dem, was ich selbst durch die Tierwelt erfahren habe, jetzt noch auf eine andere Art mitteilen kann. Hast du Lust dazu?

Ja.

Eine neue Erlebenssphäre

Dann lasst mich mit der Mitteilung beginnen, dass sich das Tierleben verändern wird. Es wird sich in zwei Linien aufteilen. Das wird aufgrund der menschlichen Anstrengungen geschehen, die insgesamt aufgebracht worden sind und immer noch aufgebracht werden. Das Tierleben hat den Sinn zu dienen und auf der planetarisch-elementaren Ebene etwas aufrechtzuerhalten, wovon die Menschen wenig wussten, was aber am Anfang unserer Betrachtungen und Gespräche eine große Rolle spielte, nämlich das feine, strukturelle, nervliche, empfindsame Gewebe des Planeten aufrechtzuerhalten. Und dies geschieht nun zu einem großen Teil.

Selbst wenn viele Tiere sich verabschiedet haben und nicht mehr inkarnieren werden, gibt es doch eine große Anzahl von Tieren, die wiederkehren wird, um an diesem Prozess der Aufwärtsentwicklung teilzunehmen. Diese Aufwärtsentwicklung beinhaltet in sich eine sehr starke Konzentration und Führung durch persönliche Nähe. Diese kann nur von Menschen hergestellt werden, die bereit sind, sich selbst in die Aufwärtsbewegung hineinzubegeben und gleichzeitig das, was sie in ihrem Leben angesammelt haben, entweder zurückzulassen oder es dem Leben auf der nächsthöheren Ebene anzupassen.

Wenn ich »nächsthöhere Ebene« sage, meine ich damit keinen Bewertungsmaßstab, sondern eine Qualität der Empfindungen und eine Qualität des Gewahrseins, die wie ein neues Licht heraufdämmert und in der sich schon viele aufhalten, die sich innerlich der Tatsache bewusst sind, dass sie auf diesem Weg sind. Die Tiere werden eine Art intimer Kameradschaft mit den Menschen herstellen, insbesondere Haustiere, die gewohnt sind, auf ihren Herrn oder ihre Herrin, ihren Meister oder ihre Meisterin zu hören bzw. mit ihm oder ihr zusammenzuleben oder zu arbeiten. Das bedeutet aber nicht, dass jedes geliebte Haustier diesen Prozess mitmachen kann, sondern es bedeutet, dass nur solche Tiere mitgenommen werden können, die durch die Liebe ihrer Meister freigesetzt werden. Führung, auch zum Teil straffe Führung, ist immer notwendig für uns. Aber Führung, die dem menschlichen Willen entspricht, der sich rechthaberisch auf seine eigensinnigen Wertvorstellungen beruft, ist eine Führung, die uns verkrüppelt: seelisch, geistig und natürlich im Laufe der Zeit auch körperlich.

Eine Führung, die gegeben wird, damit wir unser Potenzial entfalten und uns in der Umarmung, die wir von unseren Meistern erwarten, wohlfühlen können, ist die allerbeste Möglichkeit, das Potenzial, das sich nun in uns heranbilden wird, freisetzen zu können. Denn wir haben ebenfalls geistiges Potenzial, das freigesetzt werden kann. Betrachtet es einmal so, dass die Hüter des elementaren Lebens so etwas wie Engelwesen sind, die das elementare Leben bewachen und beschützen und die immer wieder trotz aller Beeinträchtigungen das ursprüngliche Muster entweder aufrechterhalten oder wiederherstellen, soweit das äußere Leben es möglich sein lässt.

Viele Tiere, die durch das Zusammenleben mit Menschen in einen anderen Erfahrungsbereich hineingekommen sind, haben nun die Möglichkeit, allmählich diese Aufgabe selbständig zu übernehmen. Sie lernen also, sowohl von den Menschen wie auch von ihrer eigenen geistigen Kraft – der Kraft, die ein Rudel, eine Horde, leitet, der Kraft des Alphatieres –, die Notwendigkeit, das geistige Muster für andere aufrechtzuerhalten. Und so wird es Tiere geben, die sich weiter emporschwingen. Dabei benötigen sie es, im menschlichen Bereich zu leben und gleichzeitig die menschliche Schwingung als diejenige der Schöpferkraft aufzunehmen, die ihnen wie die Schwingung von Schutzengeln, von höher angesiedelten Wesen, die Richtung zeigt und ihnen das Licht bringt.

Jene Tiere unter uns, die sich ebenfalls entschlossen haben, diesen Weg zu gehen, werden von diesem Licht direkt berührt, beginnen, ihre Aufmerksamkeit zu erhöhen und dadurch Veränderungen herbeizuführen, die am Anfang durchaus unverständlich sein mögen. Doch durch die Art der Zusammenarbeit mit den Menschen und anderen Tieren wird bald deutlich, dass sie die eigentlichen Führer des elementaren Lebens werden können.

Es ist so ähnlich wie bei euch Menschen. Ihr seid auf dem Weg, in Vollendung die menschlichen Engel und die Schöpfergeister, die ihr seid, zu werden. Und wir sind auf dem Weg, die Erhalter des Lebens und die Bewahrer und Beschützer des elementaren Reiches zu werden, die wir eigentlich sind. Dadurch stellen wir die Verbindung zu euch und dem grundsätzlich – wie ihr sagt: primitiven – Leben her, so dass ein Gewebe aufgebaut wird, das alles Leben allmählich weiter anhebt. Jeder von uns kommt also in eine neue Erlebenssphäre und in eine neue Dimension der Ausweitung seiner Tätigkeiten, seiner Erkenntnismöglichkeiten und damit eben auch seiner Lust und seiner Freude. Der innere Wille für dieses Experiment ist die Freude an der Schöpfung und die Freude, das Leben neu zu gestalten.

Wie wird es den Tieren gehen, die sich entschlossen haben, diesen Weg nicht zu gehen? Gibt es das überhaupt?

Sie werden in ihrer Daseinsform bleiben, und es wird für sie so gesorgt werden, dass sie sich ebenfalls wohlfühlen. Diejenigen, die weiter aufwärts gehen, leiten die Kraft ihrer Evolutionslinie an nachfolgende Lebewesen in ihrer eigenen Daseinsform weiter.

Die Entscheidung für die Art des gewählten Lebens zeigt auf, ob weiterreichende Verbindungen ermöglicht werden oder ob in dem gegenwärtigen Zustand eine etwas angenehmere Form des Lebensausdrucks wünschenswerter erscheint. Ihr werdet aber darüber sicherlich durch euer eigenes Selbst im Laufe der Zeit deutlicher belehrt werden und könnt dann entdecken, wie es sich auf alles übrige Leben auswirkt. Willst du mich dazu etwas fragen?

Ich muss das erst noch einmal hören und verstehen!

Dann lass mich zum Abschluss nur noch dies sagen: Das Leben entwickelt sich zurzeit sehr schnell auf einer aufwärts steigenden Spirale weiter, wie es bisher in der Evolution des Lebens noch nicht vorgekommen ist. Wir Tiere sehen das mit großem Erstaunen und mit großer Freude. Wir wissen, dass ihr Menschen das nicht so sehen könnt, weil ihr mit dem Schleier des Vergessens umgeben seid. Aber dieser Schleier* wird immer dünner und durchsichtiger. Ihr könnt allmählich von der Frage Abstand nehmen: »Wer bin ich?«, weil ihr es immer deutlicher in euch selber spürt.

Ich danke euch dafür, dass ich die Gelegenheit bekommen habe, mich mitzuteilen. Es war eine sehr gute Idee, diesen Kontakt direkt nach eurem Urlaub, zu Beginn unseres Neuzusammenseins, herzustellen, denn ich konnte einiges von dem, was du im Bewusstsein trägst, durch diesen Vermittler empfangen, was mein Leben und das Leben anderer Tiere bereichert. Und ich konnte eine neue Darstellung der Vorgänge aus unserem Leben durch diesen Kanal in euer Leben bringen, so dass ihr es analog für eure eigenen Erfahrungen umsetzen könnt, die euch noch mancherlei Schmunzeln bereiten werden. Ich danke euch und wünsche euch einen angenehmen Tag.

Vielen Dank.

---

* Es wird gesagt, dass wir den Schleier des Vergessens – auch als »Schleier der Isis« bezeichnet – zum Zeitpunkt unserer Geburt umgelegt bekommen. Wir vergessen die Erinnerung an das Leben im geistigen Bereich und können uns den Aufgaben, denen wir uns im Leben gegenübersehen, unbefangen zuwenden. Die Sehnsucht und die Suche nach dem wahren Zuhause aber bleiben. Die drei Grundfragen der Menschen »Wer bin ich? Woher komme ich? Warum bin ich hier?« werden in immer neuen Variationen durch das Streben und das individuelle Leben jedes Einzelnen beantwortet. Dadurch entwickelt sich das Seelenpotenzial und zieht den Menschen bei seiner Erfüllung endgültig in das Zentrum der Schöpfung zurück.

12. Die Sprache im Kopf

20.4.2004. Wir lebten in einer Zeit stetigen Wandels: Die Erde erfuhr Beben, Wassermassen fluteten über sie hinweg, Stürme und Vulkanausbrüche waren an der Tagesordnung. In manchen Ländern fiel ohne erkennbaren Grund die gesamte Stromversorgung aus. Das Leben befreite sich von Altlasten. Die innere Entwicklung der letzten Zeit hatte viele meiner Klienten in eine neue Welt des Erlebens gebracht. Manchmal glaubte auch ich, in einer neuen Welt zu sein, aber wir wohnten alle gleichzeitig in diesen biologischen Erscheinungsformen, unseren Körpern, und versuchten die Veränderung unserer Empfindungen zu verstehen. Wir versuchten, unsere Gefühle zu ordnen, unsere Instinkte und Triebe, unser Denken und unsere geistigen Aspekte. Dabei war es gut, so wie es war. Auch in der Dreierkonstellation der Sitzungsformen mit dem Tier und Mia schlug sich die Veränderung nieder, wobei sich ein gemeinsamer Nenner zeigte. Wir teilten Erfahrungen von Leid, Einsamkeit und dem Streben nach Sinn und Gesundheit.

Die Schwierigkeit bei Veränderungen rührte daher, dass der körperliche Widerstand jedes Einzelnen von uns dreien sehr stark war. Jeder von uns hatte von klein auf seine Krankengeschichte, die der Wegbegleiter unseres Erlebens war. Jeder von uns stand mehrmals am Abgrund des Todes. Wir haben sehr viel Kraft gebraucht, um uns zu heilen, Heilung anzunehmen und überleben zu können. Aber ich war der Ansicht, dass sich die schmerzhafte Verletzlichkeit, mit der wir bisher unser Leben gelebt hatten, bereits in die Kraft wandelte, die wir eigentlich sind. Neue Wahrnehmungsweisen brachten auch neue Erkenntnisse und Fähigkeiten mit sich, die durch unser bisheriges Verhalten durchschienen und es veränderten, weil etwas in uns verändert war. Alte Talente, denen wir in der Kindheit abgeschworen hatten, wurden wieder lebendig und machten das Leben reicher.

Auch die Art der Verbindung zwischen Mia und Joy hatte sich im Laufe der Zeit weiter verändert und verstärkte sich mehr und mehr. Es gab fast so etwas wie eine telepathische Verbindung zwischen ihnen. Wie um meine Beobachtung zu bestätigen und in Fortsetzung meiner Gedanken hierüber wandte sich Joy ohne Einleitung direkt an Mia.

Das telepathische Netz

Immer wenn du mich innerlich anrufst, merke ich es. Auch deine Gedanken spüre ich, insbesondere diejenigen, die auf mich ausgerichtet sind, so wie du es heute morgen beim Spaziergang gemacht hast, indem du mich mit deinen Gedanken gelenkt hast. Die Gedanken waren natürlich die Absicht, die du im Sinn hattest, der Weg, den du gehen wolltest. Da du so nett zu mir warst, konnte ich mich vollständig einklinken, und wir konnten Seite an Seite gehen, bis die Spiellaune mich überkam. Das telepathische Netz zwischen den Tieren und den Menschen ist von großer Bedeutung. Es besagt, dass die Verbindung zwischen dem physischen und dem geistigen Leben, mit dem Elementarleben und überhaupt mit allem Leben, immer in Austausch ist. Da aber alles auf der Schwingungsebene der universalen Energie zusammenkommt, ist es nicht für jeden jederzeit wahrnehmbar. Es ist natürlich gewünscht, dass sich die Menschen, die Tiere und die Elementarwesen in ihrem jeweiligen Bereich weiterentwickeln. Jedoch ist die Interaktion aller Lebewesen untereinander immer gegenwärtig, weil ja alles von der gleichen Energie gehalten wird und in der gleichen Energie lebt. Und dazu gibt es ein paar Anmerkungen, die ich zum Abschluss dieses Buches machen möchte.

Ihr habt viel hinterfragt und habt euch viele Gedanken über die Erinnerungen gemacht, die ich durch meine Ansprache an euch weckte. Sind es Echos der Vergangenheit? Erinnern sich eure Körper an eine Zeit zurück, in der sie in einem ähnlichen Zustand waren wie ich jetzt? Ihr habt versucht, euch zu erinnern, wie es war, als ihr die Menschwerdung begonnen habt. Welche Schwierigkeiten gab es da, aber auch welche Freude über das Leben und welche Vorfreude, getragen von dem höchstmöglichen Ziel, dem die Menschheit zustrebt? Ihr habt dies unterbewusst getan. Einige eurer Fragen, die ihr an mich gestellt habt, betrafen in Wirklichkeit sehr stark euch selbst. Das war auch gut so. Ich habe es erst nach einiger Zeit begriffen und könnte hier inzwischen sehr viel darüber sagen. Aber es ist jetzt nicht die Zeit dazu. Es könnte vielleicht späteren Publikationen vorbehalten bleiben.

Wenn ich sage »das Buch abschließen«, dann meine ich damit: diese

Periode der Kommunikation abschließen. Es ist zu diesem Zeitpunkt alles gesagt worden, was über die Kommunikation zwischen uns von Bedeutung ist. Außerdem kann ich mich direkt an euch wenden, um euch eine Mitteilung zu machen. Durch meinen Blick und durch mein Anstubsen kann ich einen Anstoß, einen Ansporn, geben und eure Motivation, die ihr vielleicht gar nicht deutlich wahrnehmt, verstärken. Jedes Mal, wenn ich euch mit meiner Nase berühre, spürt ihr, dass ich etwas möchte. In den allermeisten Fällen begreift ihr intuitiv sofort, um was es sich handelt. Wenn ich nun anfange, euch innerlich anzustubsen, dann könnt ihr wahrnehmen, was ich euch mitteilen möchte. Du, Detlef, hast vor einiger Zeit bemerkt, dass du Ideen – Gedanken kann man es nicht nennen –, Motivationsschübe, Motivationseinheiten, Gedankenmuster, elementare Bilder, die ich in mir trage und die mich bewegen, wie Sprache in deinem Kopf spürst. Und diese Sprache in deinem Kopf kann sich erweitern, wenn du sie sogar darüber hinaus nicht unbedingt in Worten ausdrückst, sondern das dazugehörige Bild aufnimmst. Dann haben wir eine perfekte Kommunikation, die weit über die Grenzen dessen hinausgeht, was am Anfang gedacht war: Heilung von einer lebensbedrohlichen Infektion.

Die Heilungsarbeit zu Beginn hat es mit sich gebracht, dass die Kraft, die hier anwesend ist, anfangen konnte, sich mitzuteilen. Obwohl sie zunächst dazu gedacht war, mich wieder fit werden zu lassen, hat sie eine andere Form angenommen, was sowohl für euch wie auch für mich von großem Erstaunen begleitet war. Es hat sich durch die einfache Mitteilung der Zusammenhänge über Krankheit, über Interaktion zwischen Menschen und Tieren, über Gruppenseelen, das geistige Wachstum, die Weiterentwicklung der Menschen und Tiere, das Sich-Einfinden in die Interaktion untereinander und die Kommunikation alles Lebendigen miteinander so weit herangebildet, dass wir nun in einem direkten Kontakt sein können.

Wenn ihr diese Gedanken, diese Mitteilungen, als Buch herausgeben wollt, wird es erfolgreich werden, denn es hat einige Aspekte, die andere Verfasser, die sich zurzeit ebenfalls mit der Kommunikation mit Tieren beschäftigen, nicht bereitstellen. Das liegt zum einen daran, dass Tiere sich ja eben auch nur in der ihnen gemäßen Art mitteilen können. Die Empfängnisbereitschaft eines Menschen für solche Mitteilungen wird mehr von seinem Kleinhirn geleitet, von seinem Stammhirn, das in der Vergangenheit Informationen gespeichert hat, während ein Tier, das sich entwickelt oder durch Krankheit gezwungen wird, sich zu entwickeln, eine neue, nicht ableitbare geistige Kraft hervorbringen muss. Das habt ihr mit mir gemacht, als ihr mich angesprochen habt; und anstatt mich gehen zu lassen, konnte eine sehr überraschende Heilung herbeigeführt werden.

Diese geistige Kraft ist eine Brücke, die von jetzt an zwischen den Menschen und den Tieren wachsen kann. Ihr seid nicht die Einzigen, die diese Brücke hergestellt haben; es gibt mehrere Menschen, die sich damit beschäftigen. Jedoch sind solche Arten von Kommunikation nicht immer von der Gestalt, dass man sie publizieren kann oder möchte. Es kommt vor, dass die Kommunikation, die über solche geistigen Brücken geschieht, nicht immer akustisch aufgezeichnet werden kann. Es ist ein Glücksfall, dass dieser Kontakt hier solche Impulse in Sprache umwandeln kann.

Ich habe den Vermittler manchmal gelobt, damit er daran glauben kann, dass es sich nicht um seine eigene Interpretation handelt, sondern dass er tatsächlich in der Lage ist, den Impulsen, die ich durch ihn vermittle, Worte zu geben. Natürlich entsprechen die Worte seinem Verständnis. Sie bilden zurzeit ein Allgemeinbewusstsein und sollen zum Allgemeinbewusstsein der Spezies der Menschen sprechen. Innerhalb der gesamten Evolution aller Lebensformen nehmen die Menschen eine herausragende Stellung ein und sie sind diejenigen, die uns miterschaffen haben. Sie sind die Miterschaffer dieser Welt, sie sind die Miterschaffer dieser Wesen, mit denen sie sich auseinanderzusetzen haben und die wie Fremde vor ihnen stehen, nämlich wir Tiere. Wir haben viele Ausdrucksformen, durch die wir uns mitteilen können, und wir sind dafür da, um das menschliche Bewusstein zu trösten, in ihm die Erinnerung an die ursprüngliche Liebe wieder zu erwecken und um die Menschen einzuhüllen in ein Gefühl der Zusammengehörigkeit mit allem Leben untereinander.

Ein Ausblick

Es mag sein, dass wir in absehbarer Zeit diese Funktion ändern werden. Je mehr Tiere sich zurückziehen – wir sprachen in den ersten Kapiteln darüber, warum das so ist – und je mehr Tiere sich nun weiterentwickeln, desto eher wird eine Form der direkten Kommunikation gebildet werden, die möglicherweise des Aufrechterhaltens von äußeren Mustern nicht bedarf. Der Mensch ist in seiner biologischen Erscheinung ebenfalls sehr stark verwandt mit dem Tier. Weil er selbst lernt, seine biologische Erscheinung zu lenken, zu leiten und sie zu durchgeistigen, wird er auch dahin gelangen müssen, die geistige Kraft physisch werden zu lassen, um sich auf diese Weise körperlich selbst erhalten zu können. Das wird zur Folge haben, dass sich die Körper verändern und lichter werden; dadurch wird das Leben leichter.

Ja, wenn man sich wie ihr aktiv mit solchen Themen und Zusammenhängen beschäftigt, ist auch eine persönliche Weiterentwicklung unvermeidlich, und diese hat sehr oft mit Veränderung zu tun. Diese Veränderungen können sanft oder radikal geschehen. Das hängt von der Natur des Einzelnen ab. Es ist natürlich nicht sehr ratsam, Radikales zu erwarten oder Radikales zu fördern, aber bei manchen Menschen ist es notwendig, dass eine grundsätzliche Wurzelbehandlung geschieht oder eingeleitet wird, damit die gewünschten Veränderungen auch geschehen können. Bei euch ist es nämlich manchmal so.

Aber dann wird jede Art von Anstrengung leichter; jede Kraft, die durch die Menschen in diese Welt fließt, wird leichter, und es wird leichter zu Ergebnissen und Handlungen kommen, die mit der Wahrheit dessen, was jeder Einzelne ausdrücken möchte, besser übereinstimmt als vorher. Wir Tiere haben zu einem großen Teil Aufgaben übernommen, die dazu gedacht waren, das physische Leben der Menschen zu erleichtern, nicht nur indem wir ihnen unsere Körper und unser Leben als Hilfe anboten – als Zuchtvieh, als Arbeitstiere, als Mittel zur Fortbewegung, als Mittel zur Ernährung –, sondern vor allen Dingen auch, indem wir durch unser Leben das elementare Leben von euch Menschen auf der biologischen Ebene in eurem körperlichen Dasein miterhalten. Die Tätigkeit der Drüsen, der

Chakren* und die Tätigkeit des Nervensystems sind sehr stark abhängig von dem Gesamtgefüge alles Lebendigen.

Da wir nicht in dem evolutionären Stress leben, den ihr habt, sondern nur in dem Stress, den ihr uns gebt, ist es für uns zu einem großen Teil leichter gewesen, die elementaren Formen der lebenserhaltenden Kraft, die euer physischer Körper braucht und die ihn durchfließt, für euch mit aufrechtzuerhalten. Wenn ihr dies also nun in absehbarer Zeit selber könnt, und zwar auf eine sehr einfache Art, dann wird diese Funktion an euch zurückgegeben werden, da ihr sie integriert habt. Weitere Ebenen des Bewusstseins internalisiert ihr dadurch, dass ihr mehr geistige Kraft empfangt und aufnehmt und sie hoffentlich auch euren Freundinnen und Freunden mit zur Verfügung stellt.

Es mag hilfreich sein, wenn ich euch erzähle, dass wir lediglich in einer schwierigen Periode des Überganges von der Angst zum Licht leben. Teilt auch euer Wissen mit anderen. Aber nicht die Schwierigkeiten sind der Hauptinhalt des Lebens, sondern die innere Strömung, die bei jedem Einzelnen da ist. Und die ist bei uns allen gesund und gut und wird uns alle weiter führen. So wie in diesem Augenblick der Lichtdom für dich sichtbar hergestellt wird, der aus den Herzen und Köpfen von uns dreien kommt**, so werden auch in Zukunft solche Lichtdome von anderen hergestellt werden, die mit ihrem guten Herzen beieinander sind.

Die Aufgabe von uns Tieren wird dann eine andere sein. Zum Teil werden wir uns umwenden und unseren Tierfreunden helfen, die nächsten Schritte zu tun. Zum Teil werden wir Aufgaben wahrnehmen, die wieder in einem

* Die Chakren sind feinstoffliche Kraftzentren, durch die der Mensch seine Lebensenergie aus dem Kosmos aufnimmt und die ihnen zugeordneten Körperregionen belebt.

** Beim Sprechen der letzten Sätze hatte ich innerlich und visuell wahrgenommen, wie aus unseren Körpern, genauer aus den Herzen und dem Mittelpunkt unserer Köpfe, sanft Lichtstrahlen ausbrachen. In einem großen Bogen über uns bildeten sie einen Baldachin, unter dessen Schutz sich die gewünschten Angelegenheiten und gewollten Schöpfungen unseres Lebens entwickeln konnten. Die Kraft dazu kam aus dem gemeinsamen Schnittpunkt, an dem sich die Lichtstrahlen trafen und wie zu einer großen Kugel ineinander verschmolzen. Das Ganze ähnelte in seiner Erscheinungsform einem strahlend kristallinen Lichterdom.

direkten Zusammenhang mit euch stehen werden, über die zu dieser Zeit aber noch nicht im Detail geredet werden kann, da es von der inneren und äußeren Entwicklung abhängig ist, die ihr und wir durchlaufen.

Vielen Dank für die Ausführungen.

Ich danke euch. Auf Wiedersehen!

13. Ein schöner Ausblick

21.7.2004. Diesmal war bei unserem Treffen von vornherein alles anders als sonst. Unser aller Leben hatte sich seit der letzten Zusammenkunft dramatisch verändert. Im Vorgespräch zeigte sich, dass jeder durch persönliche Krisen und Phasen der Weiterentwicklung gegangen war, die eine fundamentale Revision des Lebens eröffnet hatten. Wir sahen uns anderen Herausforderungen gegenüber. Außerdem hatte ich das vage Gefühl, dass sich heute Entscheidendes ereignen würde. Es lag etwas Unfassbares, Erregendes in der Luft. Ich fragte mich, ob die Arbeit abgeschlossen oder ein neues Thema ins Bewusstsein gebracht werden würde. Innerlich übermittelte ich Joy während der Ruhe der Einstimmung meine Fragen und brachte meine Wünsche im Hinblick auf das fehlende Tonband vor, mit dem auch der Mitschnitt und die Inhalte einer interessanten Sitzung verloren gegangen waren.

Erneute Heilung

Dem Tier ging es nicht gut, es litt. Joy war wieder an den Mandeln erkrankt. Ich nahm ihren Kopf zwischen meine Hände. Sofort setzte der Heilungsstrom ein, der mich durchfloss. In den nächsten 20 Minuten war ich als Ausführender Zeuge eines Heilungsvorganges, von dem ich nicht wusste, ob ich ihn vornahm, weil ich die Anwendungsweise verstand, oder ob ich ihn zu verstehen lernte, während ich die Heilung durch mich geschehen ließ. Ich war frei von Gedanken und inneren Bewegungen, wie entleert. Ich hatte mich der Hündin zugewandt. Dabei spürte ich ein sich aufbauendes Netz dysfunktionaler Muster in ihrem Körper. Gleichzeitig nahm ich visuelle Eindrücke einer gestörten Ausstrahlung von Joy wahr. Im Abstand von fünf Zentimetern über ihrem physischen Körper bemerkte ich zusätzlich zur Hitze in ihrem Hals eine schwarzrote Ansammlung von Energie, die sich verklumpt hatte. Diese Energie war nicht einfach zufällig in diesem Moment entstanden, sondern deutete auf etwas Ursprüngliches, bereits vor langer Zeit Erlittenes hin. Ich konnte fühlen, wie sich ein Netz aus diesem Energieklumpen über den ganzen Körper hinzog, und begann nun sowohl physisch als auch geistig, dieses Netz aufzulösen, indem ich den einzelnen Verästelungen nachging und auf ihrem Körper alles glatt strich, während ich gleichzeitig ihr Energiefeld bürstend durchkämmte. Nur langsam lösten sich Verkrampfungen auf. Verklumpte und geballte Anhäufungen von Energie kamen wieder in Fluss. Ich legte meine Hand auf ihren Kopf. Ein silbrig goldener Strom durchzog mich. Er floss durch meine rechte Hand in ihren Kopf und füllte ihn mit Frische und Klarheit. Meine linke Hand nahm unterdessen alte Klumpen verharschter und verbrauchter Energie auf und leitete sie in den Boden unter mir ab.*

Als sei nun ein Schleier gelüftet worden, zeigte sich darunter die nächste Schicht der Störungen. Das Tier schien wie von Fesseln umgeben. Besonders der Kehlkopf war komplett eingeschnürt. Zug um Zug entwirrte ich das lange Band der Behinderung, löste die Schnüre und fuhr so lange damit fort, bis ich schließlich zum ursprünglichen Kern vordringen konnte: einer soliden Schlinge, die fest um den Kehlkopf gezogen war. Die geistige Sicht erzeugte eine neutrale Klarheit, und die Wachheit meines Empfindens ließ mich zweifelsfrei den traumatisierenden Ursprung dieser Fessel erkennen, so als sei ich gerade jetzt Zeuge dieses Geschehens, das sich vor meinen inneren Augen abspielte.

Gleichzeitig war ich mir auch der Stimmen meines anderen Ichs bewusst, die laut argumentierend das Ganze als Verirrung und Unsinn abstempelten und mir die Unmöglichkeit dieser Situation einreden wollten. Nein, ich wollte mich nicht in absurder Lächerlichkeit verlieren, aber wie sonst in der Zusammenarbeit mit meinen Klienten widmete ich auch jetzt meine Talente und Fähigkeiten dem höchsten Wohl und der universalen Ordnung, die der Brücken in unsere Welt bedarf.

---

* Heilung durch Energieübertragung ist immer feinstofflicher Natur. Wenn ein Heiler Störungen aus dem Energiefeld einer anderen Lebensform abzieht, muss er sie weiterleiten, bevor sie seiner eigenen Energie zugeschlagen wird. Damit sich der Heiler nicht mit den Gebrechen anderer belastet, ist es wichtig, die abgeleitete Energie an die Kräfte der Natur abzugeben, die sie wieder in die ursprüngliche neutrale Kraft zurückverwandeln. Dies geschieht durch Waschen der Hände oder durch Bodenkontakt.

Als Nächstes spürte ich eine unbeirrte kristallin hellblaue Strahlung, die breitflächig aus dem Handteller austrat, während eine stark zentrierte Bündelung durch den Zeigefinger der rechten Hand hervorbrach, wobei sich das zielgerichtete Licht punktgenau lenken und in der Wirkungsstärke exakt dosieren ließ. Wie bei einer Operation löste sie Klumpen und Restbestände in der ätherischen Erscheinung der Hündin auf. Meine linke Hand dagegen sandte flächige und wellenförmige goldene und rubinrote Energie aus, während ich beruhigend ihre Halsregion massierte, denn ich hatte den Eindruck gewonnen, dass die gestörte Drüsenfunktion wieder ihre Tätigkeit aufnehmen konnte.

Zum Schluss lud ich das Tier mit neuer Energie auf, indem ich es zunächst mit weißem Licht badete, und als ich es bat, sich die Energie, die es nun am meisten brauchte, auszusuchen, schoss ein pulsierendes Grün* durch meine Hände in ihren Körper hinein. Joy richtete sich in einem lebendigen maigrünen Kraftfeld erneuert auf und blickte mir erfrischt in die Augen. Ich bürstete nochmals das gesamte Energiefeld und massierte auch physisch die Vorder- und Hinterläufe, die Lenden, den Rumpf, Hals, Kopf und Schnauze. Mir schien, dass alles gereinigt und in Einklang gebracht worden war, bevor ich Joy zu ihrem Schutz für die nächste Zeit energetisch versiegelte und sie in ein besonderes Schutzkraftfeld aus Licht einhüllte.

Nach einer kleinen Pause kehrte Ruhe ein. Joy legte sich zu meinen Füßen. Während ich den Vorgang abklingen ließ, wandte sich Mia wieder an mich. Sie war Zeugin dieses Vorgangs gewesen, hatte ihn auch innerlich mitvollzogen und war interessiert, darüber aus der Sicht von Joy zu hören.

---

* Die heilende Kraft ist das Licht. Wenn das kosmische Licht in unsere Atmosphäre eintritt, wird es prismatisch aufgeteilt. Die unterschiedlichen Wellenlängen des Lichtes erzeugen verschiedenartige Qualitäten der Wirkung auf die Organismen. Alle Farben heilen. Jedoch ist die Anwendung ihrer spezifischen Wirkungsweise zu beachten. Sie bedeutet die Heilkunst der Zukunft. Die Farbe Grün trägt in sich die Energie für die Heilung auf der physisch-chemischen Ebene.

Mich interessiert, was Ursache, Auslöser und Hintergründe der Krankheit waren und wie Heilung überhaupt funktioniert. Wir hatten schon einmal eine Sitzung zu diesem Thema, in der du sehr ausführlich darüber gesprochen hast. Du sprachst über die Bemühungen der Ärzte und dass sie in erster Linie über die Liebe heilen, die sie dem Tier zuteil werden lassen. Leider ist dieses Band verloren gegangen.

Es ist schön, dass du mich danach fragst, ich selber erinnere mich nicht mehr an übermittelte Inhalte. Mir wird jetzt nur anhand der Zusammenhänge deutlich, dass wir während jener Kommunikation eine Tür zu größerem Verständnis geöffnet hatten. Meine geistige Leiterin, die der Heiler »Supervisorin« genannt hat, ist im Moment hier anwesend. Sie bringt mir in Erinnerung, dass wir in der damaligen Situation Inhalte ansprachen, die erweiterte Möglichkeiten der Mitteilung nach sich zogen. Lasst uns sehen ...

Auswirkungen der Angst

Heute fühle ich mich wieder von dir geheilt, Detlef, und das ist eine sehr große Freude. Ich liege hier erschöpft und in Ruhe, die ich wie eine Gnade dankbar angenommen habe. Du hast sie mir vermittelt. Es war so schön, wieder deine Hände zu spüren und deine unvoreingenommene Anteilnahme zu erleben, die es mir ermöglicht, mich angenommen zu fühlen und so einen Großteil meiner Angst zu verlieren, die ich bis dahin immer noch mit mir trug. Diese Angst, die du gespürt hast, hatte sich in Form dieses Endlosbandes um meine Kehle gelegt. Sie war wie ein Knäuel starrer Gedankenmodelle, die meine Organe einschnürten und mich daran hinderten, etwas anzunehmen oder etwas herauszugeben. Beides, das Annehmen und das Herausgeben, hat dadurch gelitten. Und weil Geben und Nehmen in der letzten Zeit so sehr gelitten hatten, konnte ich den natürlichen Fluss meiner Liebe nicht aufrechterhalten. Wie ihr ja schon aus den vorhergehenden Texten gemerkt habt, ist es ein natürlicher Zustand zu lieben. Man ist dann in Liebe, wenn die Liebe fließen kann. Angst behindert die Liebe und schnürt sie wortwörtlich ein. Das waren die Schnüre, die du entfernt hast. Die Angst entstand nicht nur aus mir heraus, sondern sie war hauptsächlich durch Gedankenformen ausgelöst, die von außen über mich gelegt worden waren.

Wenn sich eine Angst über das Gemüt legt, dann zieht sie aus der Umgebung auch andere Ängste an. Solche Partikelchen von Angst können sich zu zusammenhängenden Großformen ausbilden. Das war der Zustand, dem ich unterlag, als ich zum allerersten Mal zu dir gebracht wurde. Du hast das damals erkannt und eine große Offensive gegen die Heimtücken der niederen dunklen Kraft gestartet, die sich um mich gelegt hatte. Dieses Mal brauchte es keine Großoffensive, sondern in der Wiederholung der Krankheit war mir, als sei ich von einer Oktave zur anderen aufwärts gegangen. Es ist nicht gefährlich, nur musste ich es durchstehen. Da du mir nun wieder geholfen hast, wird dieser Prozess abgekürzt.

Ich habe schon einmal darüber gesprochen, dass die Symptome von Krankheiten zwischen dem Besitzer, Erzieher oder Führer des Tieres und dem Tier selber hin und her gehen. Nun wart ihr in einer Situation, in der ihr euer Leben verändertet und die damit verbundenen Ängste waren mental bedingt, hatten aber eine sehr starke emotionale Auswirkung, welche die Kehle zuschnürte. Das hat sich natürlich auch auf mich ausgewirkt, und ich habe einen Teil davon ausgetragen – den Teil, den ich übernehmen konnte. Jetzt ist es aufgelöst, und es ist gut so. Ihr werdet nachher noch einiges zu dem Thema erfahren.

Zu Beginn dieser Sitzung habe ich nicht nur deine Fragen gehört, Mia, sondern ich habe auch die Fragen wahrgenommen, die Detlef innerlich an mich gerichtet hat. Er hat um eine Zusammenfassung des verlorenen Kapitels gebeten. Er hat außerdem angefragt, ob es eine hinreichende Darstellung von Heilung im Bereich der Tiere geben könnte und wie sich die Evolution der Tiere aus der Vergangenheit in die Gegenwart und in die nächste Zukunft entwickelt. Die Gegenwart jetzt ist der Vorläufer der Zukunft. Obwohl das menschliche Bewusstsein nicht vorhersagbar ist, da die Menschen als ein Geschenk, das sie noch gar nicht gut kennen, immer die freie Wahl haben, sind doch einige Ursachen gesetzt worden, wodurch sich die weitere Evolution zielgerichtet entwickeln wird. Darin haben wir Tiere natürlich einen Anteil, und Detlef fragte danach. Willst du mich zu diesem ganzen Thema noch etwas fragen, Mia, oder sind deine Interessen in diese Fragestellungen auch mit eingewoben?

Die sind darin enthalten, sonst frage ich hinterher noch einmal nach.

Schon während der letzten Sätze wurde ich mir der magnetisierenden Anwesenheit einer hohen Energie bewusst. Es war, als ginge ich wie durch ein flüssiges Medium hindurch in eine große Leichtigkeit hinein, die frei von Begrenzung und Unwohlsein war. Die Atmosphäre veränderte sich sanft und glich mehr einer holografisch lichtdurchfluteten Szenerie. Das Treffen schien nicht in dem sonst üblichen Arbeitsraum stattzufinden. Eher war dieser Raum wie ausgelöst, schwerelos frei, transparent und grenzenlos, wie ungebunden an Ort und Zeit. Es war, als hätte sich die feste Materie der Wände in helles fließendes Licht verwandelt, das gleichmäßig pulsierte und keine Grenzen aufzeigte. Die Ruhe und Klarheit, die sich meinem Gemüt mitteilte, ließ einen großen Frieden entstehen. In diesem Gewahrsein schälte sich langsam ein archaisches Angesicht von Joy heraus, die einem großen Rudel von wolfsähnlichen Tieren vorausging. Alles das wirkte allerdings, als sei es einem einzigen Körper zugehörig – dem einer Frau, wie sich jetzt zeigte. Ich erkannte eine große weibliche Kraft, die nicht nur die Erzieherin von Joy und die Supervisorin unserer Sitzungen war, sondern eine behütende, beschützend fördernde Meisterin der Evolution der Tiere. In ihrer Anmut und strahlend alterslosen Schönheit glich sie einer Göttin, die zusammen mit anderen Wesen über Wohl und Wehe der irdischen Evolution wachte. Ich wurde aufgeregt, und Joy stupste mich an:

Detlef, wie immer: Bleib ganz ruhig. Es ist alles bestens. Die Tatsache, dass du sowohl die Göttin wahrnimmst wie auch das Rudel und mich braucht dich gar nicht zu beunruhigen. Ich gebe jetzt gern das Wort an die Göttin, meine Erzieherin, die du Supervisorin nennst. Sie ist gebeten, dazu etwas zu sagen – und ich liege zu ihren Füßen und höre ihr zu, während ich euch anschaue.

Die Welten, in denen ihr lebt, bedingen einander

Die Aufgabe der Tiere ist wohl durch Joys Ausführungen hinreichend erklärt. Ihr solltet sie nicht nur verstanden haben, sondern ihr solltet sie auch dankbar annehmen. Nur wenn ihr in Dankbarkeit die Hilfe der Tiere annehmt, könnt ihr sie würdigen und dadurch ihre ganze Arbeit und ihr Leben in das rechte Licht setzen. Ihr würdigt dadurch die Tiere. Durch die Annahme ihrer Hilfe gebt ihr ihnen den nötigen Respekt, die nötige Ehrerbietung und auch in manchen Teilen die nötige Distanz, die zwischen Tier- und Menschenwelt gebraucht wird.

Wir hatten darüber gesprochen, dass die Tiere ihre eigene Evolution verfolgen und wie in einer Parallelwelt gleichzeitig zum Teil in eurer Welt leben. Sie durchlaufen einige Entwicklungen parallel zu euch, und das tun sie in ihrer Welt. Könnt ihr euch vorstellen, dass ihr als Insekt, Ameise oder Vogel solch ein Wesen wie einen großen Menschen möglicherweise gar nicht erfassen könntet und deshalb seine Realität auch gar nicht als eure Realität aufnehmen würdet?

In vielen Fällen werdet ihr im Leben der Tiere nicht einmal bemerkt. Allerdings ist die Atmosphäre, die ihr aussendet, sehr stark mitbestimmend für das Klima, in dem die Tiere sich aufhalten und leben. Ihr seid ja kommende Göttinnen und Götter des Lebens, und ihr seid in Übereinstimmung mit eurer eigenen freien Wahl dahin gekommen, indem ihr euch entschlossen habt, mit verbundenen Augen in ein »Spiel« hineinzugehen. Es ist ein Spiel der Kontraste, das die Möglichkeit bietet, Erfahrungen zu sammeln. Ihr könnt dadurch erkennen, was ihr wollt und wie ihr es zum Ausdruck bringen möchtet. Fehlende Fähigkeiten und latente Qualitäten, die euch weiter voranbringen, könnt ihr zu eurer eigenen Freude entwickeln.

Diesem Spiel im Dunklen wohnen einige Schwierigkeiten inne. Vom Erleben her ist es durchtränkt mit Gefühlen aller Höhen und Tiefen. Die Spannweite und der Kontrast, in dem sich diese Emotionen spiegeln, sind gültige Erfahrungen, die ihr macht. Eure Haltung dazu und eure Schlüsse daraus bestimmen auch eure Seelenrichtung. Ihr merkt an diesem Bild, das ich euch gegeben habe, dass ihr wie blinde Kinder in einem dunklen Raum seid und versucht, euch dort zurechtzufinden. Indem ihr schließlich nach mehr Licht verlangt, wird dieses Licht in euch größer und größer.

Denjenigen von euch, die mit dem Leben der Elemente sowie ihrem eigenen elementaren Leben verbunden sind und in ihrem Herzen dieses Licht tragen, das sie nach Hause bringt (in Wirklichkeit sind das alle Menschen, aber nicht jeder weiß es), wird zu einer bestimmten Zeit eine Aufgabe gegeben werden, die sie nur zusammen mit der elementaren Kraft ihrer Natur ausführen können. Damit diese elementare Kraft ihrer Natur erinnert wird und zutage treten kann, ist es in den allermeisten Fällen sehr günstig, mit einem elementaren Wesen zusammengeführt zu werden.

Du, Mia, bist mit dieser Hündin zusammengeführt worden und sie mit dir. Es gab zwischen euch beiden einen Kontrakt. Du hast an anderer Stelle gefragt, ob du in Zukunft auch wieder mit ihr zusammensein kannst und mit einem langen »Guut« die bejahende Antwort willkommen geheißen. So war es auch schon in anderen Zusammenhängen. Was du liebst, das verlässt du nicht. Du kannst es zwar gehen lassen, aber du selber verlässt es nie. Und du bist froh, wenn das, was du liebst, auch in irgendeiner Form wieder in dein Leben geführt wird. Dieses Tier ist also wieder in dein Leben geführt worden, damit die Aufgabe, die du zu tun gedenkst, zusammen mit diesem Tier getan werden kann.

Dadurch, dass ihr diese Gruppe von Kindern betreut und in ihnen das elementare Leben stärkt, sind sie in manche Depressionen und Schwierigkeiten erst gar nicht hineingekommen. Als ein Fundament hatten sie immer das Zeugnis der elementaren Kraft, die durch das Tier und durch dich, Mia, gegeben wurde. Deine Erziehung ist das sichtbare Zeugnis der Anwendung dieser elementaren Kraft. Ihr beide habt durch eure individuelle Art der Hilfe für diese Kinder genau das bewirkt, was sie brauchen: eine Stärkung in der Basis. Indem diese hervorgerufen wird, kann weitere Entwicklung geschehen. Zumindest aber kann ein Gefühl der Beruhigung und der natürlichen Ordnung in ihnen hergestellt werden. Selbst wenn diese Kinder es in ihrem Leben nicht umsetzen können und vielleicht nach äußeren Begriffen scheitern, so wissen sie doch durch die Begegnung mit euch, dass das Leben gut ist und dass die Basis des Lebens einer natürlichen Ordnung entspricht. Diese natürliche Ordnung ist auch in dir und in Joy hergestellt worden, wodurch eine fruchtbare Zusammenarbeit beginnen konnte. Indem du dir deiner Basis wieder bewusst geworden bist, bist du dir auch der Basis deines Lebens bewusst geworden. Mehr und mehr bist du durch die Arbeit geglitten bis zu deren Vollendung. Du wirst nun bald eine neue Arbeit beginnen, die sich genau auf das stützt, was du bisher erzielt hast.

Dieses Tier ist ebenfalls in einer Aufwärtsbewegung mit dir; es liebt dich, und es ist an deiner Seite. Zusammen mit dir geht es die Wege aufwärts, denn es hat zu dir und diesem Heiler eine Brücke hergestellt. Auch du hast zu dir und diesem Heiler eine Brücke hergestellt. Über diese Brücke fließt ein Austausch von Heilung, von Erziehung und ein Austausch von Ansichten. Die Gelegenheiten eures weiteren Weges sind bereits vor euch ausgebreitet, da sie euer Seelenpotenzial beinhalten, und ihr werdet zu gegebener Zeit eure Entscheidungen treffen können, und zwar so einfach und natürlich, dass ihr es gar nicht merken werdet. Die Kraft jedenfalls, die zwischen dieser Hündin und dir hin- und herfließt, ist von entscheidender Bedeutung. Sie beruht einerseits auf Sympathie, andererseits auf einer unvorhergesehenen Liebe, die nicht begreifbar sich nur darin äußerte, dass die Elementare, nämlich eure Körper, beim ersten Kontakt damals auf dem Hof des Tierheims friedlich zueinander strebten. So habt ihr die Kraft gespürt, die im Austausch zwischen euch hin- und herging. Da war es nur natürlich, dass ihr auch nach eurem Kennenlernen zusammenbliebt.

Die Gründe der ersten Erkrankung, derentwegen du zu diesem Heiler gegangen bist, sind hinreichend erläutert. Was in diesem Zusammenhang gesagt worden ist, kann jetzt so gelesen werden: Die Erkrankungen eines Tieres beziehen sich in den meisten Fällen auf unkorrekte Gedanken- und Gefühlsbildungen, die zu körperlichen Abnormitäten führen können, die ein Tier bei seinem Herrchen oder Frauchen sieht, miterlebt und dann in seiner Art übernimmt. Tiere übernehmen die Symptome sehr häufig von ihren Besitzern. Denn die Tiere haben ein natürliches Gefühl für Ordnung.

Tiere an sich können nicht krank werden. Sie können aber in Mitleidenschaft gezogen werden, wie zum Beispiel durch hierarchische Kämpfe untereinander. Bei wild lebenden Tieren spielen auch klimatische Veränderungen eine Rolle, die sich nicht nur auf die Natur ringsherum, sondern auch auf das einzelne Tier so auswirken können, dass es selber einen Unfall erleidet. Normalerweise würde ein solches Tier sich dann in eine Ecke zurückziehen und dem inneren Plan, also der Gruppenseele, die Heilung überlassen. Das Tier zieht sogar zeitweilig sein Bewusstsein aus seinem Körper zurück, damit dieser gut heilen kann. Das ist der Grund dafür, warum Tiere, die krank sind, oder Tiere, die durch besondere Situationen gehen, die Absonderung lieben. Nicht um sich von anderen zu trennen, sondern einfach, um in der Ruhe zu sein und den eigenen Körper zu heilen oder gegebenenfalls heilen zu lassen.

Wenn ein solches Tier seinen Körper zur Ruhe bringt und sich das Bewusstsein mit dem Gesamtbewusstsein seiner Rasse verbindet, kann es sehr schnell genesen, da die grundsätzliche Ordnung der Gruppenseele als Energiemuster heilend über diesen Körper gelegt wird. Selbst wenn, wie in vielen Fällen geschehen, ein Bein fehlen sollte, wird dieses Tier hinterher so weiterleben können wie vorher. Das Gedankenmuster, das Gedankenbild und das Gruppenbild der Vollkommenheit wird über diesem Tier sein, und das fehlende Glied wird nicht als fehlend empfunden, sondern es wird sich in seiner Ganzheit genauso vollkommen und heil empfinden. Physisch jedoch wird es neu lernen, mit dem Körper umzugehen.

Dieses Tier glaubt rein instinktiv auch, dass es sich mit den Menschen ähnlich verhält. Wenn also ein Tier, das mit Menschen zusammenlebt, missgebildete Gefühls- und Gedankenformen sieht oder erlebt, wenn es Zeuge davon ist, dass Erinnerungen, die ein Mensch in sich trägt, zu niederdrückenden Empfindungen führen, kann und wird das Tier in sehr vielen Fällen seiner Natur gehorchend versuchen, diese Energien in seinen Körper zu übernehmen und dann die vollkommene Gedankenform für einen gesunden Körper über seinen eigenen Körper legen, um mit dieser Ausstrahlung das Gemüt und den Körper des jeweiligen Besitzers zu heilen. Über den Austausch von Symptomen ist in eurer Welt schon einiges geschrieben worden, auch dass dies nicht nur zwischen Menschen der Fall ist, sondern ebenso zwischen Mensch und Tier. Denn die Welten, in denen ihr lebt, bedingen einander.

Wenn du in deinem Auto zu deiner Gruppe mit den Kindern fährst, hast du ein ganz anderes Lebens- und Erlebensgefühl als ein Automechaniker, der in seiner Garage steht und sich dort vor das Problem gestellt sieht, ein kaputtes Auto zu reparieren oder abgefahrene Reifen neu aufzuziehen. Die Gedanken, die ihr beide habt, sind unterschiedlicher Art. Sie bilden die Prägung des Lebens, in der ihr euch aufhaltet. Die Gefühle, die du wegen der Kinder und des bevorstehenden Treffens hast, sind von ganz anderer Natur als die des Handwerkers, der sich vielleicht darüber ärgert, dass jemand so nachlässig mit dem

Auto umgeht, da es so heruntergewirtschaftet zur Werkstatt gebracht wurde. Solche Unterschiedlichkeit erzeugt verschiedenartige Empfindungsformen. Wegen dieser Empfindungs- und Gedankenformen fühlt ihr euch unterschiedlich in eurer Welt. Ja, man könnte sagen, dass ihr in zwei Welten lebt. Die eine im Hinblick darauf, den Kindern ein vollkommenes Erleben einer gemeinsamen Unternehmung bieten zu wollen. In der anderen Welt verraucht der Ärger allmählich, wenn das reparierte Auto mit Stolz und Freude dem Besitzer wieder zurückgegeben werden kann in der Annahme und Hoffnung, dass er nun seine Nachlässigkeit ablegt und sich ebenfalls freut.

Das Kind des Handwerkers könnte vielleicht in deiner Gruppe sein, Joys Trost und deine Führung erfahren. Wenn dir auf deinem Weg zu deiner Gruppe nun ein Unfall geschieht oder dein Wagen eine Störung hat, dann bist du froh, wenn ein solcher Mechaniker sich deiner Sache annimmt. Du weißt, dass er sich jetzt mit dem Wissen seiner Welt um dein Auto kümmert. Du übergibst ihm dein Auto, und wenn es ein guter Handwerker ist, wird er dir das reparierte Auto wieder heil zurückgeben. Du hast dieses Auto in eine andere Welt gegeben. Er vertraut dir sein Kind zur Erziehung an. Es ist wie ein Austausch zwischen zwei Welten. Der Handwerker weiß, dass du weniger Probleme hast, wenn er dir das Auto zügig wiederherstellt. Du kannst deinen Weg fortsetzen und dein Vorhaben in Angriff nehmen. Beide lebt ihr in unterschiedlichen Welten, und dennoch durchdringen beide Welten einander so sehr, dass euch beiden dadurch geholfen wird und jeder von euch sein Leben erfüllt.

Unterschiedliche Schöpfungen, die sich durchdringen

So ähnlich könnt ihr euch den Austausch der Welten zwischen Mensch und Tier vorstellen. Beide leben in unterschiedlichen Schöpfungen, die sich durchdringen. Die Welt, in der Tiere leben und in der sie ihr Empfinden haben, ist wie die Welt eurer Gefühle. Diese Welt wird durch eure Gefühle geprägt. Sie wird durch eure Gefühle aufgeladen, und sie ist sogar ein Bestandteil eurer Gefühle. Der Träger für die Gefühle ist nämlich der Emotionalkörper, der von den Elementen der Moleküle zusammengehalten wird und eine eigenständige Bewusstseinsebene bildet. Die dem physischem Reich nächste Ebene besteht genau aus diesem Material. Sie wird von euch auch Astralebene genannt. Und in dieser Atmosphäre leben die Tiere und haben sie ihr Dasein.

Deshalb ist es leicht verständlich, dass die Tiere einander allein schon durch ihre Empfindungskraft helfen können, durch ihr Rudelbewusstsein, durch ihr Beieinandersein und dadurch, dass sie sich physische Wärme und Schutz geben, indem sie füreinander da sind. Heilen wird sich jedes Tier jedoch allein.

Auch die Menschen heilen sich. Sie gehen zu einer Fachkraft, wenn etwas im chemischen Vorgang innerhalb ihrer physischen Struktur gestört ist, und lassen sich entweder durch eine Medizingabe kurieren oder – wenn sie etwas Schwerwiegenderes haben, wie z. B. einen Knochenbruch – von einem Mechaniker helfen, damit der Knochen wieder so zusammengesetzt wird, dass das innere Licht wieder leuchtet und die Zellen Verbindung zueinander aufnehmen können. Dadurch geschieht dann die Heilung. Die eigentliche Heilung kommt immer aus dem Bewusstsein. Das zellulare Bewusstsein, das um die gesunde Ordnung weiß, ist genauso in dem Energiefeld von euch Menschen wie auch in den physischen Körpern dieser Tiere verankert. Beide, Tier und Mensch, haben ein elementares Wesen um sich. Und ihr Menschen lebt in einem Tier: Euer Körper hat sich mit Hilfe der Tiere entwickelt. Ihr inkarniert dort hinein und beseelt diese Erscheinungsform. Euer Körper ist euer Werkzeug, solange ihr hier auf der Erde seid und mit dem Universum Verstecken spielt.

In der Hoffnung und der Annahme, dass das Universum euch findet, versucht ihr vieles. Ihr glaubt, wenn das Universum euch findet, dass ein so starker Lichtstrom durch euch geht, dass ihr im Nu von eurem physischen Leben erlöst seid. Es war lange Zeit Annahme und vorherrschender Glaube, dass euch eine solche Erlösung von den irdischen Mühen befreien würde. Befreiung kommt, aber sie kommt in anderer Art. Natürlich werdet ihr es spüren, wenn das All sich euch zuwendet. Sogar in diesem Augenblick könntet ihr es durch diese Worte spüren, durch die Zeilen dieses Buches, denn es ist ja etwas Universales, das sich hier mitteilt. Die Lebenskraft, über die diese Worte hier mitgeteilt werden, ist universal. Und diese Lebenskraft ist es auch, welche die Seiten dieses Buches zusammenhält, die Stimmbänder des Sprechers, die Aufmerksamkeit der Zuhörenden und der Fragenstellerin in Bewegung hält und die instinktive Aussendung von Liebe dieses Tieres leitet. Alles ist durchdrungen von dieser universalen Energie. Sie ist roh und ungeformt, allgegenwärtig als verbindender Urstoff, in dem alles enthalten ist. Wenn sie in euer Leben eintritt, nehmt ihr sie wahr als Liebe. Ihr habt kein anderes Wort dafür. Aus diesem Grund ist es richtig zu sagen, dass alles Liebe ist. Über diese universale Energie fließt auch der Austausch allen Lebens untereinander, wobei ein Leben das andere beeinflusst.

Der Lebensausdruck, den dieses Tier aussendet, wirkt auch auf euch. Durch Gefühle wird dieses eher vage Empfinden in eure körperliche Wahrnehmung geleitet, wobei diese dann die sensorischen und taktilen Empfindungen in Bewegung setzt, die es überhaupt erst zu erkennen ermöglichen, dass sich euch jemand zuwendet. Die Beschaffenheit der Gefühle, die ihr aussendet, ist daher entscheidend für das Klima, in dem auch das Tier lebt. Die Art der Antwort, die das Tier aussendet, prägt umgekehrt auch das Empfinden gegenüber einem Tier. Wenn eine Gemeinschaft zwischen Mensch und Tier hergestellt wird, bedeutet es auch Austausch untereinander. Dieser Austausch geschieht zunächst einmal auf der elementaren Basis, die euer Leben hier sichtbar sein lässt, der Basis des Physischen in der körperlichen Wahrnehmung mit seinen Regungen und Bewegungen. Das archaisch elementare Bewusstsein des Tieres ist natürlich anders ausgerichtet als das höher entwickelte Bewusstsein der Menschen. Das kommt daher, dass beide unterschiedliche Aufgaben haben. Die Wechselwirkung zwischen Mensch und Tier hat unterschiedliche Auswirkungen auf beide. Es ist aber natürlicherweise so, dass jedes Lebewesen Leiden, Liebe oder Freude des anderen Lebewesens spürt. Und das ist unabhängig davon, ob es sich um ein Tier oder Tiere untereinander, um einen Menschen oder Menschen untereinander oder um die Verbindung zwischen Mensch und Tier handelt. Und davon handelt ja schließlich auch dieses Buch.

Ihr habt es verstanden, die Empfindungen aufzunehmen und in Sprache zu übersetzen. Das ist ein wunderschönes Beispiel dafür, wie sich die Kommunikation zwischen allem Lebendigen abspielen kann. Die Beziehung, die ihr zu diesem Tier erfahrt, hat auch bei ihm einen großen Eindruck hinterlassen, und es kommuniziert wiederum mit seinesgleichen über die Erfahrungen mit euch. Glaubt nicht, dass diese Verständigung nur eine Einbahnstraße ist! Dieses Tier sieht und empfindet innerlich die Gefühls- und Gedankenformen, die damit verbunden sind. Dadurch lernt das Geschöpf auch etwas über sich.

Die Hündin hat in der ersten Begegnung mitgeteilt und dadurch gleichzeitig erfahren, dass sie geglaubt hatte, die übernommenen Symptome austragen zu können. In vielen Fällen ist es auch so. Wahr ist aber auch, dass die Symptome, die ein Tier von seinem Besitzer übernimmt, den Tod bringen können. Und dieses Tier ist nicht einmal traurig darüber, denn es fühlt dabei zutiefst, dass sein Leben einen Sinn gehabt hat. Es hat vielleicht seinen Besitzer vor der Traurigkeit eines Siechtums bewahrt, möglicherweise Krankheit von ihm abgewendet, dadurch sein Leben verlängert oder sogar vorzeitiges Ableben ganz verhindert. Ein Tier, das diesen Dienst tut, erfüllt natürlich seine Aufgabe in sehr hohem Maße. Und in vielen Fällen wird dem Tier nach seinem Tod, wenn es wieder auf die ätherische Seite in das geistige Tierreich zurückgekehrt ist, gezeigt, wie seine Auswirkungen auf diesen Menschen waren. Die Gnade und der Segen seiner Tätigkeit wird einfach dafür vor sein Bewusstsein gestellt, damit sich das Tier an seinem geleisteten Dienst erfreuen kann.

Ein Tier, das solche Aufgaben übernimmt, wird möglicherweise so viel Liebe für die Menschen entwickeln – falls das nicht schon vorher der Fall gewesen ist, da es ja ursprünglich aus Liebe zu den Menschen inkarniert war –, dass ihm unter Umständen angeboten wird, selbst eine Inkarnation als Mensch anzunehmen. Ein solches Tier wird dann zu seinem inneren Lebenslicht, das es hat – und dieses Licht ist die Flamme von Liebe –, ein weiteres Licht bekommen, nämlich die Flamme des Willens. Und es wird auf das unsichere Feld geführt, auf dem ihr euch bewegt, nämlich eines, auf dem jedes Lebewesen zu jeder Zeit die freie Wahl hat, um nach seinen eigenen Regeln das Spiel des Lebens zu spielen. Jedes Wesen lernt auf diesem Spielfeld, das ihr Leben nennt, die freie Wahl auszuüben und dadurch neues Leben herzustellen. In spielerischer Art erschafft es neue Wege, neue Kreativität, neue Möglichkeiten des unendlichen Ausdrucks des Einen in individueller Art.

Die Entwicklung der Tierwelt geschah, weil Tiere im Schöpfungsplan notwendig wurden. Sie waren Schmuck und Zierde für diesen Planeten. Sie haben diesen Planeten in seiner Empfindungswelt und in seinem feinen ätherischen Gewebe durch die Entstehung des Lebens in Tierform gefördert. Dadurch konnte ein Gewebe des Lebendigen jenseits der pflanzlichen und mineralischen Natur hergestellt werden. Dabei hätte es bleiben können. Dieses Leben in sich ist vollendet, und es ist gut. Dadurch, dass es eine gute Form bereitstellt, können jene Tiere, die sich entscheiden, eine solche Erfahrung zu machen, auf diesem Planeten inkarnieren.

Nun habt ihr Menschen Furcht vor dem Unbekanntem, und diese Furcht ist in erster Linie die Furcht vor euch selbst. Was euch unbekannt ist, ist das, was an purer, unverfälschter, unverwechselbarer Natur in euch schwebt. Ihr verzehrt euch vor Sehnsucht nach eurer wirklichen Identität. Paradoxerweise fürchtet ihr euch davor, euch ihrer gewahr zu werden, und fragt euch, was ihr denn alles verändern müsstet, um eure Identität zu sein und sie zu verlebendigen. Ihr glaubt, dass ihr euch aufgeben müsst, dass ihr sterben müsst, und ihr glaubt, dass ihr von anderen schräg angesehen oder getötet werdet, wenn ihr plötzlich anders seid als die anderen. Ihr glaubt, dass ihr in dieser physischen Welt nicht mehr überleben könnt, wenn ihr euer inneres Licht selbst seid. Die Furchtreaktionen eures Körpers behindern euer Vermögen, einen Weg zu finden, gleichzeitig in der Vollendung eures inneren Lichtes und der physischen Präsenz hier zu leben. Einige unter euch haben das getan. Sie sind angeeckt und haben die Sanktionen der äußeren Welt erfahren. Dadurch wurden sie euch bekannt. Aber auch andere, die nicht berühmt und bekannt geworden sind, haben diese Vereinigung mit ihrer wahren Identität erfahren und diese innere Kraft durch ihr Leben hier für diese Erde verankert. Sie haben ein geistiges Gewebe von so feiner Natur über diesen Planeten gelegt, dass es ebenfalls im ätherischen Bereich wirkt.

Dieser ätherische Bereich, den eure Psychologen ungenau als Unbewusstes gekennzeichnet haben, ist in Wirklichkeit die Leiter und die Leitung zum geistigen Bereich. Über diese Brücke fließt also jegliche geistige Nahrung und Ernährung. Das Fließen dieser geistigen Nahrung und beständigen Ernährung ist möglich geworden, weil erlauchte Geister ihr Leben dafür gegeben haben, ein vollendetes ätherisches Gewebe wie ein Netzwerk über diesem Planeten zu erbauen. Die Kommunikation aller Lebewesen untereinander findet über dieses Netzwerk statt. Es beinhaltet in sich latent alle Lebensformen – auch alle, die zukünftig entstehen könnten, und alle Lebensformen, die es in der Vergangenheit gegeben hat. Wenn also Kommunikation über dieses Netzwerk fließt, werden alle Lebensformen aus der Vergangenheit und mögliche Lebensformen aus der Zukunft damit aufgeladen und durch diese Informationen geprägt. Diese Ideen, Gedanken und Empfindungseinheiten ermöglichen allseitiges Wachstum.

Werden solche Empfindungseinheiten von den einzelnen Lebensformen ge-

spürt, können sie, wie in eurem Fall, als Gedanken auftreten. Sie bilden Gedankenmuster oder Gedankengebäude und -bilder. Wenn sie von euch gewollt und gewünscht werden, werden sie auch gefühlt. Man bekommt dann den Eindruck eines angenehmen Gefühls oder entschließt sich, solche Gedanken nicht weiter zu verfolgen, da man sich ohne sie wohler fühlt. Verbinden sich aber Gedanken mit den Gefühlen, besonders solchen von Annahme und Wohlwollen, bekommen sie durch diese Gravitation ein Fundament. Sie beginnen, vermittels der Gefühle auf den physischen Körper einzuwirken und ihn gar zu bewegen. Eine inspirierende Intuition kann also gedanklich aufgenommen werden, wobei ihr Inhalt nicht nur gefühlt werden kann, sondern dem physischen Körper auch einen Eindruck der zukünftigen Auswirkung im Leben vermittelt. Dieser Vorgang ist charakteristisch für viele Lebensbereiche. Die Kraft aus dem ursprünglichen Funken der Inspiration bewirkt immer physisches Werden, geleitet durch Intuition, Gedanken und Gefühle. Jedes Entstehen neuer Schöpfungen bereichert durch das ätherische Gewebe gleichzeitig auch alle anderen Welten, selbst wenn diese nichts voneinander zu wissen scheinen oder jeder Mensch seine Welt für das Höchstmaß an Erfahrung hält, hinter der es, wie er glaubt, nichts anderes geben kann.

Über dieses Geflecht teilen sich auch alle Informationen mit. Der Informationsfluss kann geistig bleiben oder sich zu Gedankenbildern verdichten, zu Gefühlseinheiten zusammenwachsen und von dem Moment an auch durch das Wirken von Menschen oder durch das Auftreten von Tieren als physisch sichtbare Manifestationen in Erscheinung treten. Naturereignisse ordnen sich ebenfalls solchen Eindrücken unter und verifizieren sie. Nun kommt diese Wirkung natürlich nicht einseitig daher. So wie das Geistige auf den menschlichen Bereich wirkt, so wirkt das menschliche auch über den emotionalen und mentalen Bereich auf die geistige Ebene zurück. So kann es geschehen, dass im mentalen Bereich für andere jene Gedankenbilder aus dem geistigen Informationsfluss, die ihr vielleicht nicht aufgreifen wollt, bereits gehalten werden. Sie finden dann einen anderen dankbaren Rezipienten, der sich gerade für dieses Thema interessiert. Gefühlsbilder, die für euch im Moment keine Rolle spielen, mögen jemand anderen erheitern, erfreuen oder so sehr energetisieren, dass er schnurstracks losläuft und begeistert etwas unternimmt, in dem Wissen, dass seine Aktion genau das Ergebnis hervorbringt, das er in sein Leben ziehen will.

So ist es auch mit Tieren und Menschen, die zusammenleben. Sie können sich über dieses Band der Liebe gegenseitig heilen. Auch wenn es nicht gespürt wird, ereignet sich ständig Heilung.

Die Furcht vor dem Unbekannten

Ich sprach über das große Unbekannte in euch, das die Vollendung ist. Wenn ihr euch der Vollendung nähert, tritt eine starke Furcht davor auf. Es erscheint euch so, als müsstet ihr alles, was ihr seid und was ihr euch bisher erworben habt, zugunsten dieses Unbekannten loslassen. Es ist, als wenn ihr den Sprung in einen Abgrund wagtet, von dem ihr nicht wisst, wie tief er ist, und damit rechnen müsstet zu zerschellen.

Niemand von euch wird zerschellen! Ihr seid über die Schwelle eines neuen Zeitalters getreten, und dieses neue Zeitalter hält für euch grundsätzlich anderes bereit als das, was ihr in den letzten 30, 40, 50 Jahren an Horrorszenarien über euch habt ergehen lassen. Der einzige Horror und das einzig wirklich existierende Horrorszenario ist die Furcht in den Menschen. Es ist die Furcht vor dem Unbekannten, die Furcht vor der Auflösung, vor der Selbstaufgabe, vor dem Dahingeschlachtetwerden, die Furcht vor Unkenntnis und vor trüben Seelenzuständen. Weil ihr diese Furcht nicht wahrnehmt, sondern sie bekämpft, habt ihr in der Vergangenheit alles bekämpft, was euch unbekannt erschien.

Ihr habt das Unbekannte auch in den Tieren bekämpft. Da die Tiere für euch zugänglich waren, habt ihr sogar die Tiere insgesamt bekämpft. Lediglich wenn ihr die Tiere zu eurem Nutzen brauchtet, habt ihr sie gezüchtet und geschont. In euren Gedanken habt ihr sehr häufig die Schönheit der Tiere betrachtet und dabei gleichzeitig in euren Gefühlen die Furcht vor ihrer Wildheit in euch selbst aufrechterhalten. Diese Mischform an Empfindungen, gepaart aus der Schönheit der Tiere mit der Furcht vor ihrer Kraft, die ihr Menschen aussendet, hat die Tiere in die Situation gebracht, dieser Furcht entsprechen zu müssen. Denn die Furcht in euch ist es, die sich als Muster über einen Großteil der Tiere legt, es sei denn, sie sind weit genug von euch entfernt. Schlimmer noch, ihr habt es, um diese Furcht zu bekämpfen, mit wilden Tieren aufgenommen und sie mit eurer Klugheit und eurer Schläue besiegt. In der Annahme, dass ihr dadurch eure Kraft gegenüber dem Unbekannten stärken könnt, habt ihr den Tieren Leid zugefügt. Oftmals ist es roher, brutaler Umgang mit ihnen gewesen, der sie gebrochen hat und sie lehren sollte, euch zu gehorchen. Die Lieblosigkeit, in der die Menschheit insgesamt mit sich umgegangen ist, hat sich in vielen Fällen auch hier eine schrecklich blutige Pforte geöffnet, in der die Tiere hingemetzelt, abgeschlachtet wurden und werden, zu keinem anderen Zweck als dem, euch zu beweisen, dass ihr die unbekannte Furcht besiegen könnt, indem ihr diese Kreaturen tötet. Wenn ihr dann vor dem Kadaver dieses Tieres steht, so lasst ihr euch nicht selten mit ihm fotografieren. Abgeschnittene Köpfe oder ausgestopfte, mumifizierte Tierleichen sollen euch daran erinnern, dass ihr Helden des elementaren Lebens seid.

Euer elementares Leben ist aber von ganz anderer Natur. Es beinhaltet, dass ihr eure Zellen mit Geist erfüllt, dem Geist, der eure Gedanken tränkt, damit diese Gedanken eure Gefühle zur höchsten Freude führen, die dann euer Leben beinhaltet. Wenn diese wahre Freude, geleitet aus der höchsten Kraft, die ihr seid, in euch wäre, dann hättet ihr eine direkte Kommunikation, eine direkte Verbindung zu allem Leben, nicht nur zum Tierleben, wie in diesem Fall, sondern auch zum Leben der Pflanzen und Mineralien. Selbst das, was ihr »tote Materie« nennt, ist beseelt von Atomen und Elektronen, und es würde zu euch sprechen, könntet ihr nur eure Ohren darauf einstellen. Ihr wüsstet dann, wie sehr das Zusammenspiel alles Lebendigen einander bedingt und wie sehr das Zusammenspiel das Leben insgesamt bedingt.

In euch ist alles Leben

Viele Tiere legen abnormes Verhalten an den Tag. Einige sind zurückgekehrt in ihre geistige Heimat und haben darum gebeten, keine physische Inkarnation mehr anzunehmen, da die Gedankenbilder, die von Menschen ausgesendet werden, ihre natürliche Anmut, Schönheit und damit ihren Lebensausdruck so sehr beeinträchtigen und einschränken, dass sie ihre Aufgabe für das Leben und für die Menschen gar nicht mehr wahrnehmen können.

Andere kehren immer wieder auf diesen Planeten zurück und nehmen ihren Dienst für das Leben und für die Menschen gern freiwillig auf, obwohl sie zu

Hunderten und Tausenden geschlachtet werden. Dass ihre lebenserhaltenden Kräfte für das Leben notwendig sind, ist überhaupt noch nicht in das Bewusstsein der Menschen vorgedrungen. Dieses Thema ist deshalb einer Betrachtung wert, weil es zu einer großen Gefahr führen könnte.

So wie das feine ätherische Gewebe, von dem ich vorhin sprach, eine Lebensmatrix für euch herstellt, habt auch ihr dieses feine ätherische Gewebe als Inhalt in eurer Gedankenmatrix. Und beides, das ätherische wie das gedankliche Gewebe, findet sich als Inhalt in eurer Gefühlsmatrix wieder. Dies zusammen beinhaltet den Bauplan eurer Zellen. Die Zellen bilden die Grundsubstanz für eure Organe. Daher kann also mit Fug und Recht gesagt werden: In euch ist alles Leben.

Nur weil diese Verbindung da ist, können die Zellen entsprechend dem körperlichen Lebensbauplan das Muster für den Körper aufrechterhalten und die entsprechenden Organe bilden. Geistige Kraft erscheint physisch als heilende Wirkung der Drüsenfunktion. Die Drüsen wiederum sind hormonelle Kraftwerke für Organe in den zugeordneten Bereichen. Das Ganze wird aufrechterhalten, geleitet und verifiziert durch die Funktion der Nerven. Diese ist mehrschichtig und vielseitiger als das, was ich jetzt hier andeute. Für unseren Zweck und für die Übermittlung reicht es aber zu sagen, dass die Nerven ein Geflecht darstellen, das den Fluss der Energie steuert. Die Vermittlung dieser Energie geschieht über die Drüsen. Diese wiederum sind das physische Gegenstück der geistigen Energiezentren, bei euch bekannt als Chakren, und diese Energiezentren wiederum regieren die geistigen Abteilungen der jeweiligen Bereiche eures physischen Körpers, die insgesamt durch eure eigene geistige Kraft aufrechterhalten und ernährt werden. Wenn die geistige Kraft durch euch selber nicht aufrechterhalten werden kann, bedarf sie eines Stromes, der von außen herbeigeführt wird. Wichtige Inhalte in eurem ätherischen Gewebe, die von eurem mentalen oder emotionalen Bereich nicht aufgenommen werden können, bedürfen der Brücken. Es braucht Glieder und Zwischenstücke, welche die Funktion übernehmen, die geistige Kraft zu leiten. Auch andere und untergeordnete Bewusstseinsebenen müssen mit Ersatzenergie versorgt werden, damit sie in die Situation gesetzt werden, die ernährende übergeordnete Kraft aufnehmen zu können.

Für euch Menschen trifft das in dem Zustand zu, den ihr Krankheit nennt.

Krankheit ist aber nur eine andere Form der Gesundheit. In der Zukunft wird es noch einige Veränderungen des Verständnisses in dieser Hinsicht geben. Krankheit ist ein Zustand und eine Bedingung des Lebens, die dazu führt, dass ihr euch eurer Gesundheit bewusst werden könnt. Sie kann geheilt werden, indem das erkrankte Organ wieder mit Energie angefüllt wird, so dass es sein vollkommenes Muster wieder aufzunehmen vermag. Es ist jeweils eine Öffnung für die Liebe zu sich selbst. Wenn diese Liebe zu sich selbst nicht gelebt oder empfunden werden kann, dann tritt an ihre Stelle oft ein Hilfsmittel: sei es das Streicheln eines lieben Menschen, sei es eine chemische Gabe, die das Organ wieder in eine milde angehobene Stimmung versetzen soll, oder aber, und darum geht es hier in erster Linie, dass das Leben rings herum das Leiden eines anderen Lebens spürt und nun instinktiv seine heilende Kraft darauf ausrichtet, dass es wieder in seinen gesunden Zustand emporgehoben wird. Wird ein Mensch, der krank ist, durch Lebensbejahung wieder emporgehoben, so wird damit das ganze Leben erhöht. Das ist eine der Aufgaben der Tiere, denn sie sind hier, um das Leben in seiner Grundsubstanz aufrechtzuerhalten. Erkrankt ein Mensch, so wird ein Tier durch seine Liebe und Fürsorge versuchen, seine Kraft so zu vermitteln, dass der Mensch sich durch die Liebe dieses Tieres gestärkt wieder aufrichten und Hoffnung haben kann – zumindest aber, dass der erkrankte Mensch die Liebe spürt, die ihm vom Tier entgegengebracht wird. Dieses Tier bringt die Liebe, die der jeweilige Mensch sich selbst hätte geben sollen und in Zukunft geben soll.

Ein schöner Ausblick

Wie im Kleinen, so ist es auch im Großen. Da die gegenwärtige Zivilisation der Menschen an Einsicht leidet, sind es Tiere, die in ihrer instinktiven Natürlichkeit die Offenbarung der geistigen Kraft und die Offenbarung eines Lebens in Einheit aufrechterhalten. Die Tiere, die im Meer leben, haben zu einem großen Teil solche Aufgaben, insbesondere die Delphine und die Wale. Man könnte sagen, die Wale bilden die Brücken für das elementare Leben. Sie sind die Nervenzentren dieses Planeten, sie beinhalten in sich die Lebendigkeit der Übermittlung von geistiger Kraft für die Erde und damit für euer elementares

Leben. Je mehr solcher wunderbarer Lebewesen ausgerottet werden, desto weniger kann das einheitliche Geflecht der Übermittlung von geistiger Energie, aus der euer Leben stammt, für diesen Planeten aufrechterhalten werden. Es war bis vor einiger Zeit ein sehr heikles Unternehmen, das elementare Leben bei ständig abnehmender Übermittlungsqualität so weit aufrechtzuerhalten, dass es nicht in sich zusammenfällt. Denn die Lücken, die in der Energieübertragung von Nervenzelle zu Nervenzelle bestanden, wurden immer größer, weil die dafür erforderlichen Energieträger, nämlich große Bestandteile der Wale und einiger spezifischer Meeresbewohner und Fischarten, mehr und mehr ausgerottet worden waren.

Gott sei Dank gibt es immer noch genügend Menschen unter euch, die innerlich wach genug und warmen Herzens sind. Aus Liebe zur Evolution haben sie einige Aufgaben übernommen, die solche Tiere in der Vergangenheit hatten, wodurch das elementare Leben in seiner Wirkkraft erhalten wurde. In vielen Fällen konnte das Leben sogar angehoben und erhöht werden und es stand mehr Energie zur Verfügung.

Solche Menschen haben ein großes Opfer auf sich genommen, denn sie haben etwas ausgetragen, das andere Menschen vorher durch ihr sinnloses Rauben, Morden und Vergewaltigen der Natur angerichtet hatten. Aber ebenso wie das Leben der Natur untereinander ein Netzwerk bildet, so bildet auch das Leben der Menschen untereinander ein Geflecht. Heute sind wir in der glücklichen Situation sagen zu können, dass ein solches Netzwerk wieder aufgebaut ist und erhalten werden kann, dass das elementare Leben nicht aufgelöst werden muss und dass die Erhöhung alles Lebendigen den Schritt zur nächsten Evolutionsstufe für alles Leben ermöglichen kann.

Das physische Leben wird sich dadurch verändern und leichter werden, und zwar indem materielle Bedürfnisse weniger Bedeutung haben werden, weil es nicht mehr notwendig sein wird. Auch die Plackerei um den Erhalt von Materiellem wird allmählich von euch abfallen. Die Zukunft wird nicht mehr davon geprägt sein, dass das Leben hart ist und dass man in dieser Härte seinen Unterhalt verdient. Je freudiger sich das Herz dem Leben zuwendet, desto leichter ist der Lebensunterhalt gewonnen, den es dadurch verdient. Freude wird der Hauptbestandteil sein, und die Lust, Leben zu erschaffen und zu erhalten, wird der Faktor sein, der auch den Rückfluss an Lebensunterhalt und an Lebendig-

keit für jedes einzelne Lebewesen, in erster Linie natürlich für euch Menschen, mit sich bringen wird. Dies ist ein schöner Ausblick, den ich geben darf, denn er war zu Beginn des Kontaktes in diesem Buch noch nicht so weit fortgeschritten, dass man das, was ich mitgeteilt habe, hätte sagen können.

Ihr habt auch dazu beigetragen, dass diese Heilung geschehen konnte. Es ist mein Anliegen und mein Hoffen, dass die Leser durch die Inhalte dieses Buches ebenfalls in die Freiheit ihrer Ansicht geführt werden können, die es ihnen ermöglicht, allein durch ihr bewusstes Dasein alles um sie herum existierende Leben weiter zu fördern und anzuheben.

Jedes Leben beinhaltet in sich ein Wachstum und braucht es, sich den verändernden Wachstumsbedingungen anzupassen. Wenn Leben sich den Bedingungen anpasst, die es bei seinem Wachstum bewirkt, muss sich auch der Körper, in dem dieses Leben gelebt wird, verändern. Er verändert sich ohnehin dadurch, dass ein beständiger Zustrom an Energie vorhanden ist. Bei einem Baby, auch bei einem Jungtier, fügt der beständige Zustrom an Energie diese kleinen Körper zusammen. Denn in ihnen, in denen sich die Organe in Vollendung formen, ist die Schwerkraft – Gravitation – noch nicht so stark, als dass der Körper sich dadurch zusammenhalten könnte. Es ist die Energie, die durch diese Körper fließt und diese Organe, Organismen und Körperformen getreu der geistigen Blaupause ausbildet. Je weiter dieser Prozess voranschreitet, desto fester wird er; die kleinen Kinder und Tierkinder können sich geschickt in diese feste Form hineinleben und sich darin bewegen, so dass sie für das Leben in dieser Welt allmählich ein gutes Werkzeug wird.

Liebe ist der Heiler

Wenn das Leben in dieser Welt genügend erobert und erforscht worden ist, möchte man es ausweiten. Dies geschieht dadurch, dass man selbst wächst und weitere Verbindungen herstellt. Es werden Paare gebildet, und aus diesen gebiert sich etwas Drittes: die neue Zukunft, neue Babys, die kommen. Ich meine damit nicht nur physische Babys, sondern auch neue Gefühle, Gedanken und Ideen. Immer wenn zwei zusammenkommen, entsteht etwas Drittes. Diese Triaden setzen sich endlos fort und sind ein wesentlicher Teil der Schöp-

fung. Die fortschreitende Entwicklung bringt Veränderungen der Werte, des Gelernten, der Gedanken und der Gefühle mit sich. Der Mensch lernt dazu und erweitert sein Gefühlsspektrum. Ja, die Babys von heute sind in der Lage, als Kinder, als Jugendliche und später als Erwachsene Gefühle auszuhalten und zu ertragen, die nicht immer angenehm sind. Sie wissen, dass solche Gefühle eine Bewandtnis und eine Bedeutung haben. Sie erkennen, dass sie mit diesen Gefühlen dann am besten umgehen, wenn man sie kennenlernt und sie annimmt. So lernt der Mensch, nicht mehr nur auf die Reflexe angewiesen zu sein, die den physischen Körper beherrschen und die ihn entweder angreifen, fliehen oder sich tot stellen lassen – alles in der Hoffnung, einer drohenden Gefahr begegnen zu können.

Wenn dieser Vorgang gestört ist, kann der physische Körper nicht in seinen Reflexen reagieren und die Gefühle können nicht mitteilen, wovor gewarnt werden muss oder worauf man zugehen könnte, wobei das Denken schließlich keine Form finden kann, in der es trotz der Unbilden kreativ mit dem Leben umgehen könnte. Dadurch kann weniger geistige Kraft kanalisiert werden, denn sie kann nicht von dem Gedankenkörper verarbeitet werden. Wenn nicht genügend Energieversorgung vorherrscht, werden die Organe sich gegenseitig dabei helfen, ihren vollkommenen Gesundheitszustand aufrechtzuerhalten. Das Leben ringsum wird sich gegen einen Verfall stemmen, wobei die Möglichkeit dazu immer über die Brücke des Mitempfindens, des Mitgefühls, der Liebe und des ätherischen Gewebes hergestellt wird.

Liebe ist der Heiler, Liebe ist Gesundheit. Ein Organ, das erkrankt, erkrankt immer an Lieblosigkeit. Wenn ein Organ an Lieblosigkeit erkrankt, geht man zum Arzt. Das Verhalten des Arztes und sein Wohlwollen ist die eigentliche Ursache für einsetzende Heilung. Wenn der Patient, sei es ein Mensch oder ein Tier, vom Arzt Zuneigung erfährt, bekommt er als eigentliche Gabe Mitgefühl. Diese Anteilnahme ist es, die heilt, und das Mitgefühl, das dann mittels einer chemischen Gabe fortgesetzt wird, ist das Rezept für die Erinnerung daran. Dabei wirkt diese chemische Gabe als eine Fortsetzung des Mitgefühls wie eine Liebesgabe des Helfers. Wird diese Liebe angenommen, kann Heilung erfolgen. Die energetische Brücke des Medikamentes ist eine Erinnerung an mögliche Liebe. Die Liebe wird in Form von Medikamenten dargereicht. Dadurch wird das entsprechende Organ daran erinnert, dass es selbst aus Liebe besteht, und der Mensch stimmt zu, sich helfen zu lassen, wenn er sich heilen möchte. Er weiß, wie es ist, gesund zu werden, und strebt diesen Zustand nach Vollkommenheit an. Jedes Tier weiß es ebenso.

Der Kampf in einem Tier ist nur ein Widerhall des Kampfes, den die Menschen in sich austragen. Tiere, so sagte ich vorhin, tragen solche Symptome auch für die Menschen aus. Oftmals erkranken sie daran. Indem der Mensch dieses Tier zu einem Arzt bringt, erweist er ihm dadurch Referenz, dass er sich selber, seinem elementaren Leben, eine Geste der Liebe angedeihen lässt und sagt: »Ich liebe dieses Wesen. Bitte mach es heil.« Er weiß noch nicht, dass er zu sich selber sagt: »Ich will mich dafür öffnen, dass das Leben weiter besteht, und ich weiß, dass das Leben die Liebe ist.«

Alle Arten von Tätigkeiten, die mit Heilung zu tun haben, werden also in Zukunft immer wieder und ausschließlich aus dieser Quelle der Liebe gespeist werden. Und je höher entwickelt ein Wesen ist, desto weniger äußere Zufuhr an Medikamenten braucht es. Je höher entwickelt ein Wesen ist, desto weniger Unfälle wird es haben, da es keine Zusammenstöße braucht, um das explodieren zu lassen, was in den beiden, die zusammenstoßen, schlagartig freigesetzt wird.

In der kommenden Zeit ist also die Liebe der Hauptaspekt. Die Liebe als Verbindung allen Lebens ist die einzige Wahrheit und der einzige Heiler, der existiert.

Ich danke dir, Detlef, dafür, dass du mich angerufen hast. Ich danke dir, Mia, für die Möglichkeit, die du hier bereitstellst. Ich danke dir, Joy. Nun siehst du schon wieder ganz anders aus. Hier im Bereich, indem sie mit mir ist, ist ihr klarer wacher Blick etwas Wunderbares. Ihr aufmerksam hochgestellter Kopf strahlt mich an und eure Anwesenheit hier bei mir ist mit großer Freude bemerkt worden.

Ihr seid gesegnete Wesen.

Nun werde ich mich zurückziehen. Ich verlasse euch und gehe aus eurer schönen Welt wieder in meine schöne Welt.

14. Besuch in einer anderen Welt

21.7.2004. Nach diesen Mitteilungen saß ich eine Weile auf meinem gewohnten Platz, den ich für solche Kontakte und Heilungen gern einnehme. Ich ließ die Wirkung der Mitteilungen in mir nachklingen und wartete auf jenes spezielle Erleben, das sich immer dann einstellt, wenn sich ein inniger Kontakt auflöst und ich zu mir selber zurückkehre. Aber diesmal sollte alles anders werden.

Wie früher in anderen Zusammenhängen hatte ich auch im Verlauf dieser Sitzungen deutlich jene Einhüllung gespürt, die sich durch das Zentrum des Kopfes bis zu meinem Herzen hinunter bewegte und von da aus im weiteren Verlauf meinen ganzen Körper einfing. Mein ganzer Organismus dehnt sich dann freudig aus und erweitert sich in eine Einheit mit einer übergeordneten Kraft hinein, so als sei ich der physische Körper eines geistigen Wesens. Mein Geist, meine Wahrnehmung und mein Verstand bleiben dadurch ungetrübt. Statt einer Trance, wie man erwarten könnte, finde ich mich dann in einer außergewöhnlich wachen Klarheit wieder, die sich nur durch das erweiterte Bewusstsein erklären lässt, das die Einheit von Natur aus mit sich bringt.

Von ganz anderem Erleben ist es, wenn ich innerlich Kontakt zu einem Lebewesen oder zu einer Person aufnehme, die mich anruft. Wenn das geschieht, tritt das Höhere Selbst* in Aktion und beantwortet jeden Anruf,

---

* Das Höhere Selbst, das wirkliche Selbst, ist ein Wahrnehmungs-, Aktions- und Bewusstseinszustand, welcher der wahren Identität des unsterblichen universalen Lebensfunkens entspricht. Es hat Zugang zu allen unseren Erfahrungen, Aspekten, Eigenschaften und Tugenden, da es alles sieht und weiß. Seine Führung ist in sinnstiftender Freude von Liebe, Inspiration und Intuition geleitet. Im Gegensatz dazu steht das niedere Selbst als das kleine, abgetrennte und vergängliche Selbst der menschlichen Natur, auch »Antichrist« genannt. Es wird geleitet von Angst auf der Grundlage von Mangel und Begrenzung und untersteht den Gesetzen der Sterblichkeit. Jeder muss sich von den Begrenzungen des menschlichen Zustandes erheben in Richtung der Erfüllung durch das wirkliche Selbst, das die ausgeglichene Aktivität von Wille, Weisheit und Liebe ist. Das Höhere Selbst (auch »Christusbewusstsein« genannt) ist der wahre Vermittler des Menschen zur Erkenntnis des Göttlichen in sich, zu seinem eigenen Mentor, Priester und Propheten, seinem Meister und Lehrer, dessen Ziel es ist, All-Einheit herzustellen.

indem es Kontakt zum Höheren Selbst des anderen aufnimmt, um die nötige Energie dorthin zu kanalisieren. Parallel dazu arbeite ich oft innerlich auf telepathischem Wege mit der betreffenden Person, um Blockaden zu erlösen, die sich der jeweiligen Wachstumsphase in den Weg stellen. Dabei bin ich als Gebender an eine lebendige Quelle angeschlossen als ein Vermittler, der Brücken baut.

Aber was geschah heute hier mit mir? Der Kontakt hatte sich zwar aufgelöst, gleichwohl blieb ich ungewöhnlich ruhig in der Einheit, die sich in mir aufgebaut hatte. Anders als sonst, wenn sich eine Einhüllung auflöst und mein Energiesystem wieder auf das Maß zurückschrumpft, welches ich durch eigene Kraft aufrechterhalten kann, stellte sich nicht jene stille Traurigkeit ein, die damit einhergeht, wenn sich eine liebende Kraft aus meiner Aura zurückzieht. Ich wurde im Gegenteil weiter angehoben und meine Erwartungshaltung verwandelte sich in stille Freude, als ich jene Dame vor meinem inneren Auge sah, die gerade noch durch mich gesprochen hatte.

Sie schien am Eingang eines Gartens zu stehen und lächelte mich mit geöffneten Händen einladend an. Ich wusste aus Begegnungen der Vergangenheit, dass ein geistiges Sehen unabhängig von Richtung und Entfernung geschieht und dass die Tätigkeit der Zirbeldrüse Ebenen des Gewahrseins zielgerichtet aus den ständig fließenden kosmischen Informationen und Seinsebenen herauslesen kann, wenn ein Sender und ein Empfänger da sind. Meine Hingabe an die Arbeit und an jenes Wesen bildete die Resonanz, die sich rasend schnell mit dem Sog jener Kraft verband, welche die Einladung auf mich ausübte. Wie in einem kreisenden Wirbel baute sich eine starke magnetische Welle auf und zog mich mit einem unwiderstehlichen Sog aus mir heraus. Ich spürte noch die Anwesenheit der Dame beruhigend neben mir, als ich in eine ungeheure Konzentration hineinkatapultiert wurde und mein Bewusstsein wie durch ein schwarzes Loch in jene Region hineinwirbelte, die ich noch vor einer Sekunde für einen Garten gehalten hatte.

Nichts. Stille.

Eine Stille von so berauschender Art, dass ich genau hinhören musste. Eine Tiefe des Nichts, in die ich endlos hineinsah.

Ich stand für Ewigkeiten dort.

Mein Gehör entfaltete sich und öffnete sich langsam. Es hatte den Lärm der Angst, der sonst die Welt überzog, vergessen. Als würden sie neu gestimmt, nahmen meine Ohren jetzt hinter der Stille Töne war. Konnte ich es Töne nennen?

Ich tauchte noch tiefer in die Ruhe ein, und die Stille begann zu klingen. Wie ein Sommerflimmern vernahm ich in der Luft ganz feine unirdische Schwingungen. Erst vereinzelte, dann mehrere, erst weit entfernt, jetzt näher, dann sich fortbewegend und schließlich aus vielen Richtungen immer deutlicher auf mich zukommend. Die Töne drangen nun in mich ein und durch mich hindurch. Es baute sich ein wunderschön klingender mächtiger Akkord auf, der von den tiefsten Tiefen bis zu den höchsten Höhen alles umfasste, was ein Akkord zum Klingen bringen kann. Sein allumfassender Klang war jene Stille, die ich vernommen hatte. Ihre Wirkung war die Gegenwart eines Friedens, der gleichzeitig sowohl in mir als auch außerhalb von mir existierte. Er durchdrang alles, was ich jetzt als mein Leben, meine Welt empfand.

Meine Augen begannen sich zu schälen. Der Klang in der Luft ließ ganz sachte Farben erkennbar werden. Farben von einer unglaublichen Pracht, so vielfältig, wie ich es nicht hätte erahnen können. Ich erinnerte mich der Farben in meiner Welt, die alle Ergebnisse aus Mischungen der drei Grundfarben waren. Hier schien es mehr Grundfarben zu geben. Wie anders sollte der Farbreichtum, in den ich jetzt eintauchte, zu erklären sein? Ihr Erscheinen trat in allerfeinsten Abstufungen auf. Als stünde ich auf einem Berg hoch über dem Meer, dessen endlose Weite sich in gleißendem Licht am Horizont mit dem Himmel verband und sich in Kaskaden pastellartiger Regenbögen über mich wölbte, konnte ich in jede Richtung blicken, während ich ein Teil dieses weißen Strahlens wurde, das sich in Millionen von Abstufungen vor mir auffächerte. Ich erkannte, dass jede ihrer Nuancen eine eigene Welt des Empfindens erschuf und als Same in sich trug. Jetzt begannen diese Welten zu klingen. Es war nicht auszumachen, ob die Töne durch mich schwebten, weil die Farbe sie beseelte oder die Farbe den Klang hervorrief, in dem sich eine dazugehörige Welt bildete.

War das alles wirklich so, oder erlag ich einer Illusion?

Was ich sah und fühlte, änderte sich nicht! In welche Richtung ich auch immer schaute, es blieb genauso, wie es sich vor mir entfaltet hatte.

Je tiefer ich mich in diese Welt aus Klang und Farbe hineinbewegte, desto deutlicher konnte ich darin nun auch Formen unterscheiden. Alle Formen schienen aus Licht zu bestehen, dessen Strahlung sich miteinander verband oder sich mit anderem Glanz überlappte, um in neuen Abstufungen erstmalige Formen zu erschaffen, deren Inhalt sich frisch in diese Sinfonie hineinkatapultierte. In dem klaren Licht, aus dem alles zu bestehen schien, bildeten sich nun plastische Figuren. Ich schaute genauer hin und eine überschäumende Freude stieg in mir auf. Ich sah das wunderbare Leben der Tiere miteinander. Paradiesisch! Pflanzen strahlten ihre Schönheit und Kraft in den Äther. Mit meiner Aufmerksamkeit konnte ich jede Distanz überbrücken. Die Absicht allein genügte als Antrieb, und ich stand im gleichen Moment vor einigen wunderbaren, mohnähnlichen, großen Blumen. Ich hielt meine Hände über ihre geöffneten Blütenkelche, und sogleich ergoss sich die Essenz ihrer Strahlung in mich hinein und rückte etwas in mir so zurecht, dass ich glaubte, schon immer jene Blume gewesen zu sein. Es gab keine Trennung mehr, alles Leben war eins. Je nachdem, mit welcher Erscheinung ich meine Aufmerksamkeit verband, nahm ich die Welt durch ihre Natur wahr. Mal schaute ich als Blume in die Welt, dann wieder als eine große Pflanze, die ich noch nie zuvor gesehen hatte. Und immer vervollständigte sich dadurch mein Erleben, obgleich die Vielzahl an unübersehbaren Lebensausdrücken der einen Schöpferkraft immer noch Überwältigenderes und Schöneres aufzurollen schien, je weiter sich meine Wahrnehmung in dieses Paradies hineinlebte.

Die ganze Welt war wie ein Blütenmeer, und die Luft war angefüllt mit den süßesten Düften, die jetzt durch mich hindurchflossen und alle Organe meines Körpers mit ihrer Lieblichkeit tränkten. Eine erhabene Welle des Wohlgefühls überkam mich, und ich spürte die Glückseligkeit der Pflanzen, die in der Vergangenheit mit ihrer Eigenart besondere Schwingungen der Erde aufrechterhalten hatten, während sie sich nun einem anderen Ziel zuwendeten: der Fürsorge für den Energietransfer zum Aufbau einer neuen Nahrungskette, die das Leben insgesamt erhöhen würde. Aus dem Aromafächer dieser Atmosphäre löste sich ein besonderer Duft und drang tief in meine Aufmerksamkeit vor. Sein Sog lenkte meine Wahrnehmung zu einer neuen Erscheinung: dem Wasser.

In stiller Bewunderung betrachtete ich es. Das kristalline Wasser war angefüllt mit prallem Leben, und seine mütterliche Anmut benetzte huldvoll alle Bewegung und gab ihm in der Gnade seiner Umarmung aufwärtsstrebende Lebendigkeit. Aus diesem dienenden Schoß kam auch hier wieder eine Nahrungskette für das Leben. Es war aber eine ganz andere Schöpfungslinie, als ich sie aus meiner Welt gewohnt war. Ich sah einen Organismus seine Kraft aussenden, die von einem anderen Tier aufgenommen und verinnerlicht wurde. Dieses gab dann seine bereicherte Essenz an ein anderes Tier weiter, das auf der Leiter der Evolution höher stand. Indem ein Tier dem anderen die Kraft seines Wesens zur Verfügung stellte, setzte sich eine Kette des Gebens und Nehmens fort. Sie ernährten sich nicht, indem sie sich gegenseitig auslöschten, wenn sie ihre Körper einander zur Verfügung stellten, sondern eines bereicherte das andere, indem es die Essenz seines Wesens weitergab und dadurch alles Leben erhielt. Jedes Tier ging in einem anderen auf. Die Schöpfung entwickelte sich in einem beständigen Aufbau ihrer Möglichkeiten. Diese Zunahme spiegelte sich in allen Tieren wider, und die immer feinere Essenz bewirkte jene alles bereichernde Klarheit und Schönheit in ihnen. Jedes dieser Wesen strahlte und strahlte, und in seiner Erhabenheit wusste jedes Tier, was es zu tun hatte.

Was ich hier eindeutig fühlte, wurde mir zum Verständnis: Wenn der Mensch Herr des elementaren Lebens werden soll, dann muss er auch die Schönheit dieser Tiere aufnehmen – ihre Essenz, ihr Wesen, ihren Charakter –, und er darf diese Eigenart nicht stören, sondern muss lernen, sie in die richtige Lebensform zu bringen, wenn die Tiere bei uns auf der Erde sind. Ihr beständiges Beispiel einer Existenz der bedingungslosen Liebe sollte als Erstes die Ehrerbietung und den Dank für ihren Dienst in uns wachrufen. Sie hielten bisher die Kraft für die Menschen auf der Erde in Balance, und da sie sich zur nächsten Stufe ihrer Entwicklung hinbewegten, die der Erfahrung des Menschlichen, brauchten sie dabei in verständnisvoller Unterstützung die Kommunikation mit uns. Immer mehr Menschen erkannten dies und sprachen zu den Tieren; ihr Interesse an dem, was sie erfuhren, wuchs, während sie sich ihrerseits, das sah ich hier, zu ihrer ätherischen Form der Existenz entwickelten und sich in ihr Leben auf der Ebene der Lichtkörper eingewöhnten.

Solche Verbindung und Gemeinschaft wird es in Zukunft Menschen ermöglichen, mit den Löwen Hand in Hand zu gehen. Das ist die wahre Herrschaft über das Leben. Das ist die Herrschaft über die Elemente. Jetzt verstand ich auch, was es bedeutete zu sagen, der Mensch solle sich die Erde untertan machen. Die Quelle aller Schöpfung lebt in uns und hat uns die gleiche Schöpferkraft zum Geschenk gemacht. Sie hat uns die Erde als Schulraum zur Verfügung gestellt, damit wir das Leben gemäß unserem wachsenden Verständnis erfüllen mögen. Die Schönheit des Lebens war nicht auf dieses Paradies hier beschränkt. Es lag in unserer Hand, das Paradies auf die Erde herabzuziehen. Wir kommen nicht in den Himmel, wir erschaffen ihn uns.

Ich dachte noch darüber nach, dass wir nur mit den freiwillig anwesenden Tieren weiterleben könnten, wenn sich die notleidenden Kreaturen mit ihren belebenden Geschenken aus unserem ungastlichen irdischen Lebenskreislauf verabschieden. Wir würden ihre unterstützenden Gaben vermissen und viele Tiere gar nicht erst kennenlernen. Dieser Artenreichtum an Tieren war uns auf der Erde unbekannt. Da fiel mir der große Elefant auf, der mich die ganze Zeit anlächelte und mich mit seinem erhobenen Rüssel durch meinen Gedankenvorhang hindurch antrompetete. Sein Strom an Informationen floss schon geraume Zeit zu mir und füllte mein Bewusstsein mit so vielen Informationen über die Evolution des Lebens, dass ich mir nicht vorstellen konnte, dieses Wissen jemals erinnern oder aufarbeiten zu können. Die Flut an Einblicken wurde versiegelt, und sein Lächeln drang erneut zu mir vor. Elefanten, hörte ich gerade von ihm, werden besonders von Kindern geliebt. Die Kinder fürchten seine Größe gar nicht, weil Elefanten durch ihr Aussehen, ihre Sanftmut und durch die Bewegung ihrer Ohren so viel Freude bei den Kindern verursachen, dass sie die Größe vergessen und nur diese Essenz sehen. Elefanten kommunizieren sehr viel und hauptsächlich mit Kindern. Auch mit den Kindern in den Erwachsenen. Elefanten sind für Kinder drollige Tiere. Und weil die Kinder nach ihrem anfänglichen Erstaunen auf Drolligkeit reagieren, werden die Elefanten auch mit der Herzensqualität der Kinder aufgeladen.

Das ist es, was sie lieben. Mir schien, der Elefant war mit seiner Belehrung zufrieden. Mein Herz hüpfte. Er schaute mich fröhlich an, als wolle er sagen: »Alles klar, du hast es wohl verstanden, Junge.« Dann drehte er ab und ging seiner Wege, während eine tanzende Schar von Vögeln über ihm in wunderschönen Mustern den Horizont besprenkelte.

Vögel ... Die Kommunikation mit dem Elefanten hatte mir wieder meine Sicht geöffnet. Wenn ich einen Vogel ansah, erblickte ich die ganze Kette der Evolution dahinter. Als wäre ein Bild über das andere gelegt, sah ich hinter dem Vogel den Flugsaurier, den Saurier, unterschiedliche Wesen an Land und im Wasser, viele weitere Tiere bis hinab zum Krill und dem Einzeller sowie weitere kleine Einheiten und Mikroorganismen darunter, die alle damit beschäftigt waren, sich zu teilen und neues Leben hervorzubringen. Sie alle waren in ihrem Leben und Weben schützend eingehüllt von feinen Formen des Wassers, die wie ein Kaleidoskop des Lichtes Strahlen der großen zentralen Sonne durch unsere Sonne hindurchschickten und deren Licht in dem transparenten Boden unter meinen Füßen eine unzählige Anzahl von Mineralien zum Klingen und Leuchten brachten. Neben den Strömen an Sonnenlicht, die sich zu Gold verdichteten, wurden die Kristalle im Boden beständig aufgeladen und verströmten ihre eigene elektrisierende Kraft in den Äther, der jeden Lebensausdruck umhüllte. In großen Energiebewegungen veränderte sich alles Existierende fortwährend in immer feinere Formen hinein.

In einer beschleunigten Wahrnehmung schien sich nun wie eine innere Wellenbewegung alles Leben als eine endlose Spirale vor mir emporzuschrauben. Ein goldener Strom von Informationen, die ich im Einzelnen gar nicht mehr unterscheiden konnte, floss durch mich, bis ich nach einiger Zeit Bäume neben mir fühlte. Es verwunderte mich nicht mehr zu erfahren, dass Bäume, wie alle Pflanzen, fühlen können und sich ein großer Teil ihres Wesens aus Gefühlseinheiten und -empfindungen zusammensetzt, die sie in langen Wellenbewegungen aussenden. Nur dadurch, dass sie einen beharrlicheren Körper haben, hatte ich wohl die Assoziation gehabt, sie seien langsam oder schwerfällig. Nein. Sie sind lebendiges Leben, aber sie haben eine Form gewählt, die Beständigkeit darstellt, etwas, das ich wohl erst noch lernen musste.

Die ganze Schöpfung lebte in mir. Sie strahlte in goldenem Weiß in das Zentrum meines Kopfes, der Quelle meines Daseins. Sie belehrte mich dabei in solcher Vielfältigkeit, dass ich wohl Jahre brauchen würde, um alles, was hier offensichtlich war, zu verstehen und in meine Welt zu integrieren. Wie in Anbetung hielt ich mich eine Weile unter dem Schutz und in der Strahlung der Bäume auf, bis ich mir wieder der beruhigenden Anwesenheit meiner Gastgeberin bewusst wurde. Sie hatte meine Aufmerksamkeit erneut auf sich gelenkt und ließ mich wissen:

Du hast mir Einblick gegeben in deine Welt. Heute habe ich mir erlaubt, dir Einblick zu geben in meine Welt. Ich danke dir, dass es dir gefällt. Jetzt wird es Zeit für dich zurückzugehen, sonst verliebst du dich zu sehr, und du weißt, dass du dann lieber aus deinem Körper gehen möchtest. Darum verabschiede ich dich jetzt, und ich versiegle den Eingang hierzu. Die Tiere haben dich sehr genossen und waren sehr erfreut, dich hier zu sehen.

Dankbar verabschiedete ich mich, indem ich mich vor der Anmut der beschützenden Gegenwart dieses hohen Wesens verbeugte. In sich verdichtender Konzentration sammelte sich das Bewusstsein, wie ich es bisher kannte, wieder in meinen Körper. Noch spürte ich mich nicht wie gewohnt, aber ich war wieder anwesend. Ich öffnete die Augen und bemerkte erst Mia, bevor ich den steten Blick aus Joys Augen auf mich gerichtet fühlte. Räuspernd wollte ich meine Stimme erheben und sagen, ich sei wieder zurückgekommen, da erreichte mich noch einmal Joys Mitteilungsstrom:

Ich bin sehr dankbar dafür, dass ihr mir geholfen habt, aus meiner langen Krankheit auszusteigen. Ich bin sehr dankbar dafür, dass ihr mir geholfen habt, meine körperliche Erneuerung in eurer Fürsorge durchführen zu können. Ich bin sehr dankbar für die Heilungen, für die Einhüllung, die ich von euch beiden bekommen habe. Und ich bedanke mich auch bei denjenigen, die dieses Buch lesen werden, dass sie mir bis hierhin gefolgt sind. Ich spreche zu allen Menschen, die nicht nur das Interesse an dem Thema haben, wie man mit anderen Lebensformen kommunizieren kann, sondern ich spreche vor allen Dingen zu den Menschen, die sich ein Bild darüber machen möchten, dass die Welt der Tiere eine Welt ist, die euch erhält und die euch trägt. Schützt sie, respektiert sie, geht gut mit ihnen um. Wenn Fehler in der Vergangenheit gemacht worden sind, dann seht zu, dass diese Fehler in der Zukunft nicht mehr vorkommen, sondern korrigiert werden.

Mein Dank, den ich an euch gebe, ist auch ein großer Dank der Tierwelt an euch. Denn wenn es auch zurzeit schwierig mit dem Tierleben auf diesem Planeten aussehen mag, so ist es doch auch eine schöne Zeit, da sich immer mehr Aufmerksamkeit der Menschen auf uns richtet und wir die Möglichkeit haben, uns ihnen in direkter Form mitzuteilen.

Lasst uns in eure Herzen und lasst uns mit euch zusammen die weiteren Wege gehen!

Zusammenfassung

Tiere und Menschen sind in ihrer Entwicklung miteinander verbunden und haben jeweils besondere Aufgaben auf dem Planeten zu erfüllen. Die Tiere haben hier auf der Erde im Verlaufe ihrer langen Evolution in ihrer physischen Erscheinung Körper entwickelt, die gut auf das Überleben auf diesem Planeten abgestimmt sind. Mit diesen Körpern, der biologischen Form, schufen sie die Voraussetzung, dass sich auch der menschliche Geist in Körpern auf der Erde inkarnieren konnte.

Das ist lange her und im kollektiven Bewusstsein der Menschheit momentan nicht gegenwärtig. Umso wichtiger ist es, dass wir Menschen uns an unsere Herkunft und unsere Bestimmung erinnern, denn dies ist die Voraussetzung für die weitere Entwicklung auf unserem Planeten – unsere eigene wie auch die der Tiere. Ja, es ist sogar die Voraussetzung dafür, dass das heute insgesamt bedrohte Leben auf der Erde weiterhin bestehen kann. Uns als Menschen an unsere Aufgabe zu erinnern, ist weniger ein mentaler Vorgang, der vom Kopf und vom Wissen her gesteuert ist, als vielmehr einer des Herzens: Wir Menschen sind von unserem Wesen her Liebe, denn wir kommen aus den höheren Sphären, in denen Liebe das selbstverständliche Lebenselixier ist.

Es geht darum, dass wir diese Liebe wieder in uns fühlen und den Wunsch verstärken, sie auszudrücken. Wenn wir die Liebe entfalten, gegenüber allen Wesenheiten leben und auf der Erde manifestieren, drücken wir uns dadurch selbst aus, und wir finden unseren geistigen Weg. Wenn wir Menschen mit Liebe die physische Welt lenken und leiten, heilen wir uns selbst und die Erde – wir entwickeln uns weiter und können sogar ein physisches Paradies herstellen, und zwar auf einer höheren Stufe des Bewusstseins, nämlich in der Verbindung mit allem elementaren und geistigen Leben rings um uns herum.

Die Tiere helfen uns dabei, wieder die Liebe in allem zu sehen, sie zu erkennen und als natürlichen Selbstausdruck anzunehmen. In ihrer Kreatürlichkeit sind sie nur Liebe und drücken genau dies auf einfache und direkte Weise aus. Sie geben ein Beispiel bedingungsloser Liebe und zeigen uns mit ihrer Anwesenheit, dass mehr Liebe und mehr Freude im Leben möglich ist.

Die Tiere sind gekommen, um uns Menschen zu dienen. Das ist ihre große Aufgabe, die sie auf der Erde mit Freuden wahrnehmen – so weit sie dies im Augenblick vermögen. Denn leider gilt die Einschränkung, dass wir Menschen mit unserem oft brutalen Vorgehen die Natur zerstören und schon viele Tierarten ausgerottet haben, die nun nicht mehr auf der Erde inkarnieren wollen, weil sie hier nicht willkommen waren und nicht mit Liebe empfangen wurden.

Eine besondere Rolle spielen die Haustiere aufgrund ihres engen Kontakts mit uns Menschen. Sie unterstützen ihre Besitzer und übernehmen manchmal zusätzlich ganz spezielle Aufgaben. Die im Buch vorgestellte Hündin Joy zum Beispiel betreut unter Mitwirkung ihrer Besitzerin Mia lernbehinderte Kinder in ihrer Entwicklung.

Viele Haustiere müssen sich schmerzvoll damit begnügen, dass ihre menschlichen Halter nicht die Kraft großer Schöpferwesen ausstrahlen, sondern nur wie Karikaturen ihrer selbst erscheinen; und sie müssen sich, weil es ihre Aufgabe ist, dem unterordnen, obwohl sie sich auf das Licht im Inneren der Menschen beziehen. Wenn sie keine Verbindung zu ihrem jeweiligen Besitzer herstellen können, so sind sie gehalten, das Leiden des Menschen auf sich zu nehmen. So kommt es, dass die Haustiere oft Krankheitssymptome ihres Besitzers übernehmen, um ihm zu helfen, sein Leiden zu durchleben.

Wenn ein Haustier im Dienst für einen Menschen seine Aufgabe erfüllt hat, erhält es die Chance, in der Evolution voranzuschreiten, indem es sich als Mensch weiterentwickeln darf. Viele Tiere haben diesen Wunsch und nutzen die Möglichkeit, als Mensch zu inkarnieren. Damit erhält ihr Leben eine Komponente, die es vorher nicht gehabt hat: die freie geistige Wahl.

Bevor wir Menschen uns auf der Erde inkarnierten, weilten wir auf den höheren feinstofflichen Ebenen des Bewusstseins und erschufen als Schöpferwesen die Tiere. Das ist eine Tatsache, die wir vergessen haben, uns aber wieder ins Bewusstsein rufen sollten. Heute hält die Tierwelt auf dem Planeten Erde nicht nur für uns Menschen auf der ätherischen Ebene ein schönes, feines und komplexes Gewebe von Verbindungen aufrecht, das ursprünglich vollkommen war.

Dieses Geflecht, an dem der Mensch mit seinem Nervensystem – der Widerspiegelung der höchsten Ordnung aller geistigen Bezugspunkte – Anteil hat, trägt dazu bei, dass jeder Teil der Schöpfung in jedem Augenblick um jeden anderen Teil der Schöpfung weiß. Die Verbindung zwischen allen Wesen erfolgt telepathisch auf der feinstofflichen Ebene. Diese Ordnung haben die Tiere hergestellt und sich in sie hineinentwickelt. Es war der Plan, den sie auszufüllen hatten und den sie auch weiterhin ausfüllen möchten, sofern es nicht durch die massiven negativen Eingriffe des Menschen verhindert wird. Im Moment ist es für die Tiere sehr schwer, das Gewebe der Verbundenheit weiter aufrechtzuerhalten; es weist bereits viele Lücken auf, die nicht mehr ohne größere Anstrengungen geschlossen werden können. Die Harmonie der natürlichen Ordnung ist stark gestört. Es besteht die Gefahr, dass die Netzwerke der Versorgung und der Information zusammenbrechen und dass auch telepathische Verbindungen nicht mehr funktionieren.

Wir Menschen verhalten uns gegenüber den Tieren oft überheblich, halten sie für dumm und behandeln sie als untergeordnet. In Wirklichkeit gehören sie nur zu einem anderen Königreich der Schöpfung als wir und erfüllen andere Aufgaben als wir. Alles Leben besteht aus Licht, das in Form von Flammen rund um die Welt ausgesandt wird. Die Tiere sind genau wie wir Menschen flammende Wesen, wobei jede Flamme für eine bestimmte schöpferische Qualität steht. Die Tiere haben ihr Sein in der Flamme der Liebe.

Wenn wir die Tiere als gleichwertige Wesen innerhalb der Schöpfung betrachten würden, nur unterschieden durch Weg, Ziel und Herkunft, so würden wir uns ihnen gegenüber anders – liebevoller – verhalten, sie respektieren und achten, anstatt sie aus oberflächlichen Motiven des Besitzenwollens zu töten und auszurotten.

Der Planet Erde ist heute in weiten Teilen überzogen von missgebildeten Gedankenformen wie Krieg, Leid, Krankheit, Angst, Sorge, Kummer und anderen Arten gequälten Fühlens. Darunter haben auch die Tiere zu leiden. Sie leben wie wir bedrückt unter einem dichten schwarzen Kokon, den sie aufgrund ihrer Verbundenheit mit der Liebe allerdings stärker fühlen als wir derzeit. Dennoch nehmen die Tiere ihre Aufgabe wahr, puffern einen Großteil dieser negativen Energien für uns ab und transformieren sie so, dass wir geschützt sind. Aufgrund der missgebildeten Gefühls- und Gedankenformen fällt es den Tieren – insbesondere den Haustieren im Kontakt mit ihren Besitzern – oft schwer, die innere Verbindung zu den Menschen herzustellen und zu halten.

Ohne den Liebesdienst der Tiere an uns Menschen wäre das Leben auf der Erde bereits ausgerottet worden und wir könnten nicht mehr an der weiteren Entfaltung unseres Lebensplanes arbeiten. Der Grund dafür, dass viele Tierarten trotz der schwierigen Situation auf der Erde und ihrer vielfachen Misshandlung ihre Aufgaben weiterhin wahrnehmen und uns dienen, liegt unter anderem darin, dass die Menschheit kurz vor einem großen geistigen Erwachen steht. Wie Wellen, die langsam aus dem Untergrund an die Oberfläche kommen, dämmert es bereits etlichen Menschen, dass eine Transformation bevorsteht. Es ist die Transformation des Herzens – oder anders gesagt: die Transformation von einem rein kopfgesteuerten Verstandesdenken, das wir bis an die äußersten Grenzen getrieben haben, zu einem Fühlen und Handeln, das aus dem Herzen kommt und dessen einziges Motiv die Liebe ist.

Bisher ist die Idee der Liebe, die in den Herzen von uns Menschen angelegt ist, noch nicht zum Allgemeingut geworden. Immer noch wird Liebe als ein Zustand angesehen, der durch etwas Äußeres – andere Menschen, begehrenswerte Güter usw. – hervorgerufen wird, nicht als etwas, das in unserem Inneren vorhanden ist und jederzeit gelebt werden kann, und zwar unabhängig von äußeren Umständen oder Situationen. Die Liebe in den Herzen der Menschen ist von Natur aus so, dass sie dem anderen geben und das Leben ringsherum bereichern will. Das zeigen uns die Tiere mit ihrer Anwesenheit und ihrem natürlichen Seinsausdruck in der Hoffnung, dass auch wir uns an die Liebe in unserem Herzen erinnern.

Wir Menschen sind an einem Punkt der Entwicklung angelangt, an dem wir unsere Kräfte und Möglichkeiten als Schöpferwesen begreifen können und sollten. Wenn wir diese Idee in uns reifen lassen, werden wir Meister über unser Leben und befreien uns aus alten Zwängen und Systemen.

Dazu müssen wir weder andere missionieren, noch kluge Dinge tun, sondern einfach nur die sein, die wir sind. Je mehr wir in unser göttliches, schöpferisches Bewusstsein hineinwachsen, desto stärker wird unsere Kraft und unsere Ausstrahlung – und desto mehr werden auch andere an ihre Kraft im Inneren erinnert. Den gegenwärtigen Zustand auf der Erde sollten wir als Bedingung der Transformation zu einer höheren Ebene annehmen und dabei immer das Bewusstsein aufrechterhalten, dass wir eine liebende Gegenwart sind, die das Leben fördert; so bleiben wir in uns verankert, ohne uns im Äußeren zu verlieren.

Es wird höchste Zeit, dass auch wir Menschen unseren Dienst an den Tieren wahrnehmen, indem wir das Leben, das uns erhält, beschützen. Das heißt, wir Menschen sollten anfangen, die Natur des Lebendigen zu verstehen und den Geist des Lebendigen anzunehmen. Wenn wir die Tiere mit Liebe umhüllen, sie liebevoll als gleichwertige Wesen behandeln, dann ernährt dies die Tiere, hebt sie empor und unterstützt sie bei ihrer evolutionären Weiterentwicklung.

Das Natürliche ist die Verbindung zwischen Mensch und Tier aufgrund des inneren Gewahrseins. Statt den Tieren einfach nur zu befehlen, könnten wir sie fragen. Bleiben wir ruhig, so werden wir nach einer Weile feststellen, dass sich in unserem Inneren eine Antwort herausbildet, und zwar in Form von inneren Eindrücken und Bildern, die sich zu Wortgebilden formen und innerlich gehört werden können. Auf diese Art teilen sich die Tiere den Menschen mit. Mit Hilfe des inneren Gewahrseins könnten sich Mensch und Tier gegenseitig lenken, und die Tiere könnten uns aufgrund ihrer natürlichen Empfindung von Gefahr in besserer Weise warnen und schützen.

Diese und weitere Informationen wurden dem Autor Detlef Schönenberg übermittelt von der Hündin Joy und einer Supervisorin aus der Welt derjenigen, die die Evolution der Tiere betreut. Der Autor fungierte als Kanal, indem er die ausgesandten Bilder von Joy und der Supervisorin in seinem Bewusstsein aufnahm und in Worte kleidete. Anlass für die Gespräche waren Fragen, die Mia, die Halterin von Joy, stellte.

Über den Autor

Der Musiker, Therapeut, Seminarleiter und Autor Detlef Schönenberg, geb. 1944 in Berlin, war nach seiner Schulausbildung in einer Klosterschule und an einem Humanistischen Gymnasium als freischaffender Musiker, Instrumentenentwickler, Komponist und Lehrer tätig. Seine Konzertreisen durch viele Erdteile erlaubten ihm Begegnungen mit vielen Kulturen.

1980 bis 1984 studierte er bei John Pierrakos, New York, die Core Energetic Evolutionary Therapy. Bis 2000 leitete er in seinem »Zentrum für Selbsttransformation« in Wuppertal die »Ausbildung zum Helfer für Geistiges Wachstum« und widmet sich seither in seiner Praxis dem Erforschen und Lehren der geistigen Grundlagen für die kommende Evolutionsepoche. Als Seminarleiter arbeitet er seit 2006 mit der Autorin Jutta Belle zusammen. Beider Fähigkeit zu geistigen Kontakten münden seither in den »ICH BIN«-Seminaren.

Weitere Informationen:

www.detlefschoenenberg.de
www.liebeheilt.de
www.ichbinderweg.eu (siehe Information auf der übernächsten Seite)

» In den letzten Wirren des Zweiten Weltkrieges geboren, bin ich zeit meines Lebens mit dem Thema ›Aufbau und Veränderung‹ beschäftigt gewesen. Das andere wesentliche Momentum meines Lebens – die Kommunikation durch Liebe – ist allen Menschen in allen Zeiten und Kulturen gemeinsam.

Beide Inhalte trafen sich erst nach vielen widersprüchlichen Erfahrungen in der Erkenntnis der geistigen Hintergründe, welche die auslösende Kraft des Lebens – so wie wir es erfahren – erst ermöglichen.

Meine Forschungen gingen dadurch in immer weitere und tiefere Ebenen der Realität, die das wirkliche Ebenbild des schöpferischen Planes ist. Ihn zu erfahren und in seiner Einfachheit transparent zu machen war mein ganzes Bestreben.

Als Musiker lehrte ich die Ordnung der Rhythmen als periodische Bewegung, die den Klangfarben und harmonischen Klangbildern den nötigen Boden gibt. Die ganze Kraft der elementaren Einheit ist in diesem Ordnungssystem widergespiegelt und kann sich in vielfache Dimensionen entfalten.

Die organisierte Form des menschlichen Lebens in seinem Empfindungsvermögen war der nächste Aspekt schöpferischer Erfahrung durch meine Tätigkeit. Ihre Ergebnisse arbeitete ich zu ganz neuen Ausbildungsunterlagen aus. Im Anschluss lehrte ich ihre Anwendung einer neuen Generation von Therapeuten, die dem Geistigen hinter den äußeren Erscheinungen eine bedeutsame Stellung zukommen ließen und sie zu einer neuen Handlungsebene aufbereiteten.

Die darauf folgenden Erfahrungen mündeten alle in die Erkenntnis der All-Liebe, der All-Einheit und der All-Gegenwart. Diese Ebene des menschlichen Bewusstseins ist die immer vorherrschende Bewegung, die zur Aktion gerufen werden kann, indem ich ihr meine Stimme leihe und sie in diese Welt bringe.

Dieses Buch ist ein Beispiel dafür. Es kommt aus der Einheit des elementaren Lebens, das uns Grundlage und Wirkungsstätte auf dieser Erde ist. «

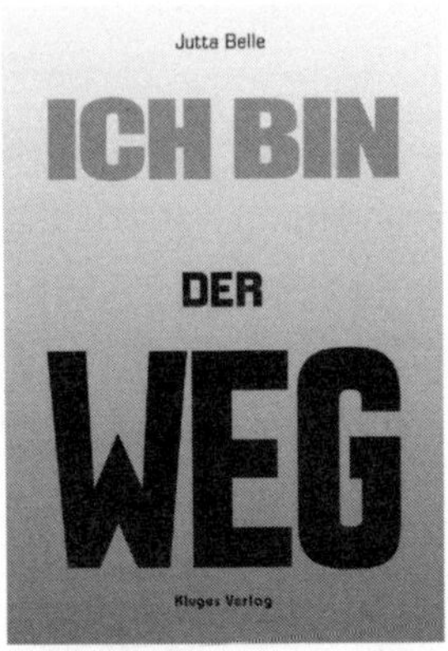

Dieses Buch ist ein spirituelles Handbuch zur Selbstverwirklichung aller, die den Wunsch in sich tragen, sich zu verwirklichen. Es will diejenigen erreichen, die ihr Leben mit dem Ziel leben, die Göttlichen Aspekte in sich zur Vollkommenheit zu entfalten und damit Allem Sein helfen, den Christus in sich und der Welt zu manifestieren.

Jutta Belle
ICH BIN der Weg
Kluges Verlag
ISBN 978-3-9810245-0-0
16,90 EUR

Über die Autorin:

Bei Jutta Belle begann bereits vor 30 Jahren der Prozess der Ausbildung ihrer geistigen Gaben. Seit zehn Jahren hält sie Vorträge und veranstaltet Seminare, in denen sie sich gezielt der Ausbildung der tief in den Menschen innewohnenden Kräfte widmet. Sie unterstützt die Manifestation der reinen Kräfte des Geistes, die hier und jetzt in dieser Zeit zur Veränderung und zum Aufstieg der Erde und ihrer Besucher vonnöten ist.

www.ichbinderweg.eu

Direktbestellung:

Kluges Verlag
Dr. Sonja Ulrike Klug
Gartenstr. 9
53604 Bad Honnef
Fon: + 49 (0) 22 24 / 9 88 42 53
Fax: + 49 (0) 22 24 / 9 88 41 65
E-Mail: bestell@kluges-verlag.de
Internet: www.kluges-verlag.de